她物誌

100件微妙日常物件裡不為人知的女性史

Die Dinge.

Eine Geschichte der Frauen in 100 Objekten

Annabelle Hirsch

安納貝爾·赫希 —— 著　劉于怡 —— 譯

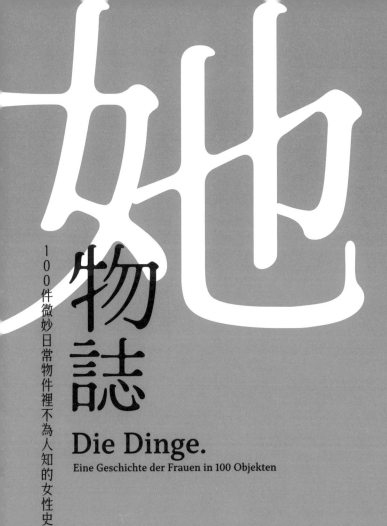

獻給母親

目錄

導論

幾年前我去丹麥海邊參觀作家卡琳．比利森的故居時，發現自己最著迷的，並不是住所附近的環境，也不是她書桌上或掛在牆上的親筆畫作，反而是那些看起來毫不起眼的東西：一堆疊放在廚房一角的銅鍋。我開始想像這位瘦小的女主人如何使用這些鍋子？使用時在想什麼，又會有什麼感覺？她煮飯嗎？這些鍋子是她在使用還是僕人用？我問自己，能從這些鍋子看出這位《芭比的盛宴》作者什麼事嗎？真的能看出蛛絲馬跡嗎：關於她，她的日常生活，身為女人，一位丹麥女人，她那個時代的歐洲女人？鍋子這類物品不是文物，它們無法拿來紀念一場戰爭或一場革命，也無法提供蛛絲馬跡，追索任何規則或影響社會發展的巨變。人們很少為它冠上特定的日期，不會說：從這天起一切都變了。它並不屬於所謂的大歷史，而是私領域，一個聲音微弱，經常被忽略的領域；一般認為這樣的領域也屬於女性，所以並不重要。

在我剛開始為寫這本書蒐集資料時，發生一件頗有意思的事。那是在一場晚宴上，我提到這個才剛成形的計畫，要寫一本以物品來講述女性歷史的書，在座一位女性很好奇地問我會是什麼器物，能不能舉個例子。我來不及闡述完自己的想法，我想告訴對方，我所尋找的是能展現女人日常生活大小事情的物品；與女性議題，例如身體、性、愛情、工作、藝術、政治等等有關的器物；那些因迷思，因人們不斷試圖強迫女人接受的標籤而產生的器物；那些能彰顯女性如何面對強加於身上的標籤，如何逃脫，以及與之進行或大或小抗爭的器物。在這些器物中，有些自然只屬於特定的單一女性及她的影響力，但不只是這樣而已。因為這不會是一本像《一百位歷史上最酷的女人》之類的書，而是比較像驚奇屋，其中所展現的女性歷史不僅豐富多樣，而且非常複雜並非線性發展可以解釋……但我都還來不及說完這些話，一位老男人便大聲訕笑：「女人和物品？女人不就是物品！」這話既蠢又粗鄙，而且不好笑，不過卻點破一件事實：即一般歷史的敘述方式，常讓人錯以為這句話是對的。彷彿長久以來，女人的影響力及重要性不比放在角落當裝飾的花瓶（有時還可能放個嬰孩在裡面）還大多少。

即使到了今日，許多鼓舞人心的女性人物以及女性史早已被從遺忘的泥沼中挖掘出來，但只要提到有行動力、有思考能力、充滿鬥志、占有發聲位置、能平衡個人在私人及眾人面前角色的女人，卻彷彿仍然新奇罕見；彷彿我們眼裡的女人，除了少許值得一提的例外，大多都在沉睡之中或者處於旁觀，彷彿她們的歷史大半是被動受害者的歷史。這些都不對，也從來不是這樣，至少我們常聽到的說法都是錯的。女人一直都在，也一直都有貢獻。而那些經常被打上女性標籤的物品，以及伴隨在女性生活空間——無論是私密或公共空間——所出現的物品，在在彰顯出長期以來一直遭受漠視的歷史面向，被認為無關緊要，只是雞毛蒜皮，因此可以忽略不計的歷史。這些物品展現的不是（至少不總是）驚心動魄的大歷史，而是著重在細節或軼事，以及那些經過歲月沖刷才顯現出意義的事物。它們所呈現的世界相當不同，有些展現出背後巨大的歷史關聯性，有些則在特定的時空背景扮演重要的角色；還有一些則見證了特定的趨勢，另一些則是個人所有物，屬於一些我覺得不能不提的重要女性。畢竟，選擇這些物品是完全主觀的。而選出它們的，不是歷史學家，而是一位成長在二十世紀末年法國與德國之間的女人，也是一位喜愛女性史及女性物品的女人；一位無法抗拒微不足道小事及軼聞趣事的魅力，且喜歡神遊在舊日時光的女人。至於這本書的焦點放在西方女性史上，不是因為其他地區很無趣，恰恰相反！而是因為對我來說，以個人直覺及主觀方式在陌生文化圈中探索，並宣稱自己能處理得當是一種自我欺騙。我希望這本書展現過去的方式，就像一條長廊，我有時在這裡或那裡開扇門，或者從架上取下東西，以便闡述我的觀點，或者講一段故事。

本書提到的物品共有一百件，但其實也可以是二百件、三百件或一千件。必須節制是一件相當困難的事，因為女人及物品之間的歷史非常豐富，比想像中豐富太多了，林林總總形形色色，有時令人悲傷，但也常常妙趣橫生；有時又不禁要歡呼讚歎，在你看到女人一直以來都是多麼強韌，多麼有創意，又是多麼機智時；離我們再遠，仍是這般親近熟悉，儘管每個女人的想法、問題、目標多有所異，但實際上又多麼相似。這本女性史既不完整也缺乏結論，但這不是本書所追求的。本書的目的，是希望勾引出讀者挖掘的興趣，將事物從歷史的櫥櫃中取出，探究其細節、軼事等等所有被認為無關宏旨的枝微末節，並在仍然充滿許多未知的女性歷史中，找到意義。

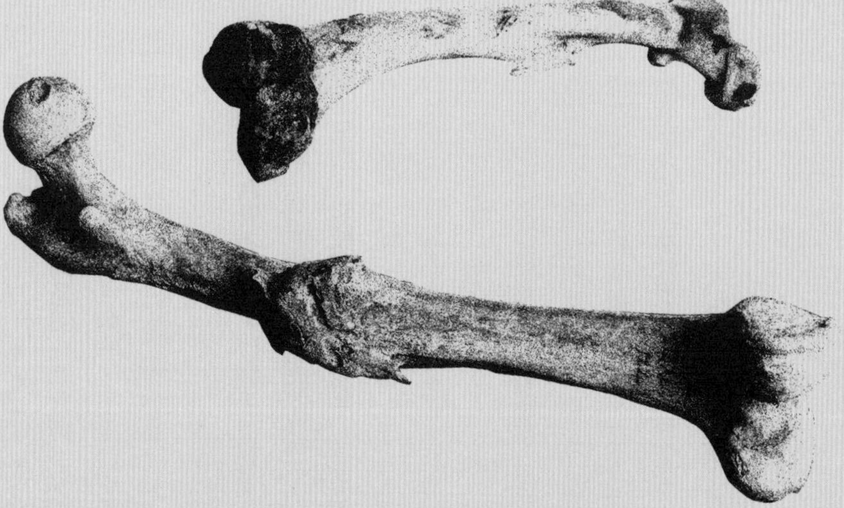

01 癒合的大腿骨

約西元前三萬年

數十年前美國人類學家瑪格麗特・米德在一所大學演講時，被問到她心目中最能代表人類文明的第一件物品是什麼？提問的人可能期望聽到像是陶罐或矛鏃，或是技術成就等某種具體的答案。米德思考了一下，給出的答案卻有點玄妙：「一段癒合的大腿骨。」她解釋，在大自然裡動物要是大腿骨折，存活的機率幾乎等於零。這種骨折需要幾個星期才可能癒合，這段時間內既無法往水源處移動，也無法追捕獵物，很容易就會餓死、渴死或被其他動物吃掉。出土的這段大腿骨，證明有人在西元前數千年前大腿折斷後還能繼續存活，這代表有人照顧他，有人張羅他的吃喝並在他身邊守護，給他機會休息復原。也就是說，代表人類文明的第一道曙光不是武器或任何發明，而是照顧別人的能力，不再只顧自己：「幫助他人是我們最厲害的時候。」米德這麼說，結尾還呼籲大家：「要文明！」

今日當我們想到石器時代，腦袋浮現的還是小學教科書上的樣板圖像：一邊是個膽小怯懦的人，衣不蔽體一臉無聊地蹲坐在一群孩子旁——女人；另一邊則是個毛髮旺盛的傢伙，站著而不是坐著，而且不是在幽暗的洞穴裡，是在野外；不是被動消極，而是積極主動——（讓我們掌聲歡迎）男人。這男人高舉長矛，擺出勝利的姿態，他的前面是一隻拱著背的龐然巨獸，就說是一隻長毛象好了。但男人一點都不害怕，奮力打死這隻巨獸，扛著牠回家，全家人對他的感激之情溢於言表。這種圖像宣稱，人類進步的推手，一直都是男人的征服精神，女人「只」會生小孩，除此之外毫無用處。

因為狩獵需要勇氣，而生養小孩，呃，你知道的，什麼都不需要。這種直到今日還存在大部分人腦袋裡的男女形象，有一個非常基本的問題：其實沒有任何證據顯示，石器時代人類真的這樣生活。

這種男女形象就如同大多數形成歷史集體想像的圖像，都是由男人擬定的。而這裡所提到的男女形象出自十九世紀，當時現代國家公民的婚姻締結形式，及其相關的性別角色分配成為社會準則，新的理想女人典型則是沉默的家庭主婦。最早一批考古及人類學家，便是戴著這副仇視女性的時代濾鏡，檢視他們發掘出來的古物，並將當時的兩性關係及價值觀（就像狩獵——很棒，照料——不怎麼樣）或多或少地套用在史前歷史上。他們的詮釋，符合當時每個人的想法，且樂於在學術上獲得證實：女人「自然地」一直都是附屬的角色，從一開始就是可愛迷糊地坐在一旁，看著男人單槍四馬進行演化大業。只是，這種說法沒有任何確切的證據。首先，考古發現顯示，性別的角色分配並不如某些人所宣稱的嚴格，女人有時也會出去打獵。再者，在一個「不會死掉」是生活首要任務的時代，人類似乎不太可能有餘裕，容許半數左右的人覺得自己毫無價值且無關緊要。畢竟，在生死存亡的鬥爭中，所有人都要積極主動，無論男女。我們甚至可以推測，比起他們生活在十九世紀末生存威脅較低的兄弟，石器時代的男人可能還更知道，光靠征服與狩獵無法促成太多進化，且照料在群體生活中扮演關鍵的角色，就像所謂的「祖母理論」（grandmother theory）一直試圖證明的。

「祖母理論」所持的觀點就像米德曾說過的，關心照顧別人使我們人類這個物種變得強大。推論邏輯大約如下：除了鯨魚，女人是唯一有更年期的哺乳動物，也是唯一在過了生殖期後還有餘命的哺乳動物。而在達爾文之後，我們就知道大部分的事情都不是自然發生，而是遵循生物演化目的發生。因此，科學家便問：為何更年期會出現在人類身上？或許，答案就在祖母——也就是沒有生育能力的女人——身上，她們可以幫忙女兒照顧小孩，讓她們再生出更多孩子之餘，還能參與群體生活。有了她們的幫助，也會有更多的孩子能長大成人，繼續繁衍下去。當然，當時的人類並不會明確意識到年老女性有利於物種的延續，但我們實在不難想像，在尚未進入定居及農耕時代，在私有制、權力及壓榨制度形成之前，人類祖先生活在一個性別分殊少，且較為平權的社會裡。因為直覺告訴他們組成群體的每個元素都同等重要：揮舞長茅的年輕男子；生下孩子或在狩獵時循跡追蹤的年輕女人；還有祖母，她們照顧小孩，並耐心地陪伴在傷者身邊，直到他們的大腿骨癒合。

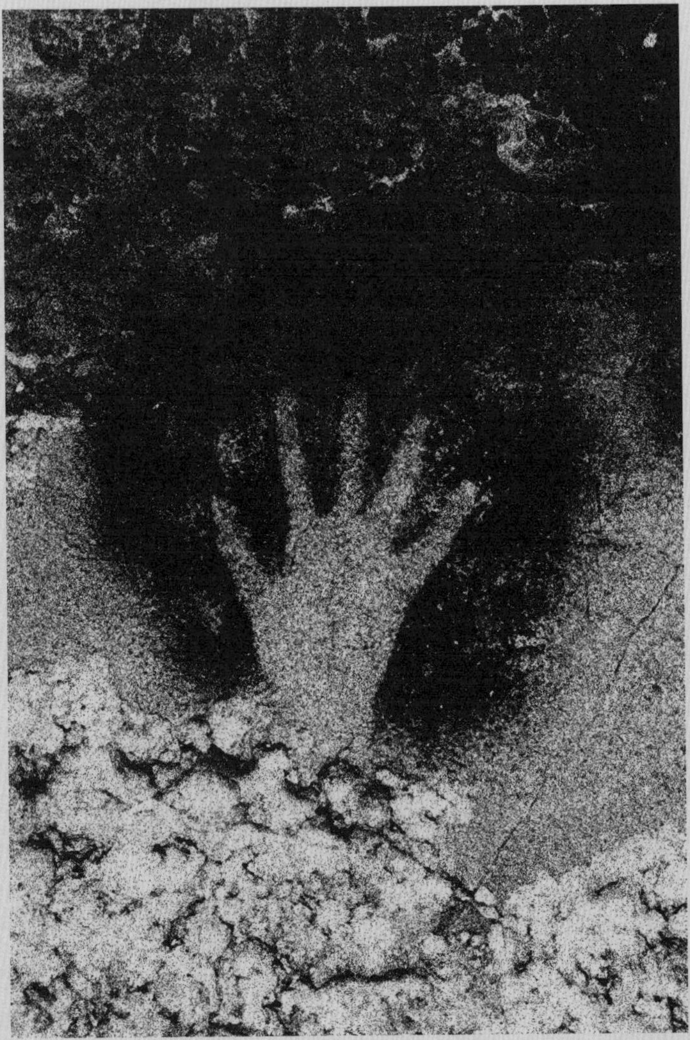

數世紀以來我們所屬的文化圈總認為只有男人才可能是天才，特別是在藝術方面。女人當然也會成為藝術家，就算每隔數十年或數百年就會出現一位有遠見，且真的做出成績的女人，但總是會被當成例外。這些偉大的女人，就算生前再有成就，也常在死後一筆勾銷。近年來我們重新發掘出許多被遺忘的女藝術家，並在「女性」這個標籤下一同展示，彷彿比起男性同行，性別身分對她們來說必定更為重要。有時人們甚至會誇大這些女藝術家的天賦，有如人們必須對自己還不太敢相信的事情提出證明：人們仍然無法相信，女人受到繆思眷顧的機率並不小於男人，藝術不是男人的專利，女人在藝術上的表現也不是特例，靈感與藝術天賦與睪固酮沒什麼關係。

這些觀念仍然根深柢固的原因很多，其中之一可能與藝術起源有關，也就是那些我們所知道，最早在洞穴裡留下壁畫的藝術家。這些在十九至二十世紀所發現的洞穴壁畫，大部分呈現出怪異的女性胴體，更多的則是大型動物，像是狩獵場景中的野牛、猛獁象、馬匹。由於直到現在我們仍然相信，女人不會參加狩獵，頂多採採果子或撿些堅果，不然就是和孩子坐在家裡，自然也就認為這些人類初期的藝術作品出自男人之手。從未參與野外狩獵的女人，如何能重現與動物搏鬥的場景？這種說法聽起來相當合理，然而，真的是這樣嗎？之前已提過，早期的學者顯然很難想像，遠古兩性分配的角色與他們所處的時代大不相同，而這種觀念使他們做出一些錯誤的結論。例如，從前發現的一些人類骷顱，一直被當成是石器時代的男人，並因其表現出孔武有力的

02 洞穴壁畫

約西元前二萬年

形象頗受讚賞。然而近年來使用新式科學技術，才發現這些骷顱實際上是石器時代的女人。顯然從前曾有一段時間女人與男人一樣高大強壯，這代表她們跟男人吃得一樣好，也就是說在社會裡有平等地位。更重要的，這也代表她們很可能參與狩獵活動。她們布置誘餌，或甚至以自己為餌（還真善良！），有時甚至得把肉帶回群居之處。儘管人們總是聲稱，且直到今日還特別樂於強調，不過狩獵並非純粹的男人活動，女人也參與其中，發揮一定的功能，因此她們確實也有能力將親眼所見的狩獵場景昇華成藝術。儘管如此，認為女人不只注重實際，而是跟男人一樣，有表達她們對這世界看法的欲望，這種想法仍然不被接受。或者該這麼說，這種想法根本沒有立足的空間。

一直到約十年前的一個午後，美國賓州州立大學研究員狄恩．斯諾從書架上取下一本關於法國南部佩許梅爾洞穴壁畫的書，翻開後大吃一驚。就在前一天，他讀到一篇署名為約翰．曼寧的英國生物學家所寫的論文，裡面提到男女手掌相異之處，在於手指長度比例不同：女性食指與無名指通常一樣長，男人的無名指則通常較長。當斯諾坐在那裡翻開那本佩許梅爾壁畫的書，第一頁就是一張穴壁上的手掌輪廓圖案，他想：這不對吧！過去一百年間，在阿根廷、非洲、澳洲的洞穴裡，都陸續發現類似的手掌輪廓，但絕大多數仍然是在歐洲，歷史約一萬二千年至四萬年之久。石器時代的人類很可能使用類似噴畫技巧，將手掌輪廓留在穴壁上：一隻手壓在穴壁，另一隻手拿著蘆葦管或中空的鳥骨頭，中間填入紅色顏料（人類最早能調製出來的顏料），以口吹的方式直到手掌輪廓成形。至於為何要這麼做，原因不清楚。人們猜測可能是簽名的功能，像昭告大家：我在這裡，這是我畫的。

斯諾看愈多這類圖片，愈發確定一般認為這是男人手掌的假設不正確。根據手指比例原則，這手掌看起來就不像是男人的。因此，他研發了一種特殊的演算法釐清問題。最近，他對西班牙埃爾卡斯蒂洞穴、法國加爾加斯及佩許梅爾洞穴的研究發現，這三處留下的手掌輪廓，有百分之七十五屬於女性。不過他提出的假設雖然馳名，但同樣充滿爭議。有人不接受這種說法，也有人接受，甚至離開藝術觀點的角度，提出另一種想法。他們認為，這些手掌不是只是單純畫在那裡那麼簡單，不是純粹為藝術而創作，更不是簽名，而是舉行儀式留下來的痕跡。在這種洞穴裡，感官知覺很快就會失去依靠，再加上缺氧的飄浮感而陷入一種恍惚的狀態，因此洞穴壁畫及手掌並不能當成藝術作品，可能是薩滿儀式的一部分。而這反過來也可以證明，薩滿巫師是女人。這種說法是否正確，並無定論。就像手掌輪廓就算出自女人，但也不能就此證明旁邊的動物圖畫就是出自女人之手。但至少提醒人們，這種可能性值得探究。畢竟，誰知道呢，或許人類歷史上最早的藝術天才就是女人。

所有手握權勢的知名女性的傳記，幾乎都會在開頭沒多久便出現類似的場景：父親（或祖母）坐在女孩對面，讚美她是如此聰明，如此勇敢，如此機靈，接著不免嘆息：「為何妳不是男孩呢？」有時旁邊還會坐著幾個笨兄弟，加重這種遺憾：為何後代中這樣靈敏的神智，竟然會生在錯誤的身體裡？大自然為何會犯下這種錯誤？

類似的場景也出現在附圖裡的埃及女王哈姬蘇身上：她出生於西元前一千五百年，是法老圖特摩斯一世的女兒，從小便顯現出不凡的聰慧，她父親既高興又悲嘆，因為王位繼承者是個不怎麼清醒的兒子，也是哈姬蘇同父異母的哥哥。為了幫這個不成材的王位繼承者找位好參謀，法老便將哈姬蘇嫁給她哥哥圖特摩斯二世，當時她才十二歲。她丈夫登上法老之位不久就去世了，只留下一個年幼的庶子，年紀太小無法統治國家，因此年紀輕輕的她成為攝政女王。至此一切都很正常，古代埃及女人享有不尋常的社會地位。尼羅河畔的古文明和其他古文明一樣，仍然由男人主導，然而相較之下，古埃及女人（至少上層階級的女人）享有較多的自由。與古希臘人不一樣，古埃及女人可以自由行動，可以接受教育，並被允許參與節慶活動，可以唱歌跳舞。更重要的，若兒子或丈夫不在，或者無法執掌政權，她們可以代為治理國家。只是哈姬蘇並不滿足，當她女婿年紀大到足以接替攝政一職，她卻成功任命自己為法老，並為了安撫女婿，給了他幾年後的承諾。在不殺害圖特摩斯三世的狀況下，這兩人竟能掌握大權二十年之久。

03 哈姬蘇雕像

西元前一四七九至一四五八年

在古埃及悠久的歷史中，出現過不少女性統治者，像是塞貝克涅弗魯、娜芙蒂蒂、圖絲蕾特等等，其中不少位權重勢大，影響深遠。不過女法老很少，哈姬蘇是當中最重要的一位。在她統治之下，埃及經歷了一段和平繁榮的時期，藝術蓬勃發展，雄偉壯觀的建築像是代爾埃爾巴哈里神殿，便是由她下令建造。今日人們認為她是歷史上最重要的法老之一，但大多數的人頂多記得悲劇收場的埃及豔后克麗奧佩脫拉。人們似乎總是不肯忘記那些野心太大，行為像「男人」，最後以自殺收場的女人。人們寧可讚歎失敗的例子，卻不願記得成功的女人。不過這種關注焦點的轉移，很可能跟研究人員對哈姬蘇一直抱持懷疑的態度有關。一直到一九五〇年代，一位紐約大都會博物館策展人仍然宣稱哈姬蘇是「最卑鄙的篡位者」，人們批評她不擇手段，對權力無比貪婪，除此之外當然還有一項：荒淫無度。而這些批評的根據，就是來自附圖的雕像。一九二〇年代發現這座雕像時，已是裂成一片片手指般大小的碎片，顯然被敲碎且褻瀆過，有鑑於法老的神聖地位，這種情況不免啟人疑竇：這位統治者到底做了什麼，讓後人如此氣憤？更重要的：這個被敲成碎片的法老到底是誰？當人們辨識出這些碎片是哈姬蘇的雕像後，答案就不證自明了：她是女人，一個搶了男人權位的女人。再加上圖特摩斯三世上位後銷毀所有她統治的證據，研究人員很容易就將此舉解釋為他的復仇，因她竊奪了他的王位。

經過幾位埃及學女性學者的努力，才修正了這張扭曲的歷史圖像。圖特摩斯三世並不像一般假設所認為的，在哈姬蘇死後便立即衝動地將她從歷史抹去，而是在二十年後，他自己統治末期才這麼做。我們可以想像，這並非出自復仇之心，而是為了未來著想：這樣一個打破規矩的女人會豎立什麼樣的榜樣？是否會蠱惑那些想要占有相同權位的人？她的形象難道不會打亂了清楚的兩性秩序？這個雕像所引起的問題相當有意思，畢竟哈姬蘇不只是深思熟慮且成功地統治這個國家，而且還模糊了性別界線：她喜歡讓人將她畫成男人，下巴長著鬍子，戴蟒蛇王冠，袒露平胸。在正式文件上人們稱她「國王陛下她本人」以及「女」法老，她使用的語言，是一種性別平等的語言，混淆各種屬性，不管是他、她還是它……這座現在矗立在大都會博物館的雕像，她既是男人又是女人：從尼美斯頭巾（大多是金色與黑色條紋）可以看出她的頭是男人的頭，胸部卻是女人的胸部。她既男又女，是第三性，還是住在女人軀體的男人，超越了男女性別範疇，或者像後來法國藝術家克勞德·卡恩認為的：「是男還是女？一切視情況而定。」而這種說法仍然有許多學者不願接受。這些學者認為，哈姬蘇必定自認為女人。然而，他們怎麼知道必定如此？這位法老與外界的溝通方式，顯示出不尋常的情況：一種酷兒形式的權力及自我展現，有意識地模糊性別界線，想必當時她已清楚，未來並不是所有人都會接受這樣的事。她在卡納克豎立的方尖碑上，命人刻鑿以下文字：「現在，我的心不禁動搖，當我想到人們——在未來歲月看到這個紀念碑的人，還有談論我所做所為的人——會怎麼說。」

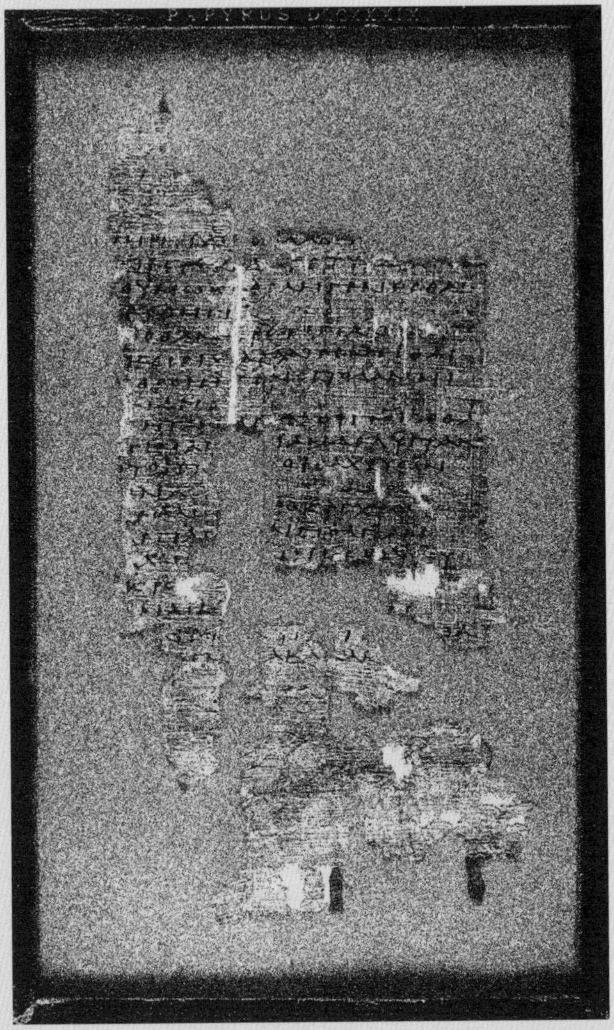

PAPYRUS

04 莎孚莎草紙殘篇

西元前七世紀

長久以來，只有男人才可以夢想自己能塑造歷史，且死後數百年仍會有人記住。而古希臘女人在公共生活裡沒有任何影響力，因此一生下來就注定會為人遺忘。大多數人很可能認命地接受這種情況，但莎孚沒有。西元前六〇三年，她在風光明媚的蕾絲波斯島做了一個大膽的決定，她要改變這種情況：「莎孚，妳是被愛著的……我賜予妳極高的藝術天賦／妳的名字將會被所有人提起／所有陽光照耀之處，」她如此寫道，還有：「以後必有人會記得我們。」

儘管這樣的預言在當時看來不太可能實現，但她說對了。歷史上幾乎沒有哪個女人的名字能像她一樣頻繁出現在我們的日常生活中：女同性戀者是「蕾絲邊」（lesbian），因莎孚生活在蕾絲波斯島上，女性之間的戀情是莎孚式（sapphic）的關係，因為人們說她與女人有這樣的關係。而且，雖然人們對她所知甚少，只有幾首她為里拉琴（一種豎琴）所譜寫的詩歌流傳下來。據說她一生著作頗豐，但大部分在西元前三世紀亞歷山大圖書館一場大火付之一炬，另一部分則在中古世紀被認為過於淫穢而遭銷毀。而最瘋狂的莫過於後來埃及人拿她詩作所做的事：他們拿她寫詩的莎草紙來當紙漿、做棺材材料，或填充鱷魚標本。我們都知道，長久以來人們總是以古怪的方式對待女人創作的藝術作品，有些人比較早悔悟，就像德國哲學家暨早期浪漫主義代表弗里德里希·施勒格爾便會說過：「假使我們還有莎孚所有著作，或許就不再有人記得荷馬了。」可能也不必如此誇張，莎孚不太可能取代早她一百年的荷馬，雖然大家喜歡將這兩人相提並論。但為何要取代？不如說，她填補了他的不足。她的著作，簡直就是充滿英雄氣魄、有時甚至男性賀爾蒙過多的《奧德賽》的女性對照版：學識淵博的莎孚對騎兵、步兵、船隻沒什麼興趣。她關心的是，到底什麼原因使得美麗的海倫拋下丈夫，離開故鄉前往特洛伊，是「來自內心的呼喚」，也就是愛情。她寫道：「我寧可看著這女孩的腳步／寧可看這張明亮的臉龐／而不是炫目的利比亞騎兵與全副武裝的戰士。」男人寫戰爭，女人寫愛情，聽起來俗不可耐，但莎孚及荷馬就真是如此。有人會說莎孚基本上是最早的嬉皮，她所宣揚的，根本就是「做愛，不作戰」*的詩意版本。或許也真是如此。征服、戰鬥、肌肉發達的男人手持鋒利的軍刀，所有流傳於我們文化直至今日的英雄故事，她都不感興趣。她所追求的，是感性、美、溫柔與婉約。

我們知道，十九世紀初的西方文化圈，流行一種可笑的說法，認為女人對性無感。就算有女人意外能享受性的愉悅，她們也會因羞恥而不敢說。挑明並描述女人的性欲，對今日的我們來說顯得相當新潮，如同我們是最早敢講出這些的人，然而莎孚證明了我們太高估自己。一直都有人這麼做，早在西元前幾世紀就有女人不僅能享受性的快感，且能毫無窒礙地表達出來。幾乎所有的情色詩集，都會引用莎孚的詩句，她是我們所知第一位最負盛名的詩人，以才思探觸並觀察自己身體發生的事：「如果／你的眼神我的聲音／吞噬所有聲響，那麼／舌頭麻痺與細細的文火／在皮膚下炙燒。睜開／雙眼我什麼都看不見，轟隆嗡鳴／震耳欲聾。／大汗淋漓，流滿我身／全身顫慄不已。」簡短的版本也很美：「情欲撼動我所有感官／就像山上奔騰而下直撲橡樹的風暴。」

到底誰是莎孚的愛人，人們有諸多猜測：她是女同性戀嗎？還是雙性戀？或者都不是？數百年來，人們傳說她因一位年輕的漁夫投海自盡，但今天大家認為這是在某個時空下編造出來的故事，目的是為了幫莎孚擺脫她是同性戀者的「指控」，讓人能欣賞她的佳作而不會良心不安。可以確定的是，她與她的一些學生關係親密，當學生離開時，她也會非常難過。或許我們可以將莎孚的「女孩圈」想成有點像畫家阿爾瑪—塔德瑪略顯濫情的畫作：在蕾絲波斯島的陽光下，年輕女孩坐在露臺上，傾聽老師的每一句話。莎孚的女學生來自地中海各地的富有家族，希冀她們在即將舉行的婚禮前學會舞蹈、音樂、詩歌、禮儀。她們所受的教育是一種「女性養成」，只是這位崇尚獨立思想及自由戀愛的女教師，與當時希臘世界的理想典型，與一般服從、沉默且隱形的女人非常不同。因此，莎孚留傳給後世不只是詩歌，她還播下一顆種子，隨著時間漸漸發芽茁壯，使得隨後的幾百年間能出現像伊蓮娜及希帕提亞**這樣的女詩人及女學者，這也是為什麼後世——尤其是一九二〇年代——的女同志藝術家，特別喜歡以她為依據。有時，就像莎孚所證明的，無須以壯烈的史詩來改變世界，一張從鱷魚標本腹部填充物抽取出來的莎草紙殘篇，同樣可以。

* Make love, not war，美國一九六〇年代流行的文化口號，最初用於反越戰遊行。

** 伊蓮娜（Erinna），又譯埃里納。希帕提亞（Hypatia），又譯海巴夏。

05 亞馬遜女戰士玩偶

西元前五世紀

在這個時代，我們總是對自己以性別中立的態度教育小孩而感到自豪。我們告訴小男孩，玩娃娃、化妝、穿粉紅色的衣服都沒問題，並且允許小女孩揮刀弄劍。而在三十年前，很多人看到女孩寧可玩小汽車也不願意玩芭比還會嘖嘖稱奇，不過至今或許對某些人來說仍然覺得奇怪吧。

因此，附圖這個出現在西元前五世紀的古希臘玩偶也就更令人驚訝了：這位亞馬遜女戰士，是在一個小女孩的墳墓中發現的。這具人偶大約十五公分高，頭髮及佛里幾亞帽原來塗上亮紅色，手腳可以活動，是現存這類玩偶最早的版本，應該出自古典時代人們開始製作玩偶的年代。之後的幾個版本，例如西元前一世紀的亞馬遜女戰士玩偶，就有一些沒有左胸乳房，穿著當時典型的長袍以及顯眼的頭飾等等特徵。不過先讓我們把注意力放在附圖這具玩偶，就像她的男性英雄同行，她也呈現出英雄裸（heroic nudity）的形象。或許，這裡應該簡述一下當時雅典女人的社會地位，才更能顯現出這玩偶有多特別。根據傳說，女人處於從屬地位可以回溯至建城之初：當時雅典娜與波賽頓都希望城市能以自己的名字為名，各自爭取市民的贊同，據說女神得到婦女大力支持，因此獲得最後勝利。波賽頓非常生氣，因此婦女再也不准參與投票，也就失去她們的公民地位。她們失去所有的權利，從此就像奴隸屬於男人財產的一部分。除了極少數的例外，大多數女人都不被允許參與宗教及公共事務，並且只能待在家中特別規劃給她們的女眷內室，在裡面織布，帶小孩。在古希臘人的幻想中，亞馬遜女戰士正好完全相反，是女性獨立自主的極致代表：她們生活在已知的希臘世界之外，沒有男人，全是女人。她們既強壯又勇敢，從小便接受戰鬥訓練，不知疼痛或恐懼為何物，能與任何一位希臘英雄相抗衡。她們為了更便於戰鬥，甚至不惜割掉左乳，以提升射箭技能。連她們的性欲也不像女人：她們利用男人滿足自己的性欲以及繁衍後代。據說亞歷山大大帝曾與一位亞馬遜女王曾談過一場充滿激情的戀愛，而大多數的希臘英雄在一生中，也不免與她們有所接觸。就以阿基里斯為例，據說特洛伊戰爭時，由於亞馬遜人與特洛伊結盟，使他與亞馬遜女王潘賽西莉亞之間進行了一場慘烈的戰鬥。最終他打敗她，將長矛刺入她的胸口，他見到她容顏的一瞬間，立刻愛上她。可惜，一切都太遲了。

對古希臘人來說，亞馬遜女戰士代表一個相反的世界，那裡的規則與權力關係完全顛倒。他們懼怕那裡的女人，但同時對她們深深著迷。除了海克力斯，這些戴著帽子，手臂刺青，袒露右胸的女戰士，是古希臘陶罐上繪畫最常出現的人物。在雅典，人們處處可以見到她們的蹤跡：在神殿正面外牆，也在私人住宅，在文字敘述中，或像附圖所示，以玩偶的形式出現。現在的問題是：為什麼呢？今日如果我們送給小女孩女戰士玩偶，通常是想透過玩偶告訴她，我們希望她勇敢，堅強並超越個人的極限。但古希臘人呢？當他們送小女孩一尊戰鬥力高昂的潘賽西莉亞，難道是想教育她們，應該在現實生活（糟糕至極！）成為永遠在織布的潘妮洛普嗎？這種可能性很低。在他們的戲劇，也就是希臘悲劇，總是充滿了堅強的女性，像是不屈不撓的安蒂岡妮，或是因為一段充滿背叛的愛情而殺人的米蒂亞，但顯然從來沒人擔心過這樣的角色可能成為模範，會唆使女人們起身反抗。

或許女人根本進不了劇院，也或許這些女英雄人物對男人們來說是如此偉大，如此崇高，與具軟弱「天性」的「真正」女人有著天壤之別。因此，他們完全無法想像自己的妻女有可能會對劇中女英雄產生認同。

至於歷史上是否真的曾經有過亞馬遜女戰士，數百年來爭論不休。一些人相信有，一些人則認為是古希臘人的幻想。真相很可能介於兩者之間：從最新的墓葬挖掘中，發現生活在歐亞大草原上的中亞遊牧民族斯基泰人，很可能就有女戰士及女騎兵。那裡的女人的確可能獲得崇高的社會地位，而且明顯應該是因為戰鬥能力高強，因為她們的陪葬物多半是武器、戰斧、刀劍、斧鉞。只是，這些女人並不像傳說所說生活於女人國，而是與她們丈夫生活在一起。而且無論在戰場或平時生活，他們的地位都是平等的。但歷史真實不會撼動狂野的亞馬遜女人國傳說半分，自古典時代開始，亞馬遜女人國一直是自由與強盛的理想典範：無論何時，幾乎是全球每個角落，所有女權思想家和革命家總不免提到它，從十七世紀首批女性主義者，至二十世紀初的女同志圈，直到二十一世紀的激進女權組織費曼（Femen）都是。有趣的是，這種理想典範是男人幻想出來，並拿來做成玩偶送給小女孩，或許拿來當成妖怪，或是不切實際、永遠不可能達成的理想，倒是很少人覺得有什麼問題。

06 包玻石雕

西元前四世紀至西元前二世紀

若你像筆者一樣，成長於一九九〇至二十一世紀初，必定從當時上映的動作片中得知，想要當英雄拯救地球渡過隕石、怪物或洪水等等各式各樣的災難，有三樣東西必不可缺：大量的勇氣，一點點自大，以及最重要的：一根陽具。古希臘人顯然也有同樣的想法。不只是海克力斯、奧德修斯（也作尤里西斯）隨時待命保護這個世界，人們也對化成肉身的男性特徵——代表著守護、幸福、繁盛——具象地表達敬意。在著名的酒神節慶上，人們抬著勃起的巨大陽具走在春天的雅典城，孩子們則將縮小版做成項鍊掛在脖子上，以求庇佑。龐貝城一家麵包店入口旁豎著一根陽具，上面寫著：「幸福之所在。」相較之下，沒有一棟房子會以女陰裝飾。女陰的呈現幾乎總是被遮掩起來，就算不是完全看不到，也至少是幾乎看不到，若意外看到了，也總是像芭比娃娃那樣平坦光滑毫無裂縫。

但其實，古希臘人顯然也視女陰為某種拯救世界的力量：一八九八年，德國考古學家在古城普里耶內挖掘西元前六世紀的狄蜜特神廟時，發現一系列不尋常的雕像。這些雕像有著不成比例的大頭及浮誇的髮型，兩條細長的腳，中間原本該是腹部的地方卻長著兩隻眼睛，一個鼻子及一張微笑的嘴，再下面是有著一條明顯縫隙的性器官，也就是女陰。不過，還需要幾年的時間，人們才意識到這個有著女性外陰的雕像，可能與包玻神話有關。這個神話有許多不同版本，不過大致如下：一天，女神狄蜜特的女兒波瑟芬妮採花時，黑帝斯突然出現，將少女綁架至他的王國——冥界。視女兒如珍寶的狄蜜特悲痛欲絕，荒廢她身為女神的職責，沉浸在哀傷的時間愈長，農作物收成也就愈差，直到地上一切全都枯萎，農田乾旱荒涼，處處飢荒處處，許多人因此死去。直到有一天，狄蜜特失魂落魄地在人間遊蕩時，遇到包玻這位老婦人。她試著安慰狄蜜特，表示同情，並拿出食物與水，但狄蜜特不為所動，拒絕所有好意。正當一切看起來毫無挽回的餘地，所有生命即將滅絕時，包玻打出最後一張王牌：她突然掀起自己的裙子，露出陰部給女神看。這一舉動顯然令狄蜜特大吃一驚，不禁大笑出聲，也就不再那麼悲傷，開始吃喝，並恢復元氣，強迫宙斯找出解決辦法。最後大家協議，波瑟芬妮半年住在奧林帕斯山，半年住在冥界。世界起死回生，並且有了四季。

雅典城的婦女一定對這個失去女兒的故事感同身受，畢竟，她們的一生也差不多就像故事那樣：身為一家之主的父親，不必徵求妻女的意見便將女兒許配給某個男人。女孩結婚，在盛大的慶典中進入新的家庭，從此母女最多偶爾見上一面，甚至再無相見之日。包玻在婦女生活裡必定也扮演著某個特定角色，且與塞斯摩弗洛斯節（又作地母節或播種節）息息相關，這是一個不准男人參加的節慶：在十月的某三天，已婚婦女會離家，一起住在城外，共同祭拜狄蜜特。至於節慶三天確切流程，我們無從得知，只知道這會使男人坐立不安。在他們的幻想中，自己的妻子會沉溺在各種猥褻行為中，縱欲狂歡，並做一切平常禁止她們做的事。這個節慶流傳到羅馬變成玻娜女神（又作豐饒女神）節慶，在西元前六十一年，一位紳士按捺不住好奇心，喬裝成貴婦潛進慶典裡，成為轟動全國的醜聞。不過我們還是先回到雅典的世界，那裡的男人顯然也很好奇，自己的妻子在脫離男人的掌控時到底會做出什麼事。一些人相信她們會一起重複做出包玻的動作，互相展現自己的陰部給對方看，就像今日一些工作坊會鼓勵婦女仔細觀看自己的陰部。或許她們會坐著圍成一圈，張開兩腿，就像幾千年後的藝術家瓦莉．艾克絲波特所做的，她相信這樣能在團體之間召喚出個人的原力。

知道雅典女人到底在慶典中做什麼，其實可能一點都不重要，繼續保持神祕也沒什麼不好。包玻石雕最有趣的一點是女性到底擁有什麼樣的力量，一種能拯救世界的力量？沒錯，但不像勃起的陽具總是要發動戰爭，也不必搥胸大喊大叫，而是以一種非常簡單，但顯然極有效的方式進行，就只是令人發笑而已，便能使事情好轉。至於女陰為何這麼有趣，就是另外的問題了。

07 伊西斯雕像

西元前三三二至西元前三三〇年

請仔細看一下附圖這尊埃及女神伊西斯的雕像，想像她沒有珍珠綴飾的髮型，也沒戴那頂高高的皇冠，只注意她的姿態：她坐在那裡，像個自豪的母親，坐在她腿上的，是裸體的神子。她扶著嬰孩向自己的右胸靠去，氣氛多麼平和寧靜。你是否覺得這樣的畫面非常熟悉？或許，你會想到一個較為閃亮，且更性感的版本：聖母與聖嬰？

你不是唯一有這種想法的人。長久以來不斷有人認為，西元二千五百年前出現在尼羅河下游的伊西斯女神崇拜是受到基督教的呈現與敘事影響。是否真是如此，至今仍無定論。至少這個假設並不是那麼不合理，畢竟這兩個「教派」曾同時存在於羅馬帝國內，而且兩者在許多觀點上都很類似，以致處在一個互相競爭的狀態：首先，相較於男性主導的其他各種宗教，這兩者對所有性別及社會階層的人開放。男人與女人，窮人與富人，年輕或年老，都可以進入這兩者的祭拜圈，就連妓女這類遭受社會排擠的族群，也被接納。其次，他們無所不包：其他神祇大多囿限於各自的專門領域，伊西斯與耶穌基督幾乎可以解決所有人生疑難雜症。而且，雖然伊西斯教派並不抱持一神論的觀點，但約在西元前三百年，亞歷山大大帝（顯然是位忠誠的女神粉絲）引領古希臘人認識伊西斯女神，將其傳播至整個地中海地區，並因她的全能之力稱其為「有千個名字的女神」。不過，兩種信仰最重要的相似點，莫過於對教徒提出的承諾：復活，也就是永生。這在當時還很新奇，而且早在耶穌之前，伊西斯便已這麼宣稱了。

或許我們應該簡單複習一下有關她的傳說：伊西斯與歐西里斯是手足，是夫妻，是埃及國王王后，也是這個星球上最重要的神祇。一切都很完美，直到善妒的賽特設計除去他所憎恨的哥哥歐西里斯：他將歐西里斯鎖在石棺裡，投入尼羅河中順流而下，後來還把哥哥的屍體肢解成十四塊（另一種說法是四十三塊），並分散投置於埃及各處。悲痛欲絕的伊西斯和她的姊妹奈芙蒂斯一起到處搜集丈夫散落各處的屍塊，將之做成木乃伊，從而使他復活。由於丈夫的陰莖被魚吃掉，女神自製一根給他，且借助些許魔法，竟然還能使她受孕，生下兒子荷魯斯，也就是附圖中坐在她腿上的嬰孩。這段情節也令人想到聖母瑪利亞，說來伊西斯也算是無性受孕，只是她沒有等天使來告訴她體內懷著神子，而是自己獨立完成。大體而言，她在神話中扮演的是一個主動出擊的角色，她做她該做的事，與姊妹的關係也非常重要：若沒有這兩位女人，姊妹也不同心協力的話，就不可能有復活這件事。

出現在這個神話中的救世主及救贖者是女性，不像耶穌是男性，這樣的事實也帶來許多不同之處。據推測，比起其他古典時代的文明，古埃及婦女的地位相對平等，可以繼承家產，甚至能部分掌權，且享有一定程度的自由，很可能與伊西斯女神的權勢及人們對她的崇拜有關。此外人們也發現，迅速接納伊西斯女神崇拜的地區，女人也享有少許的威望與尊重，就像古羅馬，貴族婦女擁有一定的權力，且可以擔任女祭司或維斯塔貞女（又稱護火貞女）。即便在羅馬城裡，西元前一世紀甚至出現崇拜伊西斯女神的密教，這是個祕密結社，有著神祕的入會儀式。對於這個密教，人們幾乎一無所知，只除了信徒總是帶著叉鈴，以及人們在儀式中或許會有類似死亡的經歷，藉此擺脫對死亡的恐懼。很長一段時間，伊西斯崇拜非常流行，並有不少神廟，許多建在妓院附近，從這點可看出她的仁慈，以及她的權能。

只是後來克麗奧佩脫拉出現了，伊西斯的影響力開始式微。這位自稱是伊西斯在人間化身的埃及女王，令她女神姊妹形象大毀。就像人們在約瑟夫．里歐．曼凱維奇執導，伊莉莎白．泰勒主演的電影《埃及豔后》所看到的，羅馬人痛恨這位埃及豔后，且視她為奢靡腐敗的代表。從此伊西斯就與性變態扯上關係，並認為她與埃及豔后一樣，對道德產生威脅。為了防患未然，人們禁止伊西斯崇拜，她的雕像被扔進台伯河，神廟也被摧毀。不過，這個禁令並未持續太久，最遲到了西元一世紀在卡里古拉稱帝時，伊西斯傳說又開始在羅馬流傳。女神影響力漸增，甚至流傳到了英國。雖然凱旋回歸，但當基督教愈來愈強盛，這位最仁慈最溫暖的女神也就愈來愈受到排擠。到了西元四世紀，基督教成為國教之後，伊西斯女神也就完全淡出歐洲地區。或許，古羅馬人懼怕這位身具非凡能力的女人會成為信徒的榜樣，也或許因為她是異族人，誰知道呢？不過，上古史學家薩拉．B．波默羅伊曾問過：當初獲勝的若不是耶穌教派而是伊西斯教派，女人的歷史又會如何發展？有誰會不想知道這個問題的答案呢！

שישלכנע
אנקתם
פספסים
טפטפיה
עשצי
ארם
אברהם
יצחק
יעקב
חוץ
חוה
פסתם
ושרה
ורבקה
ולאה
לילית
ראשונה
שמירה לילד
הנולד שלא
יזוק סנוי סנסנוי
סמנגלף כוזו
במוכסז כוזו

08 莉莉絲護身符

年代不詳

在伊西斯與耶穌在古羅馬的激烈競爭中，若脫穎而出的是前者而非後者，女人歷史將會如何發展沒人知道。不過有一點可以確定，有個形塑女人生活形式的人物絕不可能出現——也就是夏娃。夏娃，這個背負原罪的女人；夏娃，這個好奇的女人；夏娃，這個毫無自制能力又懦弱的女人，隨便一條蛇就能成功引誘她，終結了人類純真無罪的狀態，而被逐出天堂。雖然在希臘神話中也有類似的人物，潘朵拉也因打開盒子將死亡、疾病、戰爭等等所有壞事帶到人間，但至少她還有能力解放「希望」。夏娃卻完完全全都是壞事，而且成為女人所有苦難的藉口。甚至連分娩時的痛楚，人們也歸咎於夏娃致命的錯誤：所有女人都是夏娃的女兒，夏娃又是搞砸人類一切的人，因此疼痛及數百年來的壓迫只不過是最起碼的代價，當然。

無須信教，也會聽到關於夏娃、蛇、蘋果以及裸體不再純潔的故事，這也就是所謂「人類的墮落」。它陰魂不散，以各種不同的形式及版本，出現在博物館美術館，各式各樣的故事、諺語以及電視節目裡。有些人甚至寧可相信這個故事是真的，也不願意接受達爾文的演化論。在這個稱得上是西方文化基石的故事裡，人們常常故意略過一個細節不提，也就是夏娃並不是亞當的第一任妻子，而是第二任。第一任妻子叫莉莉絲，非常叛逆，至少希伯來神話是這麼說的。在希伯來神話裡，雖然版本不同形式也不相同，但人類的起源大約是這樣的：上帝創造亞當成為第一個人類之後，發現孤單一人的生活對亞當並不好，因此，祂創造了一個女人給他。不，不是從亞當的肋骨，而是拿創造男人的材料——泥土。不像亞當與夏娃，亞當與莉莉絲是平等的。只是，這也成了他們之間的問題。對於做愛時誰在上誰在下的問題，他們無法達成協議。她說：「我才不要老是在下面。」他也說自己不要在下面，還叫她應該服從，畢竟他是男人，是萬物的主宰。但莉莉絲堅持他們是平等的，畢竟上帝也是用同樣的泥土創造她。他們找不到方法解決，只能繼續爭吵，直到莉莉絲喊出上帝「神祕名字」飛上天空，頭也不回直接飛走。亞當自然很難過，就向上帝抱怨：「那女人離開我。」到底發生什麼事了？上帝派了三個天使去追離開的女人，設法要她回心轉意。但此時已在紅海的莉莉絲卻依然堅持己見，她不想回去，更不想回到那個頑固不化的亞當身邊。因此，四人私下決議，從此以後，莉莉絲變成一名謀殺小孩的兇手，會帶走生下來八天內的男嬰，以及二十天內的女嬰，除非——這時附圖這個出自十九世紀的護身符就出場了：「若我在嬰孩身上發現有你們三人名字或圖像的護身符，我就會饒了他。」

既然莉莉絲不回來，亞當就有了第二個女人，這個女人不像他是用泥土捏成，而是用他的肋骨刻成的，因此保證對他順從，也就是我們熟悉的夏娃。至於亞當跟一個從他身體取出的女人衍生出人類，只因無法與跟他同樣平等的第一任妻子溝通，這種邏輯很古怪，也說不通。但這跟這裡要講的事情無關。重點是：夏娃出現後，人們就忘了莉莉絲。或者應該這麼說，聖經忘了提她，於是整個基督教文化圈也就都忘記她。但在猶太文化圈裡，她的身影不斷出現在不同的傳說及神話裡，且顯然為人所知，才會配戴護身符以躲避她的傷害：孕婦戴著以金屬打造，或編織或紙做的護身符，或將它放進新生兒的搖籃，這樣莉莉絲就會離開，不會傷害小孩。在莉莉絲離開亞當之後，就變成一個吃小孩喝人血，人人懼怕的惡魔。一個不甘屈居人下的女人，還能是什麼？她是惡魔，是黑暗勢力，有時還是妓女。有人甚至宣稱，她還變身為蛇，潛入伊甸園中誘惑夏娃。在流行文化裡，她是吸血鬼女王，是撒旦的妻子，是可怕的巫婆。無論她以何種形式出現，人人避之唯恐不及，一個邪惡、變節的女人。

但總是這樣的，一個人的恐懼可能是另一個人的救贖。到了一九六〇年代，莉莉絲毫無預警地霸氣回歸。突然之間，她不再是那個人人戴著護身符避之唯恐不及的妖怪，而是女性主義者，特別是猶太女性主義者的榜樣：人們驚喜地發現，原來世上第一個女人不是耳根子軟的小傻蛋，而是一個意志堅強且懂得享樂的女人。除了實際上的平等之外，她還堅持平權，而且寧可永遠被視為妖魔鬼怪，也不願屈服於丈夫所訂的父權規矩。如同法國女拉比戴爾芬・奧維勒爾曾說的，她是「一個逃脫我們掌控的自由女人」，正因如此她令人害怕，但同時也帶來啟發，令人重新思考女人在宗教裡——至少在猶太教——的地位。

58

09

維京板棋*

西元十世紀

在一般人的想法裡，維京人的名聲並不太好，這裡的一般人不包括專家學者或是崇尚男子氣概過頭的人。人們總是把他們想成高大壯碩的男人，留著一把紅鬍子，頭戴有角的金屬盔，駕著有著龍首及捲曲船尾的維京船四處航行，所到之處總是引發一陣恐慌，因為他們與人打招呼的方式是先用斧頭敲碎對方的頭顱。很難說為何某些想法源遠流長，有些不會，又為什麼我們會以為過去就是我們想像的樣子？但有一點可以確定，就是我們對維京人的看法不太公平。就拿有角頭盔來說，在我們的想像那是每個維京人必備的配件，但實際上非常可能只是胡扯。至少考古學家從來無法證實維京頭盔曾經存在過，而且我們非常確定何時出現這種將有角頭盔跟維京人聯在一起的想法：一八七六年，在華格納歌劇《尼貝龍指環》首演時。

整體而言，德國民族主義者對維京人的熱愛，或者應該說，他們希望看到的維京人模樣，也就是雄糾糾氣昂昂的男子氣概，對這個北歐民族來說實在不是好事。不過，這裡不是要講這件事，這裡要講的，是女人在維京人世界裡扮演的角色，以及二○一七年引起轟動的新發現。那一年，斯德哥爾摩大學研究小組在《美國體質人類學雜誌》發表一篇論文，宣稱位在比爾卡著名維京遺址編號Bj. 581墓穴中的人類遺骸，經由DNA測試確認是女人，推翻了之前認定是男人的說法。這篇名為〈基因檢測確認維京女戰士的存在〉的文章，簡直就像在學界投下一顆炸彈。自十九世紀在比爾卡遺址發現後，編號Bj. 581墓穴由於規模及陪葬武器數量，一直被認為是戰功彪炳的維京戰士墳墓，同時也是人們自古以來想法的一大佐證：男人是了不起的戰士，雄壯威武，兇狠殘暴，就是跟女人不一樣。如今世界各地的頭條新聞全帶著激動又不安的口吻宣布：「維京戰士是女的！」儘管一九七〇年代就曾有一位女學者對遺骸的性別提出質疑，因前臂異常纖細，看起來不太對勁。但當時有人和善地建議她漂亮的腦袋瓜不必多想了：有這麼多武器的墓穴主人必定是戰功彪炳的戰士，而戰功彪炳的戰士只可能是男人，所以這具遺骸是男人。就這麼簡單。

同樣的事一再發生：人們想不到或不想知道的事，也很難出現在考古發掘中。人們以自己認為可能的解讀方式去理解考古遺物，直到有一天新科技、新技術帶來一線新的曙光。近年來這種情況經常發生，維京戰士變成維京女戰士，信念開始動搖。不過，我們還是先回到比爾卡，這個在斯德哥爾摩附近比約克島上的考古遺址。瑞典考古學者亞爾瑪．史托佩在一八九〇年代發現比爾卡遺址，當時非常轟動，畢竟比爾卡是瑞典最早的城市，它的港口在八到十一世紀是重要的國際貿易中心。當史托佩開始挖掘時，商鎮軍營附近編號 Bj. 581 墓穴立刻吸引他的注意：在一千多座墓穴裡，只有七十五座有武器陪葬，其中又只有兩座有整套的兵器，包含斧、盾、矛、弓、箭、劍，除此之外還有一公一母兩匹馬陪葬，其中一匹還有馬鞍。而這座墓穴最特殊的不是這些象徵力量與權力之物，而是附圖中由麋鹿角製成的小圓球，它們被放在死者的大腿上，屬於維京板棋的一部分。人們也在沉船遺跡中發現這種遊戲，確切的遊戲規則並未流傳下來。但能確定遊戲分成兩軍對峙，要靠技巧及專注才能將棋子安全地送到棋盤的邊緣。現在這些棋子可能有兩種意義：若純粹只是個遊戲，這個女人必定很有錢，才可以沉迷於不事生產的活動；另一種可能則是，這是軍事策略遊戲，那麼葬於此墓的女人不只是位戰士，還是位軍師。這也說明為何沒人料想過墓穴主人可能是女人：儘管大家都知道，維京女人比起南邊的姊妹不只擁有繼承權，甚至還可以主張離婚，必要時候或許也會拿起武器戰鬥。但女軍師？這就太誇張了。

直至今日還是有人這麼想。在無法否認遺骸性別後，一些學者突然提出另外的質疑，之前在遺骸還被認為是男人的時候，從來沒人質疑為何陪葬物品一定與死者生前的社會角色有關。我們怎麼知道武器及軍事策略遊戲代表墓穴主人在軍隊中的地位？或許這些東西只是剛好在那裡而已！說來不可思議，有人為了否認女戰士的存在，寧可推翻所有墓穴考古的解讀。不過，老實說，也的確有這種可能性。或許這些武器的確毫無理由只是剛好在這裡，雖然可能性很低，但也不是完全不可能。但也還是有另一種可能，就是維京人對「性別」的想法跟我們不一樣。或許對他們而言，男女並非兩個各有不同社會角色的範疇；或許，性別角色是流動的，有時這樣，有時那樣；又或許分別的依據在於多高多壯，而不是雙腿中是否還有東西。誰知道呢？話說回來，無論比爾卡編號Bj. 581墓穴裡的女人在西元十世紀時扮演何種社會角色，但她與腿上的維京板棋棋子，成功地在去世千年後再度引起人們對她所屬民族的討論，並重新對女性扮演的社會角色提出反思。

＊ 維京板棋（hnefatafl-spiel），或音譯為涅菲塔弗板棋。

GLI ET FRA CI PE

10 貝葉掛毯

西元十一世紀

在瑞典有戰鬥也有遊戲，歐洲其它地方呢？女人都在做什麼？有別於一般人對中古世紀的想法，當時的女人並沒有呆坐在高塔裡，遭到惡龍禁錮，反而相當活耀，而且社會能見度頗高。不像古典時代的女人大半時間都待在女眷內室，也不像後來歷史發展，女人愈來愈被排除在城市的公共生活空間之外。中古世紀的城市裡到處都是辛勤勞動女人的身影，她們出現在市場，也出現在麵包鋪，食肆，肉鋪，酒肆，香料店，帽子、手套及皮革店，金匠與啤酒工坊。她們在建築工地跟男人一起工作，在歐洲四處興建的大教堂工地搬石頭挖地基。她們書寫製作書籍，還可以是髮匠（當時髮匠的工作不只包含修剪鬍鬚，還要幫人整骨）。許多女人都跟丈夫一起工作，其他（寡婦）則以獨身女性（femme sole）的身分單獨經營商鋪或工坊養家餬口。直到今日，法文這個相當男性本質的語言仍然假意避免使用écrivaine（女作家），寧可使用不分性別的écrivain（作家）一詞。實際上在中古世紀就已出現許多陰性化的職業名稱，例如médecines（女醫生），porteresses de lettres（女郵差），trobairitz（女吟唱詩人）。

除此之外，中古世紀的女人當然也繼續做她們在古典時代所做的事，而且以後也會一直繼續做下去，也就是與紡織有關的工作：她們織布、編織、縫紉、刺繡。就像維京女人——就讓我們再次回到維京女人的世界——必定是縫製船帆的高手。人們總是讚歎維京文化中宏偉的船隻，但通常只想到下半部的木造船體結構，而一艘沒帆的船，只不過是個漂零大海隨波逐流的堅果殼。維京女人縫製的船帆想必非常出色，而這種船帆的製造比製作船體還要費時，並且對擴大航海領域是不可或缺的。正如美國織品歷史學家維吉妮亞・波斯崔爾所說，我們很容易忽視織品歷史及其重要性。一方面因為它屬於女性領域，直到最近人們提及此領域都還習慣壓低聲量；另一方面在女性主義觀點的歷史回顧中，較喜歡提到我們的祖先不乏配戴武器的女人，能像男人一樣強壯殘暴，對於紡織這類一般認為「較為女性」的勞動，寧可藏到地毯底下略過不表。另外還有一種可能，是因為紡織及縫補這類工作的意義，不僅僅只是為家人縫製衣物，更是為了將女人綁在家裡，使她們忙碌，無暇多做思考。十七世紀的英國女性主義者瑪麗．沃斯通克拉夫特就曾因此呼籲女人不要刺繡，她認為這種工作會讓人心智狹隘，蒔花弄草或是書寫就好多了。

這當然不會錯，但總是有例外。就像附圖的貝葉掛毯。自它出現在十一世紀，所有追求權力的男人都想要擁有它：拿破崙對它愛不釋手，甚至叫人將它帶進羅浮宮；納粹黨政軍要人海因里希．希姆萊也迷上它，想盡各種辦法要將之送到柏林；法國與英國也不時為了它爭吵。這幅掛毯為何這麼特別？原因有許多。首先是它的大小，全幅長度幾乎有七十公尺，寬度大約五十公分，以十種不同顏色的毛線，繡在亞麻布上，全圖共有六百二十三個人物，二百零二匹馬，以及五百六十隻動物，其中某些看起來活靈活現，栩栩如生。最重要的是，這幅掛毯可以帶人一窺當時日常生活、建築、服裝，甚至戰略與語言。有人形容它是世界上第一部連環漫畫，講述黑斯廷斯戰役，諾曼第人擊敗盎格魯撒克遜人的故事。這段歷史故事在掛毯上分成五十八個段落，從一〇六四年開始，當時英國國王宣信者愛德華委託他妹婿哈洛德．哥德溫森，通知諾曼第公爵征服者威廉——當時尚被稱私生子威廉——在他死後會將王位傳給他。哈洛德照做了，但是在愛德華死後，卻自己登上了王位。威廉當然非常生氣，便率大軍出發，一〇六六年十月，兩軍終於在黑斯廷斯對峙交戰：雙方用長矛、弓箭、劍互相攻擊，許多人戰死，多到畫面下方留給死者的位置，漸漸被屍體、砍下的肢體，以及馬匹淹沒。畫面上的戰鬥如此激烈，觀看者似乎都能聽到喊叫及馬蹄聲。最後一支箭貫穿哈洛德的眼睛，戰鬥結束，威廉贏了這場戰役，得到英國，加冕成英國國王。

貝葉掛毯是一部曠日廢時的傳奇之作。而傳奇之作通常也容易圍繞著一堆神話與疑問，就像沒人知道這掛毯到底出自誰手。一個流傳已久的說法是瑪蒂爾達，也就是征服者威廉的妻子。當丈夫離家征戰時，她在諾曼第就開始著手刺繡，想以她的作品強化丈夫的形象。然而，這種說法並不合理。就算瑪蒂爾達身邊有貴婦幫她一起刺繡，她們也不可能做到如此精美考究。較有可能的是這幅掛毯是貝葉的奧都——貝葉城主教，也是威廉同父異母的兄弟——委託所作。但問題依然存在：委託誰呢？長久以來，人們一直認為此掛毯出自英格蘭南部的男性繡匠，近幾年來不少學者指出另一種更有可能的答案：修道院裡的修女。特別是當時在英國，有許多女人與修女都因出色的刺繡技藝引人注目。她們這種以金線繡在天鵝絨，或像這幅掛毯繡在亞麻布上的技巧，人們稱之為英國藝品（Opus Anglicum）。這些繡品主要用來裝飾聖殿或教堂，但也有例外。像貝葉掛毯這樣的作品，需要一大群技術精湛且熟練的人聚在一起，並肩工作至少數星期，甚或數月之久。雖然我們永遠無法百分之百確定，但至少這幅掛毯有可能不只是男人征服世界的宣傳品，而是一個罕見的例子，展現姐妹會精湛的工藝及創造力。因此，它不是「一位大師的傑作」（Meisterwerk），而是「一群女性大師合力完成的鉅作」（Meisterinnenwerk）。

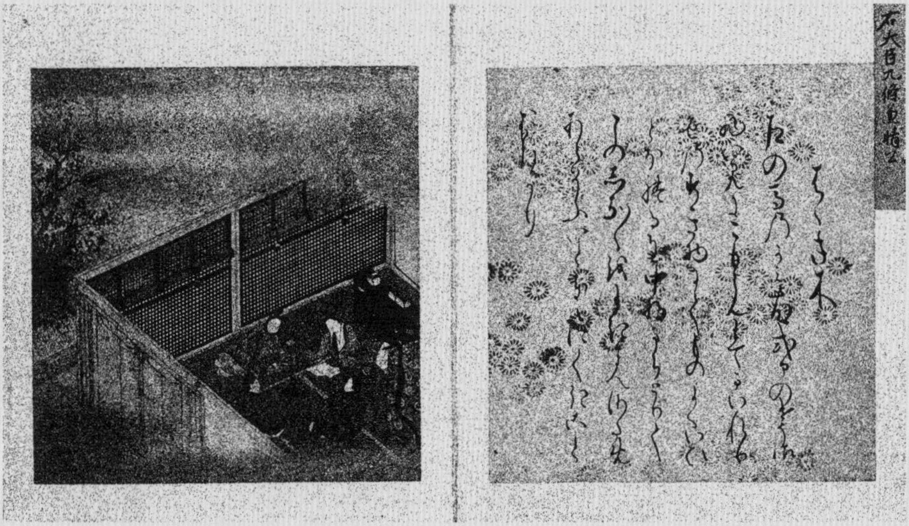

11

紙卷：《源氏物語》

西元十七世紀

曾有人問法國女作家瑪格麗特．尤瑟娜，最欣賞歷史上哪位女作家時，她這麼回答：「紫式部。她是『最』偉大的女作家，生活於十一世紀，當時日本正處於文化發展巔峰。若真想比較，你可以說她是日本中世紀的普魯斯特：一位才氣縱橫且感覺極為敏銳的女人，知道如何描寫社會變遷、愛情，以及人們總是不斷被迫面對生活中各種無奈的戲劇性發展。沒有人比她更會寫了。」據說紫式部的《源氏物語》是世界上第一本心理小說，有些人甚至認為它是世界上第一本小說，附圖是這本小說十七世紀的插圖繪本。在日本，尤其是在平安時代紫式部擔任宮廷女官及寫作的京都，每家博物館附設的商店都一定有紫式部超過千頁的作品及後世衍生作，通常放在今日熱銷全世界的日本作家村上春樹旁邊。

《源氏物語》的故事大致上是這樣的：背景是在沒有明確說明年代的過去，總之大約是一〇〇八年（這可能是作者寫下故事第一行的時間）之前的某段時間。主角光源氏是天皇及愛妃的兒子，三歲喪母，正如紫式部當時便知曉的人心幽微，這個事件影響了日後主角與女人之間的關係：光源氏成為情聖唐璜，一個與其說是玩世不恭，倒不如說是可愛的風流人物。他周旋在女人之間，為她們著迷，他寫詩，不斷墮入愛河，有時還愛上不該愛的人，例如父親的妃子。而這位妃子顯然也回應他的愛，並因此生下一個兒子，假冒為天皇之子，最後戀情曝光，光源氏被逐出宮廷。幾年後當他回來，他兒子已經成為天皇。因此，光源氏重新有了威望，且被任命為朝廷高官。《源氏物語》

講權力，講誘惑，還有詩歌。但更重要的，是講一個男人從小到老一生的成長與變化，早年喪母的失落，以及對愛永無滿足的渴望。紫式部在她的小說中描述了日本貴族以及平安時代的陰謀及醜聞，這也是她身為宮廷女官及皇后女師日日浸淫的環境。那是一個對我們來說陌生的世界，但她的描述是如此細膩精確，使讀者能跨越時間、地理、文化上的距離理解。或者，就如阿根廷作家波赫士所說，這本小說裡的人物成長與發展是如此「驚人地自然」，讀者所看到的是對「人類激情」的詳盡分析。

顯然紫式部同代的人也這麼認為，她的作品在宮廷裡廣受歡迎，人們欣賞她敏銳的觀察及細膩的人物描述。後來日本在十九世紀門戶開放之後，便決定將這本書當成日本文化經典傳播至西方，這也解釋為何此書直到今日仍是國際上最負盛名也最受推崇的日本文學作品。關於作者紫式部，人們知道的很少，甚至不確定這是否是她的真名，或是以書中主角一生摯愛的女人為名。我們只知道，她出身貴族家庭，生活在宮廷裡，但不太喜歡那裡的環境。她曾在日記中寫道，其他女人會責備她愚蠢、冷漠，而且一無是處。顯然這些人不知道站在她們面前的是什麼人：在未來她可是日本文學第一人。除了細膩幽微的心理描述之外，《源氏物語》之所以這麼有意思，是因為這本書還關係到了女性在書寫文字發展上的影響：平安時代的日本才剛掙脫中國文化，邁出獨立發展的第一步。人們想發展自己的美學，自己的語言，自己的風格，並逐漸在宮廷中發展出日文書寫的初步形式。

在那之前，當顯要人士有重要的事想表達，只會使用中文——當時有學問有教養的人使用的語言。以片假名或平假名——也就是日語文字——書寫，一直被認為是不入流的技藝，因此保留給女人使用。雖然紫式部自學中文，但當時的女人因沒人教導，大多不懂中文。這雖然是一種令女人保持地位低下的手段，但也使女人自八世紀起，便開始使用平假名寫信，也寫短歌、和歌、隨筆。因此，日本第一批作家，或說以日文寫作的作家，正是女人。紫式部是這些女作家中，第一位不再侷限於生活瑣事，或是私人生活及愛情短文的人，並因此開創一種全新的文體：小說。

12 修女禮冠

西元十二世紀

基督教初期曾視女人為志同道合的夥伴，在古羅馬，據說是貴族婦女首先集體入教，再說服她們的丈夫歸附。但是到了中古世紀，基督教及其代表人物卻走向另外一個方向。初期的女性殉教者，像是因篤信基督而被處死的聖蓓蓓與聖芬莉，早已被世人遺忘。而在此之前，幾位多元且具有強大能力的奧林帕斯女神，更是被打成異端而不復存在。從中古世紀開始，女人就只剩下三種原型：罪人夏娃、處女瑪利亞，以及贖罪者抹大拉的馬利亞。就像二〇〇〇年的女孩們彼此互問：「妳是《慾望城市》裡的凱莉、夏綠蒂、米蘭達，還是莎曼珊？」那時候的人可能會問：「妳從誰身上看到自己？瑪利亞還是抹大拉的馬利亞？千萬別說是夏娃！」

這種轉向造成了毀滅性的影響。例如，人們開始認為，女人天生就與魔鬼有種內在連結，所以要特別仔細監看，或鼓勵她們自我懲罰。不過，在十二世紀初期，也就是在「中世紀盛期」（high middle ages），歐洲基督教化也有好的一面：對貞潔及對聖母理想典型的宣揚，為女性開闢了新的視野。在此之前，她們只能是人妻或人母，或者既是人妻又是人母，一個沒有男人的女人是不存在的，或者只存在社會邊緣。如今，至少對出身富裕家庭的女人，出現了另一種可能性，即是為上帝而活，在修道院裡，當然。這在今日聽起來像是種懲罰，一點都不進步，青春正盛便被禁錮於高牆之後，戒色禁欲（至少在理論上），日日匍匐在十字架前，應該極少人會被這樣的生活方式吸引。可是在當時，這卻相當有吸引力。在那個地區流動幾乎停滯的年代，修道院對許多女人而言是自由的所在。在那裡不必面對生育分娩致命的危險，不必忍受一個不愛的丈夫及無法滿足的性欲。無須懷著被當成「罪人夏娃」的恐懼，而是生活在一個只有女人的世界，可以獻身於靈修及智識生活，而不是一切只為家庭。她們能唱歌、跳舞、閱讀、蒔花弄草，以及最重要的，她們還能思考，這對當時的女人來說，簡直奢侈。這也是為何當路德及其追隨者敲開修道院大門，宣稱要「解放」她們時，許多修女感到震驚：她們一點都不想被解放，而是很高興能生活在裡面。

至少很多人是這麼想的。當然在修道院裡也會存在殘暴、變態以及競爭，當然在一群（據稱）禁欲的女人中生活也並不總是那麼容易，特別是因為不少人將自殘及自我懲罰與對上帝的愛和奉獻混為一談。但當時也還是有女人，無須忍受任何折磨，只是透過思考及寫作便得到他人的尊敬與權力，就像出生在貝葉掛毯問世後約三十年的修道院院長賀德佳・馮・賓根（又稱聖賀德佳），無論在當時或是今日，都是修女界中熠熠生輝的一顆明星。而且，她這樣的例子在當時也非唯一。儘管如此，在提及貝葉掛毯後，仍然不免要再提及聖賀德佳。她的例子告訴我們，無論何時，無論在社會哪個角落，總是有女人提出自己的意見，有些甚至能被人接受，至少在一段時間之後可以。因為就算像聖賀德佳這樣才氣縱橫的女教士，要別人接受她的意見也是不容易。她在一封寫給教宗真福安日納三世的信中抱怨，其他人並不重視她看到的異象，只因為接收到此異象的是一位「可憐的女人」，是「以肋骨所塑成」的人。她在她的時代便呼籲不要鄙視女人說的話，更不要認為是胡言亂語，她勸告教宗：「不要拒絕上帝的奧祕。」顯然教宗聽進她的勸告，就像當時其他許多有權勢的人：從此，安日納三世成了她忠實的支持者，並鼓勵她寫下異象出版，也因此造就了她今日國際巨星的地位。

今日人們喜歡將聖賀德佳視為早期的女性主義者，這種說法的意義值得商榷。但可以確定的是，她看重女人的看法，並且不接受當時基督教對女信徒的殘暴對待。因此在她主持的修道院（起初在狄士博山，後來在魯伯特山），皆不允許自我傷害的行為，即使出自對上帝的愛也不行。相反地，修女要一起慶祝這份愛，吃好喝足，一同歌詠聖母瑪利亞及其他女聖人的美與善，而且似乎毫不避諱奢華，甚至有點驚世駭俗。這時，就輪到本章附圖物品出場：魯伯特山的修女與其他一般修女不一樣，她們不剃光頭。據說她們在節慶時甚至會披散頭髮，並蒙著長長的白色面紗，頭上戴著一頂如附圖用金線刺繡的修女禮冠。身為魯伯特山修道院院長，聖賀德佳顯然完全無法接受男性教士可以用服裝、聖帶、披肩等物展現自己的神職地位，而修女卻不允許。這件事她曾寫在其名著《當知之道》*中，但很長一段時間，人們都不敢相信她真的敢寫出這樣的書。至今人們仍然無法確定，附圖中這頂直到最近還被認為是修士禮帽之物，到底是眾多中的一頂，或者只是單一物件。從其他修道院修女震驚的稟報中我們知道，聖賀德佳王國裡的女人戴著華麗的帽子及飾品違反所有謙卑原則。許多人對此表示震怒，但聖賀德佳的聲望足以使她不在乎這些批評。為了能讓她的姊妹能加冕為兩性平等的基督徒，她願意忍受這些批評。

* *Scivias*，即前述寫她所經歷之異象的書，為三部曲，另兩部為*Liber vitae Merorum*和*De operae Dei*。

13

象牙鏡

西元一三〇〇年左右

將「中古世紀」加上「女人」，問人們首先聯想到的東西，大部分的人都會說出「貞操帶」這個答案。出於某種不可解的原因，人們總是喜歡想像當時貴婦人下體戴著有鋸齒小口的金屬環帶，整天無所事事，只等著嫉妒心顯然達到病態程度的丈夫，從殘暴的十字軍攻打伊斯蘭信徒的戰場回家。實際上，舉世聞名的貞操帶可能只是神話，而不是事實。流傳下來的貞操帶當然是有那麼幾件，這東西首先出現在十四世紀義大利帕多瓦城，在那裡也真的有人使用。但這種監控女人操守的封建手段並未真正流行起來，恰恰相反，自十二世紀起，女人在性欲上有過一段短暫的蓬勃發展時期。

推動這個發展的是法國，以及阿奎丹的埃莉諾這位精力旺盛的皇后掌管下的宮廷。年紀輕輕個性衝動的埃莉諾，嚮往著同時代人阿伯拉與哀綠綺思之間可歌可泣的愛情，卻偏偏嫁給信仰虔誠且冷漠的法國國王路易七世，生活單調無趣。為了逃脫毫無激情的生活，幾年後她設法使這段婚姻無效，改嫁志同道合的英國亨利二世。人稱獅心理查的查理一世，就是兩人的兒子。據說埃莉諾還曾散播圓桌武士蘭斯洛特的傳說。她超乎常人的堅強意志，正是我們的重點，她贊助所有能產生美感及愉悅事物，像藝術、音樂、歌唱，以及最重要的：愛情。身為號稱史上第一位吟遊詩人的孫女，她及她的女兒，皆致力發展一種新理念：「宮廷愛情」，大大改變了宮廷女人的生活。在作家安德烈亞斯·卡佩蘭努斯受埃莉諾委託所撰寫的《論愛》一書中，有這麼一段：「男人什麼都不是，要不是女人挺身相助，他們根本不懂如何飲用善之源泉……世上所有善事都是出自對女人的愛，為了博得她的讚美而做。」突然之間，女人出現了——宮廷女人，特別是皇后。男人將自己的功績全獻給她，吟詩誦讚她，崇拜她，不惜令自己顯得可笑，一種古早版的浪漫情緒勒索：「妳，或者死亡！」

這聽起來是嚇人還是美妙，端看個人品味。但至少經由這種新理念，與激情之愛的提升，女人在宗教之外也有了新的社會地位以及聲譽。這或許也是歷史上頭一回，男人有了感情應該是雙向的想法。如果他們想要得到女人的歡心、吻或者更多，就得想辦法打動她們。他們頭一次意識到，要得到一個女人不是請她父親將她「送」給他，或是直接搶過來就好，而是必須引誘她，點燃她心中的愛意（或者欲火），因為就像吟遊女詩人瑪莉．德．文塔杜瓦所說：「一位淑女必須視她的愛人如好友，而非主人。」從此在這個文化圈裡，愛情中不再只是主動的男人與被動的女人，而是兩位情投意合對手之間的遊戲。附圖這面十三世紀的手持象牙鏡，便將這種想法巧妙且深刻地表達出來：乍看之下，你會以為這只是普通平凡的下棋場面，一男一女對峙著，看著棋盤思考著該怎麼走下一步棋，但實際上這正是「宮廷愛情」的一種託寓。在中古世紀，下棋常被拿來當成愛情的象徵，甚至連《崔斯坦與伊索德》裡都出現這種象徵。下棋的場景給人平靜、一視同仁的感覺，不是兩性對峙的爭鬥，而是一場平和友好的遊戲。兩人同處於等高的位置，在同一副棋盤上對弈。在其他有類似圖案的鏡子上，除了下棋的兩人之外還有好奇的觀棋者，圍在一旁想知道勝負。男人是否贏棋，從圖上看不出結果，女人也可能站起來不玩了，也可以一開始就拒絕，或者如果她願意，當然也可以說好。除了有趣之外，這種遊戲式的新溝通形式最大的優點，就是人們開始重視女人必須接受一點教育。要能一起下棋，不只是兩人都要知道遊戲規則，頭腦也要夠清醒，否則就不好玩了。這也就代表宮廷的女人必須接受文學及哲學教育，且要能清楚表達出個人敏銳且獨特的想法，要有自己的意見並且勇於表述。這稱得上是一種革命了。

不過如果認為「宮廷愛情」改變了男女之間的權力關係，就太天真了。說沒有改變的原因，首先是因為人們只會對「貴婦」表示尊敬及服從之意，身為平民百姓的女人仍受到粗魯對待。此外男女兩位對手實際上從來不像圖畫所顯示的平等，至少在社會上一點都不：要玩這種遊戲，男人必須找社會地位比他高的女人當對象，當時人們並不在乎什麼是真正的平等（雖然這個概念直到今日仍然相當複雜難解）。此外身為對手的貴婦也不能是自由身，必須是已婚或已訂婚，最好她的另一半也是一位受人崇敬的主公。從這個角度看，這種愛情遊戲的目標不是女人，而是女人的想法，是征服，以及對另一個男人的挑戰。無法真正得到這個女人的事實，對這些男人來說剛剛好。畢竟他們只想玩，並不想贏。不過，這種由女人發起的愛情新定義，以及兩性之間的互動，使得許多宮廷仕女生活變得有意思，充滿樂趣且生氣盎然，並且還為她們在世俗生活開啟一扇知識之門。她們知道，不是只能被動等著別人為自己做決定，而能親自坐到棋盤前，邀請對手下一盤棋。

經濟史學家、女性主義者和中古世紀專家艾琳・鮑爾是維吉尼亞・吳爾芙的鄰居兼好友，她曾在一九二〇年代發表的文章〈中古世紀的女性概念〉中寫道：「我們可以說，在關於女人天性及角色的論述上，那些普遍被認為是真理的，都是由社會上一群最少接觸女人的人所寫出來的。」她指的是教士階層。事實上向大眾解釋什麼是女人，女人是什麼樣子，以及女人該站在社會什麼位置，通常是坐在教堂高位的人，也就是實際上對女人沒什麼概念的男人，因為這些人最多只在幻想裡與女人有所接觸。但就像人類歷史常有的現象，關於中古世紀女人的書寫多半出自男人視角，鮮少由女人親自敘述自己的生活處境。

鮮少，但不是完全沒有，即使是在中古世紀也還是出現例外。其中一本最具遠見，但並未直接描述女人處境的，是由一位名叫杜歐妲的女人所寫的小冊子。這本出自九世紀的書就已說道，要是能教導男人更大方，更有愛心，且更能尊重別人，女人生活才會變好。她為兒子寫下《手冊》一書，告訴他什麼是她心目中值得尊敬的男人與丈夫，這種教導兒子的角色，一般都由父親扮演。很可惜的，顯然沒人在意這本書，甚至連她兒子都可能沒讀。因為自一些女人在十二世紀開始有影響力、有聲望、有自信，成為吟遊詩人詠頌的全世界最美麗高貴的人之後，厭女傾向在中古世紀晚期，特別是在教士階層中蓬勃發展且傳播開來。女人可以受教育，甚至可能教育程度比男人高，這種觀念很多人不能接受。佈道時突然出現大量的厭女言論，從前浪漫的文本，現在

14 《女人城之書》中的寫實插畫

西元一四〇五年

則變成識字階層反對仕女貴婦的武器，好比當時流傳甚廣甚至跨至法國境外的《玫瑰傳奇》。乍看之下，這是一本愛情故事，卻在字裡行間傳達出一幅可怕的女性圖像：女人就是淫蕩、愚蠢，而且軟弱，必須加以看管才不至於墮落。書中或明示或暗示，在在呈現這種可怕的女性圖像，而且顯然得到熱烈的回響。此書問世後數十年間，整個歐洲都熱烈地討論起女人的本質：她們到底是什麼樣的生物？是人嗎？跟「我們」（男人）一樣嗎？她們有子宮和其他種種麻煩後還能思考嗎？她們的所作所為不就是智力不足的明證嗎？為了這些問題，大家，不，男人想破了頭，而女人從未被要求參與討論。直到最後有人終於受不了，就是克莉絲汀・德・皮桑——西蒙・德・波娃口中「第一位拿起筆桿捍衛女性的女人」。

她當時的呼籲，五百年後的波娃以精簡的話語再強調一次：女人並非天生「愚蠢」，是男人不給她們機會發展個人能力。附圖便是皮桑所寫《女人城之書》中著名的插圖，書中皮桑描繪出一座烏托邦般的「女人城」，有點像義大利導演費里尼的電影《女人城》，只是沒那麼混亂。那是一座由女人為女人打造的城市，一塊接一塊石頭慢慢堆砌打造而成。那地方是精神空間，也是和平之所在，遠離所有厭女之人。那地方高舉過去所有令人佩服的勇敢女人為榜樣，那些直到今日還常被歷史書寫遺忘的傑出女性。基本上，皮桑寫的是史上第一部女性歷史，但她對自己所處的年代也同樣關注，例如她是第一位提到聖女貞德這位與她同時代女人的人。皮桑必定對這位英勇的女人讚歎不已：純真無瑕，而且才十六就如此堅毅不屈。在那樣的時代現實中，終於出現一位她夢想中的理想女人，一位少女實現了一整個軍團男人都沒實現的目標。一四二九年七月，就在查理七世拜聖女貞德之賜，在蘭斯加冕為王時，皮桑寫道：「噢，身為女性多麼光榮！」她將貞德與希臘史詩中的勇士赫克托及阿基里斯，以及古典時期的男女英雄相比：「我聽過聖經故事中以斯帖、朱迪思、底波拉的事蹟，這些女人都很重要，只有透過她們，上帝才能將祂的子民從壓迫者的手中解救出來。我還聽過其他勇敢的女人，全是女中豪傑，透過她們，上帝展現了許多奇蹟。不過，最偉大的英雄事蹟，還是聖女貞德所創下的。」

她的頌讚充滿熱情，或許也充滿希望。畢竟，終於出現一位全副武裝，所向無敵的女人，連男人都要敬她三分。或許皮桑在聖女貞德身上看到希望，也或許她只是認清事實，以書寫她對貞德的敬意來抵抗歷史總是遺忘女人的事實。她來不及看到聖女貞德最後的結局可謂幸運。因為在寫完對她的頌讚後不久，皮桑便逝世了。兩年後，聖女貞德以使用巫術的罪名被捕。之後將貞德故事寫進歷史的當然是男人，而且今日法國極右派政黨如「國民聯盟」，還很喜歡將這段歷史據為己用。但整件事最匪夷所思的，是所有對貞德的指控都站不住腳，最後她被燒死在火刑柱上是基於一項超級愚蠢的指控：她穿褲子拯救法國。

MALLEVS MALEFICARVM,

MALEFICAS ET EARVM
hæresim frameâ conterens,

EX VARIIS AVCTORIBVS COMPILATVS,
& in quatuor Tomos iustè distributus,

QVORVM DVO PRIORES VANAS DÆMONVM versutias, præstigiosas eorum delusiones, superstitiosas Strigimagarum cæremonias, horrendos etiam cum illis congressus; exactam denique tam pestiferæ sectæ disquisitionem, & punitionem complectuntur. Tertius praxim Exorcistarum ad Dæmonum, & Strigimagarum maleficia de Christi fidelibus pellenda; Quartus verò Artem Doctrinalem, Benedictionalem, & Exorcismalem continens.

TOMVS PRIMVS.

Indices Auctorum, capitum, rerúmque non desunt.

Editio nouissima, infinitis penè mendis expurgata; cuique accessit Fuga Dæmonum & Complementum artis exorcisticæ.

Vir siue mulier, in quibus Pythonicus, vel diuinationis fuerit spiritus, morte moriatur; Leuitici cap. 10.

LVGDVNI,
Sumptibus CLAVDII BOVRGEAT, sub signo Mercurij Galli.

M. DC. LXIX.
CVM PRIVILEGIO REGIS.

無論是處決聖女貞德，或是對女人天性的爭論，都顯示出愈來愈嚴厲的厭女氣氛，到了近代初期的獵巫風潮更是發展至高峰。我們經常以為燒死女巫是中古世紀的現象，是所謂的黑暗及仇女時期的時代特徵。但實際上全歐洲各地的人，直到文藝復興時期仍然忙著告發鄰居、孩子或朋友與魔鬼打交道。因此一九七〇年代美國歷史學家瓊・凱利便在一篇名為〈女人有文藝復興嗎？〉的文章裡，提出這個帶挑釁意味的問題，並且在文章第一段就給出清楚的答案：沒有。到了文藝復興時期，不只是中古世紀宮廷仕女享有愛情遊戲及自由的空間消失了，還成了獵捕的對象，因為人們打骨子裡便不信任她們，就像歷史學家米雪兒・佩羅曾說的，女人是「現代的待罪羔羊」。或許當時，也就是十六、十七世紀，跟今天一樣充斥著各種陰謀論。在那個充滿疾病、歉收、小冰河期的天寒地凍，以及新價值形成的年代，人們疲於奔命，因此急著找出造成這麼多問題的一個簡單原因。於是，人們自認在一個虛構角色裡找到答案：女巫。

附圖展示的書拉丁文書名是*Malleus maleficarum*，意思就是《女巫之槌》，是造成當時所有社會階層都投入獵巫行列的一大推手。這本書作者海因里希・克萊默是德國道明會修士，也是宗教裁判審訊官，在這本書中他簡化並扭曲了托馬斯・阿奎那、奧古斯丁等神學家的理論，再添加一些厭女思想的「真理」（例如夏娃的例子「證明」了女人就是容易受到誘惑犯罪），寫出這本超過七百頁的大作，內容除了仇恨還是仇恨。例如：「若女人——就先別提女巫了——不是那麼邪惡的話，這世界就能擺脫不少不

15

《女巫之槌》封面

西元一四八六年

必要的危險。」或者：「因此，我們也不該將這種異端稱為巫師之異端，而是女巫之異端。」就像今日要靠網路散播謠言，印刷術這個新技術的發明也促使這部仇女之作及其理論廣為流傳。透過這項技術，人類歷史上首次能將思想在最短的時間內傳給成千上萬人。從前人們必須以抄寫的方式複製書籍，曠日廢時，識字的人也少之又少。但到了文藝復興時期，情況有了些微的變化。西元一四八六年《女巫之槌》出版後，短短數年間這一套三冊的書就再刷了數十次，全歐洲賣出三千套。結果可想而知：成千上萬的女人，還有一些男人，都經歷了卡夫卡式的審判，並在沒有任何證據的情形下被判死刑。

特別是在德國、瑞士、義大利北部的人民，經由教堂佈道得知《女巫之槌》的內容，再加上個人幻想，必定生活在恐懼及瘋狂的集體氣氛之中。畢竟每一個人都可能是女巫：母親、手帕交、姊妹，噢，上帝，甚至自己都有可能，誰知道呢？據聞十六世紀中葉在名為波城的南法小城，曾有位少女挺身指控全家人——包括自己——使用巫術。審訊時她自承：是的，沒錯，她們的確會騎在掃帚上，也常常跟撒旦睡覺，當然也會吃小孩。最後全家人都被燒死，而她自己則因「虔誠的懺悔」得到赦免。不過，大多數人都是被外人「密告」。通常原因是她們的與眾不同：年老、孤單，可能還是異鄉人，猶太人就更糟糕了，女巫總是剛好在「安息日」騎著掃帚飛行，絕非巧合。還有一些女人往往具備學院不承認的知識，這使得人們感到懼怕，特別是當這些人懂得治療婦女病痛時。一直到十九世紀，女作家喬治．桑還藉由小說《小法黛特》主角之口說道：「這些孩子，我幫他們治療疾病及傷口，與他們分享家庭祕方，結果他們一點都不感激，還罵我是女巫。」教士的說法更為嚴厲：

「女人要是沒受過大學訓練還敢治療疾病，她一定就是女巫，必殺無赦。」

民眾顯然是盲目地響應獵巫的呼籲。不過，跟人們想像的可能不同，大部分的女巫審判都不是經由宗教裁判所，而是一般的「普通人」。他們成立人民法庭，用來確認孩子是否真的受到產婆詛咒而生病，或者可憐的牛是否真的被隔壁老嫗邪惡的眼神所殺。他們剝光女人、刑求、尋找「魔鬼的印記」。若什麼都找不到，就代表撒旦特別鍾愛這個女人。一段時間後，再如何匪夷所思的指控，可憐的女人都會認罪。儘管從一五六〇到一六三〇年之間，就有三萬至六萬人因涉嫌施行巫術而被處決，四分之三都是女人，但在這段號稱思想覺醒的年代，竟然幾乎沒人對這種野蠻行為提出質疑。法國哲學家蒙田曾小心翼翼地提過，若有人因無從證實的假設而被燒死是有點瘋狂。但顯然他的想法並未得到任何回應。面對蠻橫無理的指控，女人得不到任何幫助，人們也幾乎無法多想，許多人儘管不怎麼同意，但也不真正反對，因為女人，至少那些被告的女人，代表一種不是透過純粹理性，而是直覺來理解世界的方法。或許這也是為何在現代世界裡，每三十年女巫現象就會復甦一次，正因為在她們身上顯示出另類的存在形式，以及女性的原始之力。

16 抹大拉的馬利亞雕像

西元一四九〇／九二年

在基督教文化中，夏娃代表了女性的軟弱，是造成仇恨與不信任女性的合法理由，而聖母瑪利亞則是謙恭女人完美典型的最好宣傳，那抹大拉的馬利亞呢？比起另外兩種女人原型——一位代表墮落且沉迷於「肉體」，另一位是如此純真無瑕，甚至到了無性受孕的地步——人們實在無法以善或惡的區分方式，看待抹大拉的馬利亞。附圖是一座出自十五世紀，造型相當狂野的抹大拉的馬利亞雕像。她處於灰色地帶，無法稱她是好人，也無法說她是壞人，她好壞半參，既好也壞。

至少，從最流行的故事版本來看是如此。故事裡抹大拉的馬利亞是位妓女，因為遇到耶穌而得以「洗淨」：有一天，耶穌受法利賽人西門之邀去他家吃飯，馬利亞撲倒在耶穌腳邊，以源源不絕的眼淚為耶穌洗腳，用長髮擦乾，再抹上香膏。西門以為，若是耶穌知道她是個怎樣的壞女人就好了！但耶穌回答他的大意是說：她以自己的眼淚幫我洗腳，用自己的長髮幫我擦乾，親吻我的腳，並抹上香膏，你並沒有這麼做，所以不要自以為是：「她許多的罪都赦免了，因為她愛的多。」*這聽起來像是給所有有罪的女人一項和解的訊息：只要誠心願意，一定有機會走向正確的道路。這本應是上帝良善及寬恕的象徵，但這個（也是許多畫作主題的）故事場景，卻顯得相當怪異：一群男人圍坐在桌子邊，吃、喝、聊天，一個女人匍匐於地，以自己的長髮擦拭男人的腳。這一幕看起來實在不令人舒服，至少就今日的眼光來說。

在十二、十三、十四、十五世紀時，也就是抹大拉的馬利亞故事特別流行的時代，人們可能認為，她的所作所為都是對的。畢竟，俯首屈從的這一幕終結了馬利亞充滿罪孽的生活，展開新的人生：她成為耶穌最親近信任的人，並且據說是她首先見到穿著白袍站在空墳旁，死而復生的耶穌。當然，一開始使徒不相信她，彼得還很憤怒，耶穌怎麼可能會先在女人面前現身？而且還在這樣一個罪人面前！不過顯然耶穌真的這麼做了，於是人們又解釋道：這個女人對自己過往的生活及她的一切感到無比羞愧，她真誠的懺悔及順從是該得到耶穌的諒解。今日，我們會稱這種關係是有毒的，但在當時，這很明顯是給女人的訓示：如果不想遭受鄙視，就乖乖地待在我們劃給妳的位置上，做小伏低就是了。法國歷史學家米雪兒．佩羅曾說過，雖然抹大拉的馬利亞在那個由男人主導，封閉的聖人世界裡，帶來一點「溫柔」。但對她的崇拜，也大大加強了女性必須贖罪的想法：女人開始用各種最糟糕的方式虐待自己，像是在腰間圍上布滿釘子的皮帶，在陰部滴熱蠟，令自己在盡妻子義務與丈夫做愛時不會產生快感，有人不斷流淚，停止清洗身體，在肉體上強加各種痛苦，只為了證明自己對耶穌的愛。她們作賤自己，就像抹大拉的馬利亞也曾經做的。在各種證明自己愛上帝的驚人方法中，其中之一就是自我禁閉，這種方法在中古世紀末期，特別是在法國非常盛行。那些無力進入修道院，或者想要對自己嚴厲一些的女人，會將自己囚禁在狹窄的房間裡（理想的大小是九平方公尺以下），在裡面度過餘生。她們靠他人的施捨維生，而這種奉獻與犧牲的精神普遍受到讚揚，有人還因此封聖。今日仍然有些女人認為愛與自我犧牲，或者愛與痛苦是一體的，可能就是受到這種傳統的影響。

附圖這座驚人的雕像也與女人自我囚禁的儀式有關。雕像的原料是椴樹木頭，是十五世紀著名的巴伐利亞雕塑家提爾曼·里門施奈德所創作。關於抹大拉的馬利亞有很多傳說，例如作家丹·布朗便宣稱她是耶穌的情人，並為他生了一個孩子。其他人則認為她是耶穌的第一任妻子，總之她與耶穌之間的愛情，甚至是性關係，一直是個反覆出現，大家津津樂道的主題。不過里門施奈德卻將他創作的雕像連上另一個故事，一個將抹大拉的馬利亞與「埃及的馬利亞」混為一談的故事。根據傳說，埃及的馬利亞也是妓女，但在她找到信仰之後，便隱身於沙漠之中度過餘生。就像自我囚禁的中古世紀女人一樣，她在沙漠裡也獨自生活，她的頭髮異常茂盛，掩蓋了她身上「充滿罪惡的魅力」。為何里門施奈德選擇這種較為罕見的抹大拉的馬利亞故事版本，原因並不清楚，或許這在視覺效果上較具吸引力。此外，他的選擇也顯現，從前人們要為這麼一位無法簡單劃進傳統分類的女人，找出一個毫無破綻與衝突的故事有多麼困難。不久前，學者發現今日我們熟知的抹大拉的馬利亞故事可能出自六世紀。當時教宗葛利果一世將福音書所提到的三位女性人物合而為一，其中有一位妓女。根據這個說法，抹大拉的馬利亞從來就不曾是妓女，也從來不必匍匐在耶穌腳下祈求寬宥。她與耶穌其他門徒一樣平等，是「使徒中的女使徒」。不過，這樣一個值得驕傲的女性形象，顯然不符合宗教裡父權至上的詮釋。因此，人們就將她變成一位終生受辱的女人，為了證明自己的愛，必須傷害自己，隱藏自己，直到某一天看起來不再像個女人，而像一隻熊為止。

＊ 出自聖經路加福音，此按和合本。

17 蕭邦鞋（厚底鞋）

十六世紀

十六世紀去威尼斯旅行，漫步在聖馬可廣場上的人，一定會訝異威尼斯共和國的女人到底怎麼了：個個看起來人高馬大，卻腳步踉蹌，搖搖晃晃，通常旁邊有男人或僕人攙扶著手臂，走在廣場上，跟隻喝醉酒的長頸鹿一樣。有時還會拖著腳步，敲在石板地上發出震耳欲聾的嘈雜聲響，一點都不優雅，她們卻顯然覺得這樣很美。英格蘭作家約翰·伊夫林一六六六年在日記中寫下「貴族扶著穿蕭邦鞋的夫人散步」這樣的句子，並推測這種極高的鞋跟所產生的效果會像中國女人綁小腳一樣：女人因行動能力嚴重受限只能待在家裡。畢竟，他開玩笑道，她們一半是血肉，一半是木頭。

的確，當時鞋跟可達五十公分之高，相較之下，亞歷山大·麥昆所設計的類似鞋型（還記得嗎？一九九〇年為紀梵希，後來為女神卡卡所設計的鞋子）簡直就是舒服的拖鞋。當局曾下令限制鞋跟高度試圖糾正這種風氣，但顯然沒有女人遵守。與中國人纏小腳不同的是，威尼斯的高跟鞋並非要將女人關在家裡。恰恰相反，做為最早出現的高跟鞋，或說厚底鞋較為精確，蕭邦鞋並不想將女人藏起來，而是要展現給別人看。想吸引眾人眼光，使自己在廣場上比所有人高是非常有效的方法，並象徵自己凌駕於凡夫俗子之上，愈高，愈好。除此之外這還是展現個人財富的好方法：鞋子愈高，就需要愈長的衣服，也就代表愈多布料，愈富有。很長一段時間，蕭邦鞋是貴族婦女的流行配件，她們自十六世紀，便一直朝著不必工作，只要成為展示丈夫財富看板的方向發展。只是不久之後，交際花的圈子也開始流行穿起這種鞋子。

如眾所知，當娼妓在多數歐洲國家漸次萎縮之際，卻在義大利蓬勃發展起來。當時，人們已不再視妓女為一種能削弱男性暴力及攻擊性的工具。人們說，羅馬創造出交際花，威尼斯則使交際花成為一種藝術。至少在十六世紀的威尼斯，想要區分「高貴的交際花」，也就是名妓，與貴婦名媛似乎是件不可能的任務。雖然就像所有的少數族群，她們也被要求必須讓人能夠辨識。例如根據法律規定，她們不得穿戴絲綢衣物。但這些縱情聲色娛樂的少數名花是如此知名且受人追捧，猶如人人競相造訪的風景名勝，而她們某些放浪形骸的行為，便也受到法令寬宥，不予追究。當時法王亨利三世造訪這座漂浮在海上的城市時，拜訪了知名畫家丁托列托、提香等名人之後，有人給了他一本今日看來有點不尋常的書：《威尼斯最負盛名最受歡迎的交際名媛錄》。這是一本尋花問柳的指南，書中羅列出近二百一十名女子，附上小幅肖像及重要資料。亨利三世從中挑選出一位至今仍廣為人知的薇洛妮卡．佛朗哥，兩人之間的互動顯然相當融洽，因為在會面後國王便承諾薇洛妮卡協助出版詩集，而他也真的做到了，因此她將第一本書獻給國王。

薇洛妮卡是這一行中極端成功的典範。當時，許多女人在紅燈區乳房橋下對著來往路人搔首弄姿，生存條件惡劣。只有極少數的人，也就是指南手冊上的二百一十人，能使自己的生活相對優渥，並享有不少特權，還有更重要的，擁有極不尋常的自由。薇洛妮卡身處其中，地位猶如女王。身為交際花的女兒，她像身邊其他女孩一樣，從小就接受這行業的訓練，這也使她能獨立維生。她學會閱讀與書寫，懂得思考，會唱歌，談吐機智從容。所有這些都被認為是女性不需要懂的東西，因此一般女孩根本無法觸及。但交際花將其變成個人技藝，畢竟她們不僅要在肉體上，也須在精神上滿足男性。薇洛妮卡必定技藝精湛，才可能成為威尼斯最受追捧的女性。她穿梭於高級社交場合及各種慶典，參與文人雅士的討論，有段時間還親自主持了這類可視為沙龍雛型的聚會。除此之外她還寫作出書，丁托列托為她繪製肖像，在當時藝術活動熱絡蓬勃發展的島城上來去自如。為此，她當然也得付出代價。為了所謂的自由，她自然得出賣靈肉，而我們當然也不能過於美化這種情況。不過，仔細說起來，她與其他女人的差別也實在不太大。畢竟，婚姻就像一百年後的瑪麗・沃斯通克拉夫特所描述的，不過只是「合法的嫖妓」而已：強迫一個人為了生存，不得不將自己獻給另一個既不想要也不愛的人。像薇洛妮卡・佛朗哥這樣的女人，踩在高高的蕭邦鞋上就像站在人生的高台上睥睨眾生，她不再侷限於閨房之中的才華，發出獨特的聲音，至少還能獲得認可與傾聽。或許，她甚至還能傳授男人——以她的高度勢必得低下頭才能看到的男人——一些關於女人的真相。或者，就像另一位聲名遠播的交際花圖利婭・達拉戈納，曾對她的顧客寫出如下呼籲：「如果蘇格拉底真的如此明理聰慧，你們為何不效法他？你們知道的，他會和他的女友迪奧蒂瑪討論所有事情，並且從她那裡知道各種奇妙的事物。」

18

香水手套

西元十六世紀

既然講到時尚了，讓我們姑且繼續這個話題，談談一件造成時尚醜聞及影響甚鉅的文化移轉：我們知道，十六世紀是個注重外表的社會，禮服、衣服、鞋子、帽子、手套就像名片一樣，是社會地位的證件。正如今日有著大大D字標誌，或雙C相交*的皮包，當時人們也藉由穿著打扮，表明自己是個怎樣的人，或者希望自己是個怎樣的人。透過服飾，人們展現自己家裡藏有多少金條，擁有什麼樣的權勢。在與東方日益密切的貿易關係推動下，稀珍昂貴的織品布料流入歐洲市場，為了一塊絲綢、絲絨或塔夫綢，他們願意付出高昂的代價，只為了告訴別人，自己負擔得起。

這在義大利及法國尤為如此。萬一貴婦得離開宮廷一段時間，回去之前最好先打聽好最新的時尚潮流，且依此裝扮好自己。如果不這麼做，可能就會出醜，失去社會地位。畢竟對貴婦而言，打扮得體是一種義務。當時，人們也重新發現自然這個概念，傾向柔和的線條，白皙的膚色，婀娜窈窕的外觀，因此就有了用來保護白皙皮膚的絲絨面具、馬甲，以及用來強調自己嬌俏可人的香水手套，也就是所謂的「法郎奇潘尼」（Frangipane）。附圖就是一雙這種手套，是美妙的凱薩琳・德・麥地奇擁有之物。在歷史上人們總是將她視為一位擁有巨大政治影響力的女人，有些人欽佩她，有些人則認為她是聖巴托洛繆大屠殺的幕後操控者而唾棄她。她曾兩度擔任攝政王，代替兒子統治法國快三十年，這也為她帶來許多聲譽與仇恨。至於她還引領法國時尚發展，並因此對法國文化產生深遠影響一事，人們卻經常忘記。據說她是法國宮廷裡第一位穿內褲的女人，因她所引進的側鞍騎馬方式需要穿著實用的內褲，才不會讓人一覽無遺，所以她就乾脆拿男人的內褲穿。因她有名且受人追捧，其他女性紛紛仿效，因此出現花邊蕾絲或各種顏色不同質料縫製的樣式，一時之間釀成了時尚界的小醜聞。畢竟在法國這種長內褲主要是妓女在穿，現在連貴婦仕女都開始穿了，惹得教士和修士非常憤怒。不過這些人本來就對時尚看不順眼，例如有些神父就對當時流行的低胸服飾震怒，並拒絕發聖餐給胸部太過暴露的女人。

再回到本章主題凱薩琳·德·麥地奇和她的手套。如果沒有這雙手套，格拉斯可能就不會成為法國香水之都。一五三三年，凱薩琳與後來成為法國國王的亨利二世成婚，她的嫁妝箱裡躺著一雙散發香味的手套，便是浸染了佛羅倫斯新聖母修道院所產，遠近馳名的香精。或許這裡該說明一下，文藝復興時期的人不太喜歡洗澡，精確來說，當時的人怕水，特別是經過瘟疫及霍亂肆虐歐洲後，公共澡堂不是關閉就是門可羅雀。人們避免碰水，因為他們相信，水會使毛細孔變大，使疾病侵入體內。我們也最好別去想像，整天待在宮廷裡遭受各種氣味襲擊的感覺。這也是為何人們在佛羅倫斯將香水變成時尚的原因之一：所有名人顯貴都會擁有來自新聖母修道院特製的個人化香水。凱薩琳的手套便是這種新時尚中特別巧妙的版本，不必決定灑哪種香味，看心情看場合，一天之中可以數次更換手套，香味也就跟著改變。因此法國及歐洲各國宮廷的仕女貴婦都很著迷，每個人都想要擁有這種昂貴的手套，一雙，最好兩雙，不，三雙吧。這樣一來必須要有在地的製造商才行，而且動作要快。當時格拉斯是座生產皮革的城市，人們製作皮包、袋子，當然也做手套。當時的人從未想過手套浸染上香味來驅除皮革的羶腥味，一直要到凱薩琳掀起香水手套的風潮，格拉斯的皮革工匠大師才開始開發新技術幫手套浸染香味，因此也附帶發現，這城市附近竟然有如此多散發香味的花朵及植物，可生產薰衣草、含羞草、玫瑰等等各式各樣氣味的香精。於是人們逐漸放棄生產皮革，轉而專注於香精工藝技術。

儘管掀起了這場小小的文化革命，但麥地奇香水手套在歷史上仍然聲名不佳：一五七二年，就在凱薩琳的女兒要嫁給納瓦拉王國女王胡安娜三世的兒子時，女王卻突然因不明原因暴斃。凱薩琳與她從義大利帶到法國的調香師雷納托．畢昂可——又被稱為佛羅倫斯的勒內——關於兩人的謠言甚囂塵上，據傳他們在女王去世那天，曾送給她一雙浸染香水的手套，以此毒殺她。這個謠言甚至被大仲馬寫入小說《瑪歌皇后》中，不過，當然沒有任何證據顯示傳言屬實。

＊　指精品品牌迪奧（Dior）和香奈兒（Chanel）的標誌。

差不多就在凱薩琳·德·麥地奇在法國宮廷掀起一陣時尚改革，一位名叫羅克塞拉娜的俄羅斯奴隸，撼動了君士坦丁堡的權力結構，並為後來所謂的「蘇丹女權時期」奠定基礎：在長達一百年的時間裡，女人持續握有鄂圖曼土耳其帝國政治大權。你沒聽過這件事？部分原因出在土耳其政府格外留意將這段非比尋常的歷史掩蓋於後宮的地毯之下。幾年前，土耳其電視台曾製作一部連續劇名為《璀璨世紀》，便是訴說這段女性當權的歷史故事，收視率奇佳，卻被土耳其總統艾爾段下令禁播。原因很簡單，這段歷史不符合他的父權國家史觀。

同樣的，這段歷史也不怎麼符合歐洲人對十六世紀奧圖曼土耳其帝國後宮女人生活的印象。十八世紀的歐洲藝術家開始描繪所謂的東方，但顯然比較像是根據想像而非實地觀察，對東方女人的刻板印象就是沉淪於肉欲的人，想像後宮就像一間裝飾成溫柔鄉的豪華妓院。在某些歐洲人的夢想裡，這地方所有物品，哪怕是一個天鵝絨軟墊、一塊瓷磚、一只玻璃茶杯，全都為了兩件事存在：性與誘惑。但實際上那裡並不這麼荒淫，不像抱有綺念之人所想的那樣。後宮的存在與其說是提供（男人）無止境的聲色淫逸，不如說是一處確保繼承的空間。而在該空間裡發生的事，既嚴肅又重要，是與三百位妃子一同建立的可能繼承者人選中心，以便將來從中挑出最適合的人選繼承王位。蘇丹並非直接走進後宮，直接挑一個他最想要的妃子上床，而是遵循詳細訂定的協議，且有一定的順序。最主要的目標是盡可能讓最多女人懷孕，也就是不能跟

19 繪有羅克塞拉娜畫像的玻璃盤

西元十六世紀中葉

同一個女人在一起太久，一旦懷孕，便輪到下一位妃子。大部分的蘇丹都嚴格遵守這個原則，直到有人將本章主角羅克塞拉娜獻給蘇萊曼大帝：這位美麗、聰明、機智的女人令這位蘇丹不惜打破一切規則，全心全意只在乎她一人。

等到蘇丹的母親，也是後宮的實際掌管者去世後，蘇萊曼大帝終於能擺脫一切慣例與約束，解除羅克塞拉娜的奴籍並與她結婚。這在當時必定引起轟動，整個歐洲，從巴黎、佛羅倫斯到倫敦，人人都忍不住到處打聽，到底發生什麼事？蘇丹竟然娶了後宮女人當正妻！附圖盤子出自威尼斯，是十六世紀中葉採用當時剛興起的反面繪製技巧，畫在吹製玻璃上而成。這個盤子是昂貴的珍品，也顯示出當時對她著迷的人遠遠超出帝國邊界。人們幫她畫了一張又一張的畫像，有時單獨一人，有時跟蘇萊曼大帝一起。就連提香的畫室，也根據義大利派至鄂圖曼宮廷的使節報告繪製了一幅肖像。所有這些肖像都證明了對蘇丹專寵的後宮女子的刻板形象——不諳世事，半躺在隔絕眾人目光的重重軟墊之間，想著如何性誘蘇丹，一邊拿起甜食往嘴巴塞——而這根本與現實無關。羅克塞拉娜並未生活在不見外人的深宮之中，重要的訪客會見到她。她的主要任務也不在帝王性事，而是國家政事。有國外使節來訪時，有時是蘇萊曼大帝接見，有時則是羅克塞拉娜；當蘇丹率軍出外征戰，羅克塞拉娜會負責向他通報境內發生的事，並提供建議。顯然她做得很好，鄂圖曼帝國在兩人的聯手統治下，罕見地強大興盛。不過，女人握有政權自然不是人人樂見，因此也有各種醜言惡行加諸她身上。例如，說她原先居住的後宮不在托普卡匹皇宮內，是她放了一把火燒掉後才得以搬進皇宮，接近權力核心。最為猖狂的指控，則說她是女巫（否則她怎麼可能這麼長久地抓住一個男人的心？）；其他較典型的看法則說她是陰險狡詐的野心家，是殺人兇手。倫敦大英博物館中有一張十七世紀的撲克牌，將羅克塞拉娜繪製成「殘酷者」的形象。這副撲克牌蒐羅了歷史上重要的女王，其中「許蕾姆蘇丹」*（這也是人們對她的稱呼）扮演懷人的角色：為了將自己的兒子送上王位，下令殺死競爭對手的兒子。歷史是否真是如此，沒人知道。

由羅克塞拉娜開創的後宮掌政，被食古不化的人貶抑為「女人弄權」，或乾脆視而不見，這種現象直到她死後數十年仍然繼續存在。後宮就像是宮中之宮，就像指揮中心，女人可以從那裡聆聽探看一切，並謹慎但有效率地發揮她們的政治影響力。或許她們甚至得到歐洲女性統治者如凱薩琳·德·麥地奇或伊莉莎白一世的支持，至少許蕾姆蘇丹的後繼者莎菲耶蘇丹及努爾巴努蘇丹，便與這兩位有著頻繁的聯繫。

* 許蕾姆（Hürrem）在土耳其語中意為「高興者」。

20 契克斯戒指

西元一五七〇年左右

一六〇年三月二十四日，文藝復興時期最有權勢的女人伊莉莎白一世去世後，在她臨終的房間裡發生一件非比尋常的事。據傳，就在那一天，她的表弟羅伯特·凱利偷偷溜進里奇蒙宮房間，將一枚戒指從她冰冷僵硬的手指拔下來，並且快馬加鞭地離開，往北馬不停蹄地騎了三天，最後跨越蘇格蘭邊境，氣喘吁吁地站在蘇格蘭國王詹姆士六世前，告訴他從現在起他就是英國國王詹姆士一世。

此傳說可信度多高，沒有人能確定，就像傳說中的那枚戒指，特別是戒指裡的東西。許多相信此傳說的人，推斷傳說中的戒指就是附圖的這一枚。這是一枚由紅寶石、珍珠、鑽石、黃金組成的華麗戒指，今日收藏在契克斯莊園別墅裡，這也是英國首相的官方鄉間別墅。這枚戒指的上半部，是由鑽石組成一個大大的字母E，下面則是一個閃閃發亮的鈷藍色字母R，合起來ER可以解釋成伊莉莎白國王（Elisabeth Rex）或伊莉莎白女王（Elisabeth Regina）。不過，這枚戒指真正有意思之處，不是在那歷久不衰的傳說，也不是因為公眾幾乎沒有機會見到它，而是因為戒指裡面隱藏的祕密。這是一枚有相片匣的戒指，鑲著字母E的外殼可以掀開，裡面嵌著兩幅肖像，上下兩側各一個女子，彼此相對，一位顯然是年輕時期的伊莉莎白，另一女子的確切身分始終成謎。一般認為是伊莉莎白的母親安·博林，一五三六年被控叛國，遭丈夫亨利八世下令斬首身亡。當母親的頭滾進籃子裡，伊莉莎白才不過兩歲。母親死後伊莉莎白在英國宮廷的生活艱苦，經常遭鄙夷為「雜種」，她在宮廷裡的合法地位如同曾是皇后的母親，不斷受到質疑。同父異母的姊姊瑪麗一世甚至將她囚禁在倫敦塔裡數年，直到瑪麗一世去世後她才登上王位。據傳伊莉莎白從未提到母親，甚至可能未曾視她為母親。但若這張肖像真是下場淒涼的「博林女孩」*，這枚戒指就是一個反證：代表伊莉莎白儘管從未將母親掛在嘴邊——畢竟母親身敗名裂，聰明的話還是不提的好（人們形容安野心勃勃，充滿性魅力，變態，是有六隻手指頭的女巫）——但實際上她一直將母親放在身邊，在一個小小的隱蔽角落裡。

最近帕布羅・拉瑞恩所執導，關於黛安娜王妃的電影《史賓賽》中的安・博林角色**，對她女兒伊莉莎白一世來說，必定既是表率也是夢魘。首先國王亨利八世看上安的姊姊瑪麗・博林，將她變成情婦後不久，就瘋狂愛上既聰明又機智的安。但安堅決拒絕接受這份愛情，因此亨利想盡辦法要讓安成為皇后。當時皇后仍然是亞拉岡的凱薩琳，但亨利認為，沒有哪個女人會拒絕當上皇后的機會，就連安也不會。或許他是對的。當教宗無視他所提出與凱薩琳婚姻無效的要求，亨利在得不到教會祝福下逕行與安結婚，導致英國王室與羅馬教廷決裂，轉向新教，成為內戰的導火線。長久以來，人們都將安・博林視為英國宗教分裂的罪魁禍首，人民討厭她，就連她死後數十年，仍然將她當成以色誘人的陰謀分子。再加上國王很快也就對她失去興趣，結婚僅僅三年，就指控她與她的親兄弟亂倫、通姦而且叛國，對她可信度頗高的無罪陳述置若罔聞，直接下令處決。在歷史上這位皇后有著善於操弄人心的形象，近年來有歷史學家對此提出嚴重的質疑。例如，認為她是假意拒絕，令國王發狂以至於不得不與她結婚的說法值得懷疑，並主張她是真的不想要跟國王在一起，當然這種說法很多人覺得不可思議。

不管如何，人們很難不去想像，安．博林與一個先是崇拜她後來又咒罵她的男人之間的致命關係，是否影響了伊莉莎白一世終生不婚的決定。儘管號稱「童貞女王」的伊莉莎白不太可能真是處女，盛傳她與不少年輕男人都有過韻事，不過她拒絕所有求婚的做法，在當時可是非比尋常。她常宣稱自己與英國結婚，對她來說這就足夠了。在文藝復興時期的人眼中，這種說法使她成為一位「既男又女」的人，像亞馬遜女戰士，令人不安卻又不禁著迷。人們視她為一位充滿男子氣概的處女，就像聖女貞德，她則喜歡描述自己是一位「擁有女人身體和國王之心」的帝王。若她母親真的利用女性魅力獲得權力，伊莉莎白便是採取了一種完全相反的手段：與哈姬蘇一樣，她創造一個雌雄同體的統治者形象。非常崇拜伊莉莎白一世的莎士比亞，就在這種男女性別流動中汲取靈感。在他的劇作中，讓男演員扮演一個扮演男人的女人***，打破性別界線，變成戲劇主題。至於「一般」女人的生活是否因為性別界線消弭而產生改變，令人懷疑。不過至少威尼斯使節的報告書中曾提到，憑恃她的聰明才智及高超手腕，伊莉莎白「改善了女人的處境」。可惜，她從未幫母親平反。

* Boleyn Girl，此稱呼應出自英國小說家菲莉帕．葛列格里（Philippa Gregory）的著名小說 *The Other Boleyn Girl*，繁體中文版譯名為《美人心機》。

** 該片劇情安排，黛安娜王妃在閱讀安．博林的故事時產生共鳴，導演以魔幻敘事手法，讓相隔數百年的兩人跨時空對話。

*** 由於該時代英國不允許女性上台演戲，女性角色多由男童扮演，因而當情節中出現「女扮男裝的角色」時，便會出現戲裡戲外的雙重變裝狀況，數部莎劇有此類角色，最著名的為《第十二夜》。

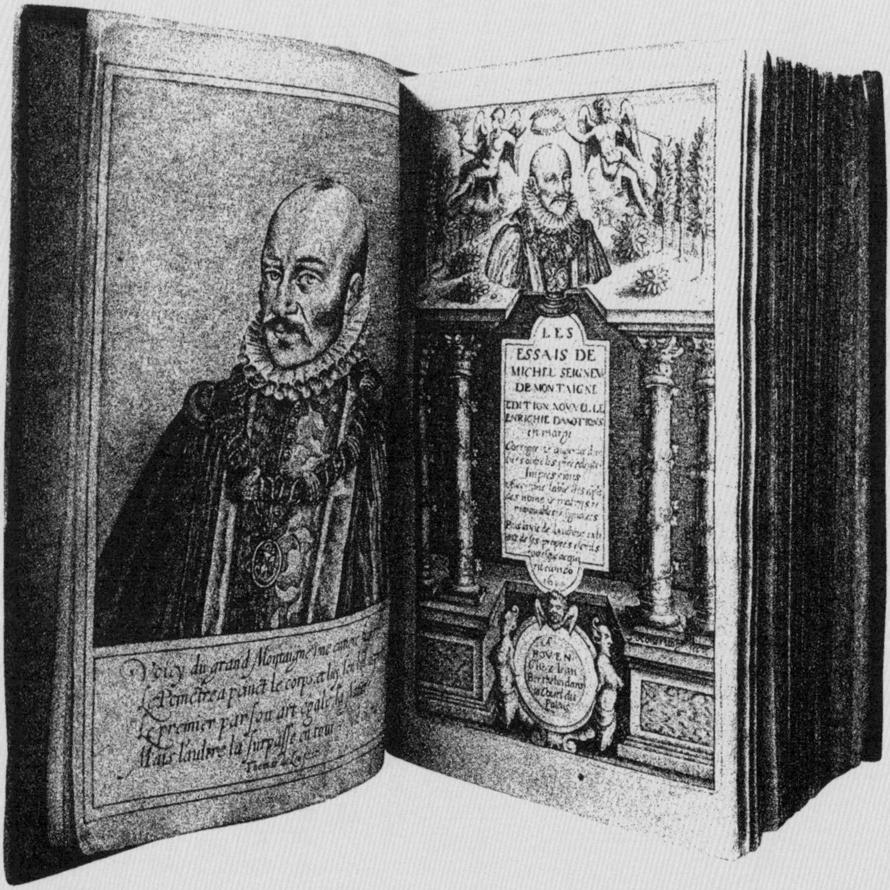
LES
ESSAIS DE
DE MONTAIGNE

21 蒙田的《隨筆集》

西元一五七一年至西元一五八五年

最遲在米歇爾．德．蒙田以優美精闢的文句描述他與詩人拉博埃希「因他是他，因我是我」的關係後，人們便都知道，「人文主義」與「友誼」這兩個概念密不可分，這種新興的人際關係豐富了人類的精神生活，而且不像「愛你的鄰人」那樣只是乏味的義務。蒙田的說法清楚，聽起來也與「愛你的鄰人，不管他多不友善，多愚蠢」大大不同。友誼要求你真正理解對方，並在與對方的交會中創造出一個重要的全新思想空間。到了十六世紀，人人突然討論起柏拉圖之愛的想法，也就是無性的親密友誼，但還有一個問題：誰能享有這種備受推崇的新興友誼形式？只適合男男或女女，也就是同性之間嗎？或者男人與女人之間也可以是朋友？到一九九〇年代由諾拉．艾芙倫編劇的絕妙電影《當哈利碰上莎莉》，這個問題仍然存在：男人與女人之間是否可能存在純友誼？男女之間如何可能沒有半點性欲的火花？

附圖這本蒙田的《隨筆集》，或者精確來說，這本書背後鮮為人知的故事，雖然無法保證故事裡的兩個人，完全不會偶爾留意到對方有漂亮的嘴唇，美麗的雙手，或甚至性感的屁股，但明顯的，這些完全不是重點。這個故事也顯示了，人文主義在歷史上總被認為是純粹的男性活動，但實際上如果在這個男人圈中沒有一些女人提出她們的想法與建議，人文主義可能不會有這麼大的成就。其中一個女人叫做瑪麗．德．古奈，是蒙田的遺囑執行人。首次聽到瑪麗與蒙田相遇故事的人，一定會覺得一點都不像發生在十六世紀的事，反而像是社群媒體時代文學追星族的故事：瑪麗自十一歲起就獨樹一格，不愛女紅，寧可學習拉丁文與哲學，十八歲時讀完蒙田《隨筆集》初版感受到哲學衝擊，激動不已，立即提筆寫信給作者。她的來信顯然令蒙田印象深刻，因此也馬上提筆回信，一段不尋常的友誼就此展開，卻也遭受不少他人的訕笑嘲弄。瑪麗數次與蒙田及他妻子待在同一屋簷下，而且一住就是幾個星期，蒙田口述《隨筆集》的新篇章讓她抄寫，並支持她不婚，以寫作維生的決定。看起來瑪麗顯然是在蒙田身上找到一個認真看待她的意見和想法的人，除了討論她的想法，也以她年輕的心靈重新審視蒙田的思想。蒙田去世後，蒙田夫人寫信給瑪麗這位朋友，說丈夫希望把遺留下來的手稿全部交給瑪麗，負責將他一生心血編輯成書。瑪麗也的確這麼做了。

這種男女之間的友誼形式，與愛情或性誘惑無關，重要的是基於共同理念及智識上的投合。這對當時來說非常新奇，也是女人有了新社會地位的明證。今日若還有人批評，嘲弄瑪麗與蒙田在一起不可能只是因為哲學，一定還有什麼其他的，一個聰明的老男人，不可能對年輕小女生的想法感興趣。這種想法只顯示出這些人眼界狹隘，在十六世紀還有更多類似的情誼：在蒙田之後數十年，哲學家笛卡爾就與小他二十歲的波希米亞的伊麗莎白終生保持筆友關係，並將他的著作《靈魂的激情》獻給她：她讓他得以一窺她的思想，以及兩人關於肉體與靈魂私密的對話，啟發他寫下這本哲學著作。瑪麗曾在其作《男女平等》中提到，女人由於缺乏完善的教育，或根本沒受過教育，因此對人類歷史文化的貢獻不如男人。這麼說當然對，不過這種情況在她所處的時代已經開始有了變化——至少在上層階級裡。人們不再只是將女人當成安靜的戀愛對象，或像從前宮廷愛情那樣當成性感的遊戲對手，如今（至少偶爾）會將她們視為可認真討論的對話夥伴。

而且也是因為她們，才促成了哲學潮流發展。當男人在戰場上打爆彼此的頭，法國與義大利眾多宮廷貴婦仕女、皇后及公主，各個絞盡腦汁思考柏拉圖理論、愛情、友誼，以及各式各樣攪動歐洲思想潮流的想法及主張。正是這些女人，邀請思想家進入宮廷，主導辯論，並擔任贊助者的角色。她們委託名家寫作，與歐洲各地的女性友人進行思想交流，並將文章翻譯成不同的語言。有些人乾脆自己提筆，例如瑪格麗特·德·納瓦拉顯然受到薄伽丘《十日談》的啟發，創作出自己的版本。她《七日談》裡的短篇故事，有些肆無忌憚，有些充滿玄想，有些則帶道德教誨。有趣的是，這本書是蒙田在他的《隨筆集》中引用最多的書。比起當時其他男人，蒙田顯然對這位女作家的作品投注更多的關切。其中也提出不少批評，但蒙田的批評並非停留在「女人天生愚蠢」這種層次，而是平起平坐的評論，如同對待地位平等之人或朋友。

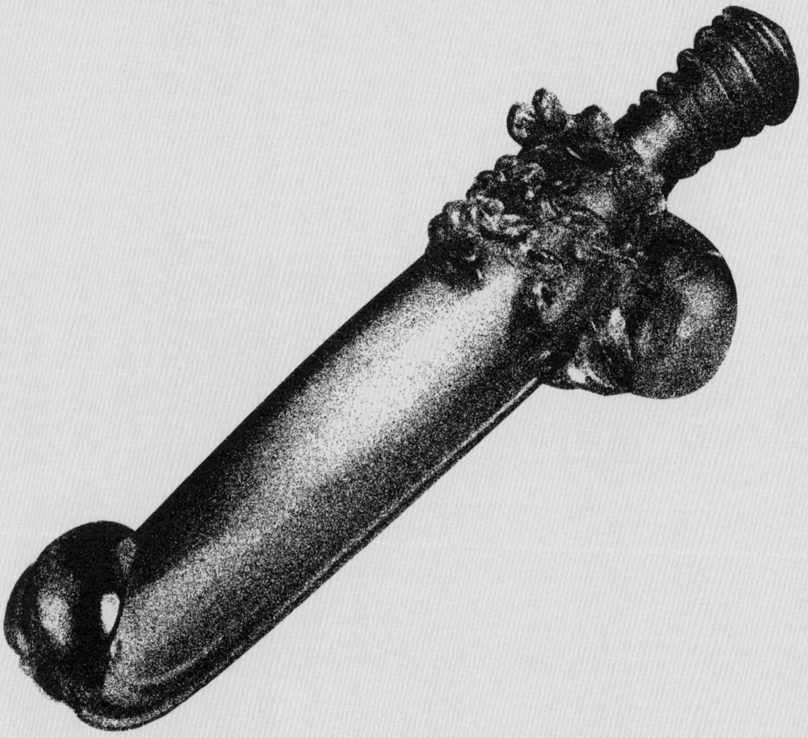

22

玻璃陰莖

西元十六世紀

在浩瀚無垠的網路世界裡探尋女人與性之間的關聯，幸運一點的人可能會發現一幅十七世紀有趣的版畫，是三位年輕女人站在售貨攤前的景象。你可能會認為這不過是個再尋常不過的露天市場一景，然而通常應該擺掛著奶酪、香腸、水果、蔬菜的地方，卻吊著各式陰莖晃來晃去：有大有小，有粗有細，還有各種想像及夢想中的形狀。攤子後面站著一個女人，彷彿正在解釋桌上的每件商品。兩位站在攤子前的婦女對這個那個展品充滿興趣，似乎在問：「哇，那這又能幹嘛呢？」站在後面的第三位女人則興奮地直扯頭髮，幾乎可以感受到她對眼前物品的熱烈期盼。

這張圖出自一本原名為*École des Filles ou la Philosophy des Dames*的法文書之英譯本《維納斯學院或淑女之歡愉》(*The School of Venus or The Ladies Delight*)，是法文這類書籍最早出現的版本之一。至於當時淑女的「歡愉」指的到底是什麼，今日我們並不完全清楚。綜觀歷史，女人的性行為及性欲一直是一個相當複雜的領域，而且常常隱藏在羞恥、恐懼及各種神話之下。例如十八世紀末醫生散布的謠言，至今仍然有人深信不疑：性交時女人基本上得不到快感，她們只想穩固關係，且喜歡假裝偏頭痛逃避該盡的義務。然而，在這之前幾個世紀以來，人們的想法卻剛好相反，女人被認為性欲旺盛，充滿野性，就像動物一樣，臣服在欲望本能之下。若沒人阻擋或沒人保護管束，她們將會撲倒每一個遇到的人。正因如此，許多修道院不會出現黃瓜、櫛瓜等外型類似陰莖的蔬菜。就連古典時代的詩人奧維德都認為，女人對性的欲望大約是男人的九倍。這一點今日我們可能毫不猶豫點頭稱是，只是，近代時期的女人到底如何看待自己的欲望？她們相信男人所說的，對無法預測的性欲本能感到恐懼？或者聚在一起嘲笑無能應付妻子需求的丈夫？她們是否會像今日女性，常抱怨男人根本與他們所宣稱的相反，不像她們那樣經常想要。答案我們無從得知。無論如何，男人對女人「致意」的方式，粗魯且可能不怎麼令人高興，看起來並不怎麼讓女人期待，就像附圖這個出自十六世紀的假陽具透露出來的訊息。

如前所述，當時威尼斯是座精緻化的性都。因此著名的玻璃島穆拉諾，不僅僅製造吊燈、燭台、玻璃杯等等漂亮的器物，同時也是熱門的假陽具製造工坊。在時髦的豪門世家裡，既然想要自慰，當然就要使用最精緻的玻璃製品，儘管自慰及性交中斷（即體外射精）是教會最難纏的噩夢（順道一提，後者在聖經中以俄南的故事呈現*）。自慰是一種罪，必須受到懲罰。性交就當時而言，本來就很有問題：基本上算是犯戒，如果非要這麼做，必須是為了達成目的，也就是為了繁衍後代。這也就是說，所有無法達到繁衍後代的行為，檯面上是不被允許的：不可吮陽，不能舔陰，禁止雞姦，不得中斷性交，自慰當然就更不應該。從教會的角度來看，性交純粹為了生孩子，不該產生樂趣，而是應該像處理待辦事項一樣盡責就好，至少在婚姻裡是如此。至於婚姻之外，按照時代不同，規則通常較為寬鬆：例如在宣揚宮廷愛情的中世紀，人們認為激情與婚姻不該有關係，可以有興致勃勃的性愛，只是不該出現在家庭裡。對自己的妻子有欲望，幾乎等於犯戒。一位冥頑不靈的教士就曾寫過：世上最令人作嘔的事，莫過於愛妻如愛情婦的男人。由此看來，女人與丈夫性交時感到無趣，或者因次數鮮少而沮喪的機率顯然相當高，尤其是他們只被允許一種做愛姿勢，即所謂的傳教士體位。如前所述，亞當的首任妻子莉莉絲便曾試圖反抗這種體位規定，寧可被趕出伊甸園，也不願意永遠受制於這種躺在下面的姿態。

近代女性應對的方法較不那麼激進。至少在短暫放蕩主義（Libertinage）的浪潮中，那些上流社會花花公子的女人是這樣的，若不想冒險使自己名譽及生存條件受損（畢竟男人總是能在掌聲中出軌，女人不行），在百無聊賴的時刻就能使用附圖所示的物品。很顯然的，情趣玩具產業在十七世紀曾經繁榮過，不僅產量大增，物件的材質也很多樣。有些還能注入液體，模擬射精。也很可能假陽具不只是拿來自慰而已，同時也漸漸出現在夫妻床事中。首先因為宗教改革為了提高婚姻的價值，開始強調夫妻彼此之間的好感及愛情，以及不再只是為了生小孩的美滿性生活。除此之外，基本上從古典時代直到十八世紀末年，不少群體都抱持一種相當友善的信念，相信女人要有高潮才可能懷孕。否則上帝為何賜予她們高潮？許多人堅信，女人的性欲是受孕的基本要件。例如奧地利的瑪麗亞·特蕾莎在早期的婚姻生活裡怎樣都無法受孕，一七四〇年她的醫師勸她不要緊張，建議她不妨搔弄一下一百年前發現的陰蒂。果然，她不僅成為一位出色的皇后，更是十六個孩子的媽。從這件事我們可以推斷，就算再虔誠的丈夫至少偶爾也會特別努力一下，況且據說如果夫妻一起達到高潮，生出來的孩子會特別漂亮。辦不到的話或許就會需要附圖這種玻璃製品幫忙。或者，玻璃陰莖也可能變成「晾衣架」：專門拿來晾乾以動物腸子做成的保險套，這在十八世紀已漸漸出現在市場上。

* 在《創世紀》中，俄南（Onan）的兄長早逝，因不願將來須為了家族香火而過繼親骨肉，在依習俗與寡嫂行房時刻意中斷性交，被耶和華認為是惡，因而死於天譴，其後英語「onanism」也成為了手淫及性交中斷的代詞。

在關於西方文化起源的神話中，強暴這個主題不只比例相當重，而且還常常顯得天真無害，相當驚悚。仔細查看，你會發現希臘神話裡處處都是問都不問就撲倒女人的神祇，下金雨或使出各種伎倆令女人懷孕，強迫性交，然後透過某種方式使自己不受任何懲罰，反倒是受害者受到懲罰。

其中最好的例子就是美杜莎的故事。人們對這個神話人物的印象，應該就是個可怕的魔女，有著閃著熊熊怒火的眼睛及滿頭的蛇髮，還好最後被英雄佩加索斯殺死。但其實美杜莎不是一開始就長這樣，嘶嘶作響的蛇髮也曾是閃亮的金髮，會讓人石化的惡毒眼神也曾閃爍迷人，這樣的美杜莎我們都忘記了。傳說中的美杜莎美麗迷人，令海神波賽頓欲火中燒，在雅典娜神殿中強暴她。可想而知雅典娜對褻瀆她神殿的行為非常憤怒，但她的憤怒卻不是針對她的同事，而是這位年輕女孩。為了避免以後又有人因她而意亂情迷（她長得也太美了！），女神便將她變成怪物。這可不是唯一的例子，傳說中甚至連羅馬共和國的建立也是因為強暴：貞潔美婦盧克雷蒂亞的強暴事件。她因被羅馬國王「高傲的塔癸尼烏斯」之子強暴而選擇自殺，她說：「雖然我可以說自己無罪，但我不想逃避懲罰；從此以後所有女子都不可以在失貞之後引盧克雷蒂亞之例繼續存活下去。」但她的自殺顯然激起民眾之怒，起而推翻君主制度，可惜的是，她這種受害者自我懲罰的想法也跟著鞏固下來。

附圖這個看起來頗為陰森的東西，是所謂的「拇指夾」，它也是懲罰受害者之物，或先質疑受害者說謊這種悲哀傳統的一大見證。拇指夾通常用在審訊中，是一種刑具，大部分是用來「確

23 拇指夾

西元十七世紀

認」女人的供詞是否真實：將她的拇指放進上行平行的桿子中間，然後夾住，愈夾愈緊，愈夾愈緊，如果女人能在這種折磨下仍繼續堅持自己的說法，她說的可能是真話。只是可能大部分的女人都無法承受這種痛苦，只好胡亂招認自己說謊。許多女巫審判據說便是以拇指夾來判定，結果如何大家都知道。除此之外，它在文藝復興時期最轟動也最重要的強暴案中，同樣也發揮作用：女畫家阿特蜜希雅．真蒂萊希指控阿戈斯蒂諾．塔西之強暴案。

這場一六一二年在羅馬舉行的審判必定轟動一時，在審訊筆錄中，這位年輕的女人是這樣敘述的：「他重重地擊打我的胸部，將我推倒在床上，然後用他的膝蓋頂在我大腿之間，將手帕塞進我的嘴裡，令我無法尖叫。接著掀起我的裙子，另一個膝蓋也頂在雙腿之間，將他的陰莖插入我的私處。然後他放開我的手，開始用力抽插。當他用力插進去時我感到強烈的灼熱與疼痛，我開始反抗，但無法求救，因為他仍然摀住我的嘴。我抓他的臉，拉斷他的頭髮，並在他再次插入前用力抓他的陰莖，還抓下一點肉。但他毫不裡會，仍然繼續插入，一直到做完才從我身上離開。我一獲自由就馬上跑到書桌，從抽屜拿出刀子，衝向阿戈斯蒂諾並對著他喊：『你凌辱我，我要用這把刀殺死你！』」

塔西是阿特蜜希雅父親的朋友，受父親之約到家裡作客。他在審訊中否認所有罪行，他從未與她睡過，更別說是強暴，自然也從未允諾要與阿特蜜希雅結婚。但阿特蜜希雅與父親兩人都堅持他有。塔西還宣稱，他認為這位年輕女子本來就在出賣肉體。這可以說是一步好棋，畢竟當時社會本來就不太相信女人真會畫畫，容易接受她本來就很墮落的說法。這場萬眾矚目的審判中，最血腥的高潮無疑是對阿特蜜希雅的刑求：當她的手指，也就是她身為畫家重要的工具，維生所依的手指，放進拇指夾中碾壓時，她大喊：「這就是你給我的戒指，這就是你給我的承諾！」這種又是對提告者而非被告刑求的情況還真是典型。不過經過數週漫長的審訊後，竟然有了今日極少出現的結果：阿特蜜希雅打贏訴訟，塔西因強暴罪被判入獄。即使如此，這個事件對女畫家仍然是種公開的羞辱，不久後她便離開羅馬到佛羅倫斯。

在成為聲望顯赫的藝術家後，她的繪畫主題常常是與強暴或襲擊有關的神話傳說及歷史故事。就像之前提到的盧克雷蒂亞，她畫她拿刀自戕的場景；或是兩位老男人偷看蘇姍娜沐浴的場景。她最有名的畫是《朱迪斯斬殺赫羅弗尼斯》，在她描繪的場景中，最特殊的地方是在侍女身上：當其他畫家只讓侍女站在一邊旁觀時，阿特蜜希雅筆下的侍女卻是以好姊妹的姿態，幫忙朱迪斯砍下男人的頭。對比當年她那場驚天動地的訴訟，情況恰恰相反：她的奶媽並未支持她，審訊時的陳述顧左右而言他，反而加重人們對原告清白的懷疑。人們常說，強暴及訴訟的經歷使她成為一位專門以女性之怒、對抗父權體制以及女力為題的畫家。作家安娜．班蒂的丈夫是藝術史學家羅伯特．隆吉，他在一九一六年重新發現阿特蜜希雅，當時她已被人遺忘數十年。安娜．班蒂在她的小說《阿特蜜希雅》前言說：「阿特蜜希雅．真蒂萊希屬於歷史上第一批女人，以自己的文字及作品爭取從事與自己智力相符的工作，以及要求兩性智力平等的對待。」她忍受痛苦及冒著再也無法畫畫的風險，勇敢堅持真相及要求平等的對待，是除了她的畫作之外的最佳明證。

24

金屬馬甲

西元十七世紀

若要選擇一件衣物，代表從文藝復興時期到二十世紀末的女性身體曲線，毫無疑問絕對是馬甲。馬甲首先出現在十六世紀中葉的西班牙，在義大利大受歡迎，人人稱頌不已，並調整修改使其更加完善，再從義大利往外流傳，擄獲所有歐洲貴族的時尚之心。不同的時代也有不同的款式，有時形狀像沙漏，有時像漏斗，有時露出乳溝，有時不露。有些是木製結構，有些則用鯨骨支撐，還有些則像附圖那件看起來有點恐怖的馬甲，是用鋼或金屬所製。人們總說，這種框架是男人設計出來的，專門用來折磨女人，令女人行動不便因此只能乖乖順從，有點像中國女人被強迫纏小腳，無法奔跑，只能小步小步移動。男人利用馬甲使女人呼吸不順，因此也無法做任何事，只能委靡不振沉默地坐在角落，這個流傳至少一百年的說法是真的嗎？

許多方面來說的確是這樣，穿上馬甲，特別是像附圖那樣的馬甲，很多事都不能做，或者只能忍著疼痛進行：不能跑，不能輕鬆跳上馬背騎馬，不能在會見情人時暫時脫下之後迅速穿上，只能小聲講話，因為幾乎無法呼吸，最好完全不笑，就連身體擠在一坨坨綾錦裡跳舞也實在沒什麼樂趣。然而，儘管以上一切看起來都是反對這種服裝的好理由，但實際上，這種評價可能是包裝在擔憂之下的厭女行為。至少美國時尚專家瓦萊莉．斯蒂爾是這麼說（她還認為，馬甲根本從來不會像人們說的綁那麼緊），畢竟，穿馬甲對女人不好的反對聲浪，不是從香奈兒或服裝改革才開始，而是一開始就有了，而且還是男人反對。

早在一五八八年，法國軍醫安布魯瓦茲．帕雷就認為，原來可能用在醫學用途的金屬馬甲雖然可以矯正不良姿勢，但實在不該拿來用在時尚上。因它可能會使身體變形，甚至導致死亡。

蒙田也相信：「為了擁有西班牙式的苗條身材，女人逼自己忍受嚴酷的折磨。」他認為為美麗受折磨完全不是女英雄的作為。他拿「羅馬格鬥士」來類比自然過於誇張，不過也真有相似之處：畢竟金屬馬甲就是仿造男性盔甲打造而成。據說，托雷多的艾蕾諾拉是最早請人做出這樣一件馬甲的人，也可能因此創造潮流。而她並不是請裁縫師幫她打造出這種新造型，而是打造武器裝備的鐵匠。

從這個角度來看，西班牙馬甲最初的目的可能不是為了箝制女人，而是為了讓貴婦仕女能展現尊貴的體態，強調她們的優越感。不是要她們顯得渺小，而是要她們氣勢更加恢弘尊榮，當然很多人相當樂見這種效果。例如凱薩琳·德·麥地奇據說就曾威脅圍繞在她身邊的貴婦仕女，誰要是不穿馬甲，就要把她趕出宮廷。或許正因馬甲架構能大幅改變身形，才會迅速成為閨房必備物件：透過原來在前胸，後來改到背部的綁帶（非金屬馬甲），可以將腰部綁得更細，大大凸顯胸部及臀部，形塑出理想身形，但這也引來愈來愈多抱怨，只是不是來自女人，而是男人。特別是自十八世紀開始，認為穿著馬甲帶來的疼痛（別忘了當時這麼說的人多半是男人）並不能凸顯貴婦的優越，反而代表女性的虛弱，說她們是「時尚受害者」，容易受人影響，愚蠢又虛榮，不僅要忍受可怕的痛苦，甚至還要冒著死亡的風險，只為了追求這種瘋狂的時尚。

不安的男人還發現，更糟糕的是女人用這種方式形塑自己的身材，是對自然的「批判」。就像今日某些清教徒，看到女人願意花大錢只為了讓自己看起來沒有皺紋或有管高挺的鼻子，還是覺得刺眼一樣。當時也有許多人認為，這種在上帝的作品上加工的行為非常不道德。按照個人喜好形塑身材，而不是感激涕零地接受上天所賜予的，對這些人來說是一種罪。而讓這些男人更不安的是欺瞞的可能性：女人穿上馬甲，罩上華麗繁複的層層布料，再加上高跟鞋及化妝改變外貌，人們該如何知道女人的「真實」面貌？給了女人這些人造物，不也讓她們在男人面前有了無比的權力，使男人在她們加工出來的魅力下無從抵抗？尚－雅克．盧梭便曾問道，這難道不是讓女人遠離她們「自然」的角色——一位溫柔仁慈的母親——將自己變成性化後的主體還引以為傲？一些出自十七、十八世紀有趣的瑣事，也顯示出馬甲可以大膽前衛：當時鯨魚骨被磨成扁平長條，讓女人能塞在乳房之間的緊身胸衣裡，這樣可使體態更為直挺。想像力豐富的情人便利用這種長條，將情話刻在上面送給情婦，讓她們能藏好，而且天天貼在心上穿戴著。據說蒙龐西耶女公爵的某位情人就送她一根這樣的金屬長條，上面刻著：「能躺在她象牙般的雙乳之間，你這份幸福多令我嫉妒。讓我們分享這份幸福吧，白天你躺在那裡，晚上就輪到我。」

當然，這也不會改變這種衣服穿起來顯然不舒服的事實。這也是為何自十九世紀中葉起，特別是在美國，愈來愈多女人要求穿戴適合活動的衣物。只是，同時還有另類聲音存在，有女人認為醫生不要再拿什麼自然的說法煩人了，穿著馬甲讓她們覺得更漂亮有自信。這樣的事實告訴我們，女人與馬甲之間的關係比人們所聲稱的複雜多了。這也解釋為何以布料縫製，較為柔軟的馬甲款式，在時尚歷史上不斷捲土重來。至少在尚．保羅．高堤耶和薇薇安．魏斯伍德之後，穿著馬甲就像從前的西班牙貴婦一樣，是一件賦予個人力量的服裝。最終，穿不穿馬甲和其他問題一樣，最好讓女人自己決定，到底穿什麼衣服會讓自己覺得漂亮、有力、舒服、性感、勇敢，或具英雄感，總之就是要穿起來稱心如意。

25

口袋

西元十七世紀

造成巨大差別的，往往是一個小小的物件。對許多女人來說，口袋就是這樣的一個物件。不是手提袋，而是褲子或衣服口袋，這是女人長期以來無法享用的東西。直到十七世紀晚期，歐洲時尚在袋子這種物件上並無男女之分，大家都把東西放在隨身的小袋子裡。然後這種時尚突然分裂成男女兩邊，男人有了褲袋，可以把鑰匙、金幣等等他們想要隨身攜帶的東西，放進縫製於褲子上的小袋子裡。但女人卻沒機會擁有這樣方便的東西。

今日很少有人會留意這件事，因為幾乎大家都有，裙子、洋裝、褲子或者外套大半都有口袋，而這也意味著某種形式的自由，以及輕鬆隨性。一個將手隨意插在外套口袋裡的女人，直到二十世紀初年，都還會引人側目，且被視為不像女人的舉動。當可可·香奈兒在她所設計的襯衫及外套縫上口袋時，一時議論紛紛，這在十七世紀簡直是無法想像的事。當男人炫耀他們的褲子有口袋時，女人只能帶著像附圖所示，出自英國一七四〇年代的扁平小袋子到處走：長度大約三十到四十公分，形狀像個壓扁西洋梨的小布袋。人們將之繫在腰間，東西從上方縫隙塞進去。至於要繫在舊式襯裙的外面或裡面，不同的社會階級有不同的做法。高貴的仕女將之藏在服裝層層衣料之間，或者直接繫在裙撐結構上。勞動婦女則大半直接將之繫在圍裙上，以便在市場、工坊或商店時，能盡快取出所需物品或錢幣。這類小袋子多半以麻布縫製而成，有些會像附圖裡的這只袋子，以漂亮的刺繡裝飾。幾乎所有女人隨身所需，都可以裝在裡面：小糖果盒、頂針、鼻煙盒、肉荳蔻研磨器、迷你書本、縫紉必需品（以防臨時需要縫補東西），錢幣及各種小物。基本上它就是如今又開始流行起來的腰包與托特包的混合體，就像今天有些人喜歡將一半的家當放在包包裡到處走，當時的女人也會隨身攜帶古怪的東西穿梭在大街小巷。珠寶及各種祕密、情書、回憶，當然還有錢，以及自衛用的小刀或左輪手槍。夜間她們會將袋子放在枕頭底下，這是她們的藏寶盒與保險箱。

因此，就算這種袋子比不上男人的衣服口袋實用，仍然在女性解放上具一定價值。它就像個祕密小空間，別人很難一眼看進去，這也使它很快就與墮落的形象連結在一起。最遲到了十九世紀初，這種小袋子已經在某種程度上成為女性道德的衡量標準：如果裝得滿滿的，袋子的主人一定不純潔，一個樸素、既小又空的袋子，則是貞潔處女的象徵。這種情況你可以在喬治．艾略特的第一部小說《亞當．比德》裡讀到：船長唐尼索恩站在四歲的小托蒂前，她的堂姊海蒂是他想要勾引的目標，他問小托蒂：「妳的衣服下面有口袋嗎？」小女孩非常嚴肅地掀起外裙，展示她的小袋子，然後說：「裡面是空的。」唐尼索恩說，他有東西可以給她：五件銀飾，在小托蒂的粉紅小袋子裡叮噹作響。要找到比這個更清楚的女性情欲暗示，實屬不易。或許也正因為這種聯想，提高了口袋的象徵意義，尤其是在美國和英國，褲子及胸前口袋在十九世紀中葉已上升成為抗爭話題。在女人的眼裡，特別是在女性參政支持者的眼中，口袋不僅僅只是貼在大腿及胸前的小袋子，可以裝錢幣及塞手帕，而是充滿政治意味，是兩性上下關係的戰場。例如女性雜誌《Vogue》在一九〇〇年左右便曾寫過，在爭取女性參政的圈子裡，「女人要口袋」的口號就像「女人要投票」一樣頻繁出現。一九〇五年，英國作家夏洛特．珀金斯．吉爾曼則在《紐約時報》上寫道：「男人服飾的霸權表現……就是褲袋。女人的袋子有時得揹著，有時是繫著，有時掛在手上，有時雖然縫在衣服上，但袋子還是袋子，不是褲袋。」就像其他時尚問題，對女人來說常常是為了活動方便，在需要某物時，不必在層層衣服中翻找，也不必時時要打開口袋上的三個結取出東西再把它繫好。況且把所有家當帶在身上到處走的想法也不再流行，畢竟人們想要的是輕便且活動不受拘束。

實際上自十九世紀起，愈來愈少人使用這種繫在衣服上的小布袋，取而代之的是小手提袋，不過這實在更不方便，手提袋使雙手不再自由，更僵硬，帶著手提袋到處走也實在累人，而且應該也沒什麼樂趣，因為人們總是不斷擔心會把這個小東西忘在哪裡或不小心就不見了。每個拿過手拿包的人一定懂得這種擔憂。正是因為反對女人服裝上沒有口袋，而這也是剝奪自由的表現，著名的「女性參政套裝」（suffragette suit）便出現了。據說這套裝的設計不只是有兩個或四個，而是六個或甚至八個口袋。或者就如一九一〇年《紐約時報》當時的標題「滿滿都是口袋的女性參政套裝」。這樣說來，自由範圍的大小與口袋的數量還真有直接關係。

26 龐巴杜夫人的信箋印章

西元十八世紀中葉

一七七二年，法國哲學家暨作家伏爾泰在一封寫給女性友人的信中，氣憤地表示：「妳聽過那套上下兩冊新出版的龐巴杜夫人書信集嗎？這些信文筆輕鬆隨意，必定是模仿塞維涅侯爵夫人的風格寫成。裡面內容有些為真，有些為假。不認識夫人的人，看了之後一定會以為這真的是夫人的親筆信。」伏爾泰教導龐巴杜夫人熟悉宮廷禮儀，並勸她改掉一些粗魯不當的說話習慣，現在他對這套連外國人都競相購買的書信集非常憤怒。因為，這些書信顯然是偽造的，一般都是女人假冒男人的名字寫作，而這本顯然是某位男性故意以龐巴杜之名，惡作劇寫下這些信（當時她都去世八年了）。

這很無恥，但也頗有意思，至少它展現出不少當時的時代氛圍。例如，這也許是歐洲歷史上，第一次有女人雖然不在皇室圈出生，仍獲得一定的權力與聲望。這位幾乎人人都聽過大名的龐巴杜夫人並非貴族，而是出身巴黎資產階級的年輕女子。根據說話一向尖酸刻薄的龔固爾兄弟的說法，這位原名為珍—安托妮內特·普瓦松的女子之所以會認識國王，是因她有時「穿粉紅色衣服坐在藍色馬車裡」，有時「穿藍色衣服坐在粉紅色馬車裡」，專門停在路易十五狩獵時會經過的森林邊緣。如同當時這個國家所有年輕女人，顯然她也迷上這位極富魅力的年輕國王，希望能引起他的注意，而她也的確辦到了。有人說，兩人第一次幽會是在為王儲訂婚而舉行的眾多化妝舞會的一次：當時路易十五喬裝成一棵樹朝向她走去，儘管全身綠葉她仍是一眼就認出他。最後當這晚結束，國王親自送她回家，這代表生米煮成熟飯。至於她是有夫之婦這點，並不怎麼重要，憤怒的丈夫很快便受到安撫，比較麻煩的是她的出身。大家都知道，法王路易十五喜歡偷情，養了不少情婦，這沒人反對。但拉一位暴發戶女人上國王的床，這很沒品味。她是第一位非貴族出身的王室情婦，她搬進凡爾賽宮，花錢買下龐巴杜女侯爵的頭銜，特別是長年干預國家政務，造就出一場遲遲不肯完結的醜聞。

直到後來，她都是人們口中的「國王的妓女」，凡爾賽宮裡的人都對她嗤之以鼻，誰都知道她是靠什麼下流把戲才上位的。其實即便至今日，人們多少也還是認為，宮廷情婦就是靠陪睡才能爬上高位，且一定要有過人的床技才能歷久不衰。或許在一些例子上的確如此，但在龐巴杜夫人身上可能就不是那麼一回事了。她與國王路易十五之間的情人關係維持不到四年，有人說，他覺得她在床上的表現過於冷漠不夠熱情，說她在床上就跟隻「喪鴨」*一樣敗興。只是這一點都不影響她的地位，在結束與路易十五短暫的情人關係後，接下來的十五年是龐巴杜夫人聲勢最高的時期。她是唯一一位從未被趕出宮廷的情婦，一直留到四十三歲在宮中逝世。附圖這顆印章，是她為了與國王通信專門請人製作的，這也說明她與國王之間的連繫頗為密切，遠遠超過床伴關係。這個印章應該是她在十八世紀中葉，委託寶石切磨大師雅各・古伊所製作：約三公分高，主體是黃金綴以寶石以及浮雕，印出來的圖案是小丘比特拿著玫瑰，刻字則是「因愛結合」。今日我們並不清楚，這枚印章她是自己拿來用，或送給國王路易十五。可以確定的是，兩人之間書信往返頻繁。她是他最親密的友人，（其實不太想當國王的）他相信她的直覺。儘管住的很近，但書信仍是兩人最重要的溝通管道。

總之，龐巴杜夫人應該是寫了很多信，這也說明為何有人故意偽造她的書信出版。只是偽造本身以及伏爾泰不滿此書之風行，還顯示出另外的意義，也就是寫信一事在當時女人生活中顯然愈來愈重要，意義也愈來愈重大。女人仍然不被允許寫書或寫小說，但她們在閨房裡寫信，抒發個人的想法及敘述事情，甚或編造一些小細節，讓自己的生活顯得多采多姿，人們覺得無傷大雅。漸漸的，發展出這些信不必侷限於私人空間，甚至可以出版。這樣的書信集，就像塞維涅侯爵夫人寫給女兒的書信集，知名的程度不只後來被馬塞爾·普魯斯特拿來當作風格範本，而且早在十七世紀就受到男女讀者的熱愛，因為內容是路易十四宮廷裡的各種流言蜚語，混和著母親對女兒的明智建議。一些女人也運用書信形式寫小說，例如德國女作家蘇菲·逢拉羅許，她在一七七一年出版，且意外大受好評的《史黛漢小姐的故事》就是書信形式的小說。就此而言，男人冒用女人的名字出版書信集，也就不怎麼令人意外了，畢竟書信及親暱的語調是女人的領地。而這領地也為了十九世紀興起的一波女作家潮流鋪好了路，或者就像維吉尼亞·吳爾芙評論英國書信作家陶樂絲·奧斯本所言：「如果奧斯本在一八二七年出生，她就會寫小說；若在一五二七年出生，她不可能寫出任何東西。但她出生於一六二七年，雖然當時女人寫小說的想法是可笑的，但寫信就不算不得體。就這樣，一步一步打破沉默，而我們也開始聽到，灌木叢後窸窸窣窣的聲音。」

* 德語中稱黑海番鴨為「喪鴨」（Trauerente）。

27

坐浴桶

西元十八世紀中葉

所有希望自己在凡爾賽宮內行完屈膝禮還能繼續留下來的人都必須具備三種能力：要能娛樂你眼前的人，要能挑起他的興趣，最好還要讓他覺得跟不上你的想法。其中有些人，就像路易十五時代既有名又有權勢的普里侯爵夫人，便採取了非比尋常的前衛做法，像是有人來拜訪她時（當然是事先約好），訪客進房有時會看到她擺出如下的姿勢：裙子拉高，雙腿張開，坐在坐浴桶上就像騎在小馬上。夫人朝著客人露出友善的微笑，請來客坐下，詢問最新的社交八卦，一邊泰然自若地繼續做她手邊的事：洗屁屁，可能順便洗了其他部位。

住在德國或美國的人，或者換一種說法，不住法國或義大利，且年紀不到七十歲的人，大概根本不知道坐浴桶是什麼玩意。直到幾年前，你還能在法國每間老房子看到它，在義大利更是每間浴室的標準備配：梨形陶瓷水槽，通常設在馬桶旁，功能是用來洗私處（不是洗腳！）。在普里侯爵夫人的時代，這是才剛出現的摩登家具。就像在凱薩琳·德·麥地奇的時代一樣，人們懼怕水，以及水帶給身體的各種疾病，人們從不洗澡，據說法國路易十四一生中洗澡的次數是令人難以置信的兩次。就視覺看，凡爾賽宮的確很美，但就嗅覺，可就不怎麼芬芳了。只是愛情可不能因此受到影響，這也就是為何國王的御用木匠有了新發明：附圖正是坐浴桶最早的樣式。一個小水槽嵌在外型像椅子一樣的家具裡，讓人們可以簡便地用水清洗私處。有時在靠背上還會有個小匣子，放置肥皂及海綿。法文 bidet 原是小馬之意，這種坐浴桶被命名為 bidet，原因是使用者，也就是女人，坐在上面就像騎在小馬上。我們不難想像，像普里侯爵夫人那樣在坐浴桶上與人交際應該只是例外，大部分的人是在私密的情況下使用這種新家具：性交前或性交後。或者，就像法國紈褲子弟雷蒂夫・德・拉・布勒托納所著之色情小說《反抗尤絲汀》所述：「我得花上至少半小時的時間，在坐浴桶上清洗我可憐的寶貝。」

看來當時最重要的是衛生問題，特別是對女性私處味道不佳的憂慮。十九、二十世紀的女人會受到廣告暗示，若是下體氣味不佳，丈夫容易出軌。而這種事在十八世紀也多少與取悅他人或慫恿從事某種性行為有關，只是不一定是跟自己的丈夫就是了。至少在講究時尚潮流的貴族圈中，人們已有欣慰的認知，性交也可以，不，性交應該是愉悅的，不是毫無樂趣的夫妻義務而已，而且可以跟不同的床伴追求樂趣。就連女人，至少在上流社會裡，也能享受婚外情的樂趣，只是小心不要懷上「雜種」就好。這時我們的坐浴桶可又派上用場了：女士用它來沖洗掉不想留下來的東西，就像後來用陰道沖洗器沖洗一樣，人們甚至還曾經認為可以用它來預防性病。坐浴桶與放浪不羈的聯想，使得人們也稱呼它為女人的「告解座」或「女性知己」：在它上面，女人說出所有祕密，並由它洗刷她們的「罪行」。這件新發明的物品如此受歡迎，一七九〇年《貴婦年鑑》編輯甚至建議舉辦一個全國「坐浴桶節」的活動，向這個女性新朋友致敬。

不過這種聯想顯然也不是全球各地皆知，也並不是所有人都知道人們如何及為何使用坐浴桶。有一則趣聞是這樣的：一位法國使者帶給一位羅馬女士一把用來洗滌的椅子，這是典型法國派對上的惡趣味。下回他再來拜訪這位女士時，她將煮好的魚盛放在裡頭端出來請他吃。這東西真正的用途，對她來說並不是這麼理所當然。不過，或許她只是害怕別人的指謫，畢竟當時坐浴桶幾乎就是性解放的象徵。可惜進入十九世紀之後，這扇短暫開啟女人性自由的窗戶再次關閉，從此，女人的性欲再度被恐懼及痛苦的目光審視。享樂與輕鬆成了過去式，與浪蕩文化強烈相關的坐浴桶也被排擠到其他的圈子：不再出現在凡爾賽宮，而是妓院；不再意味著滿足，反而是骯髒不潔。就算有製造商打著「防護者」之名，直接點明避孕作用，仍然無法改善此物的形象。受到清教徒傳統影響的美國，人們甚至還會獵殺坐浴桶，例如一九〇〇年紐約麗茲旅館便拆掉所有房間浴室裡的私處浴盆設備。顯然他們也成功地將此物驅逐出境，因此大約在同個時間，也就是二十世紀初年，一位美國女士站在巴黎旅館房內的陶瓷坐浴桶前高聲讚歎：「哇，好可愛！這是把寶寶放進裡面洗澡用的嗎？」房務人員的回答必定潑了對方一盆冷水，她冷冷地回道：「不，夫人，這是用來沖走寶寶的。」

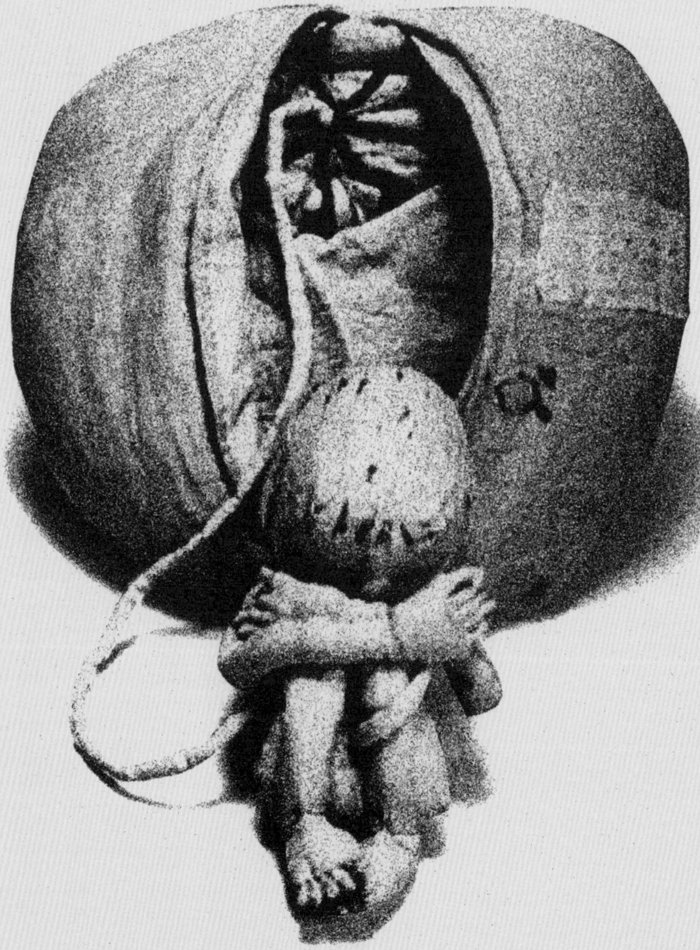

28

「機器」

西元十八世紀

生與死，從來都是女人的領域。即使在古典時代，女人幾乎不被允許出現在各種生活領域，但如果關係到生命的開始與結束，也就是嬰兒從肚子裡出來，或是最後與死者道別的抹香膏儀式，男人總會喊妻子來幫忙，顯然他們對這類情況感到畏懼。令人遺憾的是，到了十八世紀，生與死這兩件事常常一起發生：幾乎所有歐洲國家的新生兒及孕婦死亡率都非常高，四分之一的母親死於產後一個月內，而能活過生命第一週或滿月的嬰兒並不多。

原因之一是衛生條件不好，但另一個可能更重要的因素，則是產婆訓練不良，不，應該說沒有訓練：生小孩是女人的事，只是多數女人是靠直覺而不是按部就班行事。她們模仿母親或姑姑阿姨的處理方式，至於為何要這麼做，以及在什麼樣的情況下該怎麼做，就不太清楚了。為了避免年輕女人及嬰兒接連不斷因生產而死亡，人們決定將這種代代相傳的，一知半解的知識專業化，將產婆變成「助產士」這個行業。然而，當時女人已經完全被排除在醫療的專業領域之外，其實中世紀不只有女醫生，甚至有女外科醫生，最早的婦科專業著作是女醫生薩萊諾的特達歐菈所作。只是到了文藝復興時期，這些能在醫療上提供幫助的女人卻被視作危險的人，就像十六世紀教會所宣布的，一個能提供醫療幫助，卻沒有執業證書的女人，一定是女巫，必須燒死。但女人在那時候根本不能進大學，因此也不可能拿到執業證書，因此女人如果不想被燒死，就別想在醫療這個領域上有任何發展。

但在生產這件事上，人們還是希望讓女人來就好，同時也想傳授部分醫學新知讓她們知道。於是，一七五〇年代之後，助產士學校如雨後春筍般地在歐洲各地出現，例如柏林夏里特*。這一切都可圈可點，值得稱讚，只不過對那些生活在鄉間，不可能接受長時間職訓的平民女子來說都太遙遠了。因此路易十五想了另一種方法，雖然人們無法期待所有女人都去學校，但村子裡自認為是產婆的人還是必須受點訓練。為此他命令一位名叫杜·庫德蕾夫人進宮，並委託她開始行遍全國，帶著附圖中的接生娃娃。杜·庫德蕾在當時已是接生專家，在巴黎主宮醫院擔任首席助產士近十六年，並很早就為這個職業的專業化努力。例如她曾起草過一項請願書，抗議外科醫生逐漸入侵接生這個領域：這些外科醫生毫無概念，只知道用當時剛流行起來的產鉗往嬰兒的頭亂夾一通，竟然還想取代女人在助產領域的位置，這實在太荒謬了。我們需要女人的專業知識，畢竟這關乎她們的身體：誰能比她們更清楚自己的身體需要什麼？為了能將直覺的女性知識轉化成更深奧的解剖學知識，並能展現具體的生產過程，她設計出附圖的生產娃娃：這個名為「機器」（La Machine）的人體模型在一七五八年被外科學院採用，成為正式的演示模型。在這之前當然也出現過類似的模型，例如在義大利波隆那，人們使用子宮模型練習，不過這個子宮看起來像是夾在兩個枕頭（代表卵巢）中間的玻璃罐。

附圖這個現代仿製的「機器」，乍看之下像是雕塑藝術家露意絲·布爾喬亞的作品，但實際上沒有哪個模型比它更詳細精確：杜·庫德蕾使用布料、皮革以及填充物來製作，呈現出「女人下腹腔的樣貌，主要是她的子宮、韌帶、陰道、膀胱、直腸。然後我再添上一個真人大小的嬰兒模型。」杜·

庫德蕾這麼說。嬰兒的頭部非常逼真，有鼻子、耳朵、塗上顏色的頭髮和張開的嘴，以便練習如何應對臀位分娩。臍帶則有兩種版本：活嬰兒的臍帶和死嬰兒的臍帶，畢竟人們無法預先知道腹中嬰兒狀況如何。杜．庫德蕾受國王委託，一七五九年起在法國各地巡迴開課，內容包括理論部分（按照她所編寫的手冊授課）和實驗部分（婦女使用模型練習）。在接下來的二十五年間，有將近二千名女性（及一些男性）參與她的課程，在更了解女性身體及分娩過程後，除了能正確應對分娩時的各種狀況之外，還能體會女人在分娩前後的不同需求。今日許多醫生顯然也忽視，或許這也是因為在法國大革命及劇烈的社會變遷下，訓練女人成為專業助產士不再受人重視，即使像杜．庫德蕾的女人也無法改變這種現象。連她提出的異議，指出像拉法葉將軍這樣的革命英雄，還不是靠她高超的接生技巧出生才有今日，都被人忽略不理。十九世紀開始，產科變成男人領域，更加劇上述現象。而那些坐在課堂裡想了解自己身體結構的女人，只會被人嘲弄譏笑。尤其是那位「胖老嫗」，曾經帶著生產娃娃走遍法國各地，向女人解釋分娩時發生的事：那些只有女人知道的事實，如今也只存在口耳相傳中。

＊ Charité，為德國最著名的教學醫院，屬於柏林大學聯盟，其名稱原意為仁心。

29 安娜·莫蘭迪·曼佐里尼半身蠟像

西元十八世紀

當十八世紀的年輕男女貴族踏上壯遊之路時，除了位於維琴察城建築大師帕拉迪奧建造的各個別墅、龐貝古城廢墟、羅馬競技場等等今日仍然大受歡迎的義大利景點，絕對不會錯過的還有一個：位於佛羅倫斯的自然史博物館裡，雕塑家克萊門特·蘇西尼製作的「解剖學維納斯」*。人們在這個歷史上第一所官方設立的蠟像製作學校裡，可以看到一具躺在玻璃櫃中天鵝絨上的裸體女子。這是個年輕漂亮的女人，頭稍稍往後仰，嘴巴似因陶醉的愉悅微微張開，脖子上掛著一條珍珠項鍊。乍看之下人們會以為自己看到的是睡美人，或者一位正經歷性高潮的女人。她的臉部表情自然平和，甚至是愉悅的，但脖子以下卻是另一番光景：腹腔大開，一眼可見交織重疊的腸道及器官，有些系列之作甚至還看得到胎兒。有時人們會取出她的內臟放在腳邊，就像禮物一樣。這尊年輕女子是以蠟塑造，睫毛、頭髮、陰毛則是從真人取下的毛髮。

幾個世紀以來，人們一直依賴希波克拉底所提出的理論，又因教會禁止解剖，因此有關人體的實際知識並不受到重視。直到十五世紀，教會終於准許剖開人體，看看裡面到底長什麼樣子。這道准許狀必定引發一陣解剖熱潮，人人爭相目睹藏在皮肉表相之下的人體內部模樣。如同今日大家相約去電影院，當時人們則相約去「解剖劇場」，全神貫注地看著穿著工作服的男人切開屍體，取出腸子。或許真是因為大家都想看，也可能只是當時人們還不知道如何保存屍體，而剖開個二百具屍體的做法顯然不太適合。無論如何，為了更了解單一器官的細節，十八世紀起開始使用解剖蠟像，這也造成「解剖學維納斯」的流行，特別是這個存放在佛羅倫斯的自然史博物館，一臉陶醉死去的年輕女人。但光從法國作家薩德侯爵——滿腦子都是對女人不友善性幻想的人——竟然認為這具蠟像具體呈現出他個人最荒誕不經的夢想時，就讓人不得不心生疑慮。或許應該這麼說，這具蠟像之所以在當時大受歡迎，可能與戀屍文化有關。這種文化到了十九世紀更是變本加厲，或者，就像愛倫坡曾說的：「一位美女的死亡絕對是世界上最富詩意的主題。」

有趣的是，特別是在當時解剖學知識的推波助瀾下，突然產了一種新觀念，即是男人與女人不是像人們一直以來所認為的，同一種性別的兩種版本，而是兩種完全不同的性別版本：自亞里斯多德以來，人們都認為女人基本上跟男人沒什麼不同，只不過是有缺陷的男人。她們的性器官就是往內長的陰莖，卵巢就是長在體內的睪丸。現在人們站在這個死去的美女前，突然有了革命性的想法，或許也可能完全不一樣：女人也許不是性特徵發展不全的男人，而是另一種版本的人類，也就是第二性。或許有人會認為，這種想法可以提升女人的地位，可惜恰恰相反。人們並不將女人的不一樣視為同等價值，而是將這個不一樣當作所謂醫學認證的「缺憾」。就部分而言，這具「解剖學維納斯」的確表達了這種期望，利用醫學知識作為壓迫女性的藉口，這也讓人不得不懷疑，這還是為了科學嗎？還是追求情欲的滿足？或許附圖中這具自製蠟像的主人安娜．莫蘭迪．曼佐里尼，有時也有同樣的疑問。她是唯一一位女性，敢於進入男人掛帥的解剖學及蠟像製作領域，並對同事之間盛行「死亡很適合她」的美學概念表示不敢苟同。她所關注的不是什麼情色幻想，而是解剖學上的事實與細節。或者，就如一七五七年德國學者約翰．雅各布．弗克曼在他的旅遊日誌裡關於她的紀錄所言：

「她以蠟製作出身體所有部位，不僅技巧高超，而且每一部位所呈現的顏色都是正確的。為了能更精確顯示，有些身體部位例如眼睛或耳朵，她會放大二或三倍……她開課教授解剖學，對年輕人解釋人體。」

當時，在曼佐里尼所在之地波隆那，新科學正方興未艾。女學者如哲學教授蘿拉．巴斯、數學家瑪利亞．阿涅西，以及上述這位莫蘭迪．曼佐里尼夫人等等，都是這座輝煌再現的大學城之活招牌。不過，在這群被稱為「研究之母」的女學者中，由於曼佐里尼特所處的特殊學科分支，地位更是特別：女人儘管「身體孱弱」仍然能夠思考，這點人們已經明白。但女人還能切割人體，深入洞察器官的一絲一毫卻不會昏倒，這就非比尋常了。而曼佐里尼特對這點顯然心知肚明，因此，這具自製蠟像明顯是種挑釁。雖然她像維納斯一樣戴著珍珠項鍊，但這具半身像與她男同事製作的美麗死者完全相反。她所呈現的，不是垂死的女郎，而是一位成熟的女人，一名身材結實的婦人，身著粉紅色的塔夫綢禮服，一頭鬈髮，看起來就像一位正準備參加宴會的女人，但顯然還有更重要的事得先完成：她手裡拿著手術刀及鑷子，剛剛切開頭蓋骨，正在研究大腦內部構造。為何偏偏選擇這塊代表知識中心以及權力的領域研究，不言而喻。或許正因如此，特別注重女子教育的俄國凱薩琳大帝桌上也擺著袖珍版的曼佐里尼特半身蠟像。她曾寫信對朋友說：「我在彼得霍夫宮的桌上擺著這座半身像。」如果有人問她這個古怪的女人是誰，她會告訴對方：「這是我祖母。」

＊　原名為 Venerina，意思是小維納斯。

30 「好母親」瓷偶

約西元一七六〇年

瑪麗・麥卡錫的小說《她們》*中有一幕令我印象深刻。這本小說敘述美國一九三〇年代八個朋友，也是八位年輕女孩，在大學畢業後進入現實生活試圖實現個人夢想的故事。有些被現實打敗，有些改變方向，有些夢想成真。其中最令我印象深刻的一幕，是發生在八位女孩中的一位普莉絲・哈茨霍恩身上：她是社運人士，剛生小孩，丈夫是醫生，決定藉由妻子及孩子來證明哺乳的好處。無視當時人們對嬰兒奶粉的稱頌，也不在乎年輕妻子在哺乳上的困難，他堅持貫徹自己的主張，只因他認為，這對孩子或母親來說都是最好的，也是他心目中母愛的表現。

關於哺乳的問題，即是否該哺餵母奶，是的話要哺餵多久，總是一再成為話題，潮流及看法每數十年就變一次。每個人都有自己的看法，就連那些沒乳房沒乳腺，甚至可能沒孩子的人都有自己的主張，這種現象倒是數百年來都不曾變過。若一個女人不餵母奶，不管是不願意還是做不到，不相干的外人總有理由指指點點，態度鮮少溫和，甚至常嚴厲且充滿責備。最常見的一個理由就是：天性。一直都有人支持溢奶的乳房，早在古典時期就有許多公開支持的言論，充斥著各種好事者及自以為是的主張，今日仍然四處可見。而怎麼做才算是好母親的說法，首先出現在十八世紀。在那之前，母親與孩子之間的關係就像與丈夫一樣，並不一定要與感情扯上關係。所謂家庭，就是人們所有，但不會造成個人情感負擔的事物。正因如此，稍有資產的女人根本不可能親自哺餵嬰兒。小孩出生幾天後就會被送到鄉間奶媽處，富裕家庭則乾脆僱個奶媽住進家裡，不過自然也要以挑剔一匹劣馬的嫌棄態度（有點像《使女的故事》那樣）先檢查過奶媽的品質。這種現象當然也有其理由：一方面當時大多數的女人根本沒有時間花上大半天哺餵嬰兒，當時還沒有家庭主婦的概念；另一方面，人們也不怎麼希望與新生兒有太多的感情羈絆，畢竟當時嬰兒死亡率非常高，等孩子活過關鍵的頭幾個月甚或一年，再來接近孩子與之產生關係，也是一種自我保護。此外當時男人也不認為妻子親自哺乳是件重要的事，原因很簡單，這樣妻子就無法跟他們做愛（長久以來與哺乳的女人做愛都是一種禁忌）。

就像今日有些女性出賣或出借自己的肚子一樣，當時提供自己的乳房及母奶給別人也是一件報酬不錯而且還算體面的差事。尤其是對年輕女孩來說，奶媽這份工作利潤相當豐厚，可惜後來出現一群男人，開始傳播所謂的「母愛」神話，從此將一份新壓力加諸於女性身上。從此，與母親的關聯，某種程度上也就是與這個世界的關聯，始於母親那對高高隆起的赤裸乳房，他們帶著無比的熱情宣揚這個觀點。正因為如此，這組由陶藝家哥特利布．呂克設計的紐倫堡瓷偶群像才會被命名為「好母親」：女人坐著，身邊環繞的孩子不是睡著就是吹奏樂器：一個貼在她的胸前，一個靠在她的肩上，另一個則在她的手邊，就像藤蔓攀爬在滋養他們的大樹上。但這些似乎都未干擾到她，顯現出無比的耐心與奉獻精神。這系列的瓷偶群像有各種不同的成品，也成了許多小康家庭的收藏品，顯示出一七七〇年代的理想典型，除了作為裝飾之用，也還有警言喻世的功能。擺放在小茶几上的這座瓷偶，就像對著家裡的女人喊著：注意！這才是「好母親」！一個好母親的身體是隨時「開放」的！就像從小便失去母親的尚—雅克．盧梭所言：人一有生命，便開始學習。人的第一位老師，就是以乳房哺餵你的那位女人。跟他的同事德尼．狄德羅一樣，盧梭（畢竟他是當時最受歡迎且最受重視的教育理論家之一）也認為，女人不可能違反她的「天性」，「毫無理由」地拋開自己的孩子。在著名的《愛彌兒》一書中，他寫下譴責之詞：「這些溫柔的母親呀，孩子不在身邊，愉快地在城市找樂子時，可知道襁褓中的孩子在鄉間受到怎樣的待遇？」

如前所述，人們在十八世紀突然發現女人的「生物天性」，從此再多麼扭曲的理論，也都拿它做為理論基礎。這些在其他方面都很聰明，而且其實也不厭女的男士，在不斷提及所謂女人身為母親的「天性」之後，形塑出了「好」母親與「壞」母親的形象，至今在許多地方仍然接受這種區分。雖然有些女人順著所謂「天生」的角色，全力朝向餵養、照顧及教育的方向發展，但還是有些女人仍繼續「只」想著自己，或者至少除了嬰兒之外還思考別的事情。而「天生的母愛」這種概念最糟糕的是，人們利用它將女人綁死在家裡，還創造出新神話，讓女人以為這對自己有利，因為它提高了自己在家庭裡的地位。從此女人不再只是亞里斯多德口中，盛裝小孩的「容器」，也不是孵化器，而是原本「自然而然」就與小孩有密切的關係，同時也對之具有影響力。畢竟盧梭也說，教育是從第一滴母奶開始，這也使餵奶的母親成了教養者。不過另一方面他也曾說過：「女人之所以存在，是為了服務男人。」英國女性主義者瑪麗・沃斯通克拉夫特雖然還滿欣賞盧梭，但也曾忍不住對這句話喝斥：「胡說八道！」此外這位女性主義鼻祖從未哺餵過她的女兒瑪麗・雪萊，因為生下女兒她就去世了。而女兒儘管從未喝過母奶，但也不妨礙她日後寫出《科學怪人》這樣的恐怖經典小說。

＊《她們》（*The Group*）因無繁中版，此採簡中版譯名。與後文葛莉塔・潔薇執導、繁中同名的小婦人（Little Women）新版電影為不同作品。

ADIES OF LLANGOLL

31 蘭戈倫女士人偶

年代不詳

若有人在一七七八年三月三十日的夜晚，漫步於愛爾蘭基爾肯尼郡的伍德斯托克莊園附近漫步，可能會親眼目睹一件不尋常的事：一名二十三歲的年輕女子，名叫莎拉・龐桑比，打扮成男人從房間窗戶爬出來，牽著她的狗弗里斯克跑著，口袋揣著一把手槍。她的目的地是大她十六歲的埃莉諾・巴特勒的家。一百五十年後，法國作家柯蕾特在小說《純潔與不純潔》中，描寫龐桑比與巴特勒逃亡的一幕：「受到小說的啟發，她們不直接從敞開的大門出去，而是跳窗離開。她們以祕密管道通信，賄賂傭人幫助她們。她們逃亡時將手槍帶走，但並不知道如何使用；她們騎馬逃亡，雖然從未騎過馬。自找麻煩，如遊戲般，戲劇化發展及童稚的淚水，這些都讓她們覺得特別，更加堅定，如鳶尾花般綻放，多麼獨特的感受。」

柯蕾特所說的感受，對這兩位逃亡者，也就是接下來幾年大為有名的「蘭戈倫女士」來說，就是友情。或者應該說，兩個女人之間彼此相愛的友情。當人們在十八世紀再度重新發現愛、發現感情之後，女性之間的關係也愈來愈受到重視，上述這兩位女士便成了這股新發展的代表性人物：兩人都沒意願結婚，也不想進修道院，當她們兩人在一場愛爾蘭菁英沙龍茶會上相遇時，顯然立即看出彼此的志同道合，開始暗中計畫逃亡。第一次嘗試逃亡，也就是三月三十日那一夜，她們在登上開往英國的渡輪前就遭到家人的攔截，弗里斯克的吠叫聲洩漏她們的行蹤。幾個月後，她們顯然說服身邊的親友接受她們獨具一格的生活計畫，在一七七八年五月一個晴朗的早晨，出發至英國，最後在威爾斯的蘭戈倫村定居下來。她們的計畫是：過著獨立自主，遠離塵囂的生活，以書籍及園藝，下午喝熱可可，晚間進行知性與啟蒙對話度過時光。陰雨時點亮燭光，手裡拿著曼特農夫人的回憶錄坐在壁爐邊，思考，自由自在。

她們也的確做到了。這裡我們必須回想一下當時的時代背景：比起從前許多時候，十八世紀在許多方面都很開放。如前所述，女性友誼正時髦，愈來愈多獨身女性以及寡婦選擇共居生活。然而，兩個正值適婚年紀的年輕女子，又出身愛爾蘭上流社會，擅自決定要在偏僻地區找個漂亮的莊園定居下來，只顧自己並與自己的思想為伍，在當時必定罕見，而且算得上醜聞了吧。其實就像修女一樣，只是她們獨立於各種宗教教條之外；也有點像法國超現實主義藝術家克勞德·卡恩及她的伴侶馬塞爾·摩爾，只是早了二百年。她們的外表打扮也獨特搶眼，總做情侶造型，且偏向男性服飾。因此在她們抵達英國之後，很快就成了全國人民茶餘飯後的熱門話題。甚至連皇后都忍不住好奇打聽她們的事，並說服國王贊助她們一筆生活費。拜倫爵士應該拜訪過她們數次，與這兩位博學多聞的聰明女性交談，或許，也帶著一絲偷窺的意圖，畢竟這種事也實在太耐人尋味了。由於獨特的生活方式，莎拉、埃莉諾和她們新養的狗——有個意味深長的名字叫「莎孚」——漸漸變成觀光景點。拜倫、華特·史考特、波西·雪萊、女同志詩人安妮·李斯特這些人是因志趣相投而去拜訪，其他人到蘭戈倫，就只是單純想親眼看看這一對不尋常的伴侶及她們的家。若無緣見到，就買下附圖的人偶，回家至少可以對人炫耀，自己曾到過她們家附近。兩位可憐的「女士」必定相當困擾，畢竟她們想要的生活是平靜且遠離塵囂，沒想到卻成了文化明星。

她們生活方式所引起的熱議，也代表愈來愈多人接受，女性只有在女人社群中，學識與心智才能獲得健全發展的主張。當然，修道院一直都存在，但成為修女主要的目的是將自己奉獻給信仰與上帝，關注的領域自然受限。相較之下，生在女士共居時代的女士，則可以自己決定對什麼感興趣，與誰討論，與哪些人在一起較為充實。就像一六九四年瑪麗·阿斯特爾化名為「一位女性的情人」(By a Lover of her Sex）所著《給女人的衷心建議》中，提及女人心智發展最好是在同性之間互相砥礪，只有這樣才能擺脫男人為了個人利益及取樂做出「卑鄙下流的奉承」。阿斯特爾認為，那些男人原本答應傳授給女人技能，但最終他們只會使女人不專心，無法真正學會。只有在同性社群裡，女人才能真正發展各種技能。「蘭戈倫女士」很可能也有相同的看法，她們實現信念，共同居住的決心，成為許多人的榜樣，不只是對女同志，特別是對那些漸漸理解自己夢想中的生活，其實是與一個或多個女人共居的女性。為了不讓自己因為某個男人空洞的許諾而忘記這些，她們將「蘭戈倫女士」人偶放在壁爐上作為警惕。

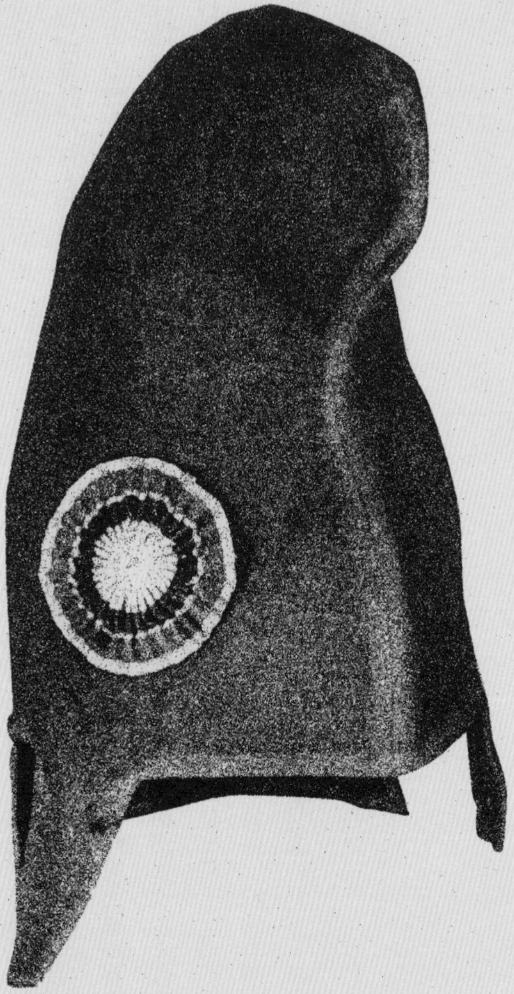

32

弗里吉亞帽

西元一七八九年

法國王后瑪麗・安東妮最喜歡的肖像畫家之一伊莉莎白・維傑・勒・布倫，曾如此描述十八世紀：「當時，女人統治世界，但法國大革命推翻她們的王座。」這句話既對也錯，雖然當時不少女人比起從前擁有更多的權力、更多的影響力、更多的知識，因此也擁有更多的自信。對某些人而言，的確是一個充滿活力的光明世紀。只是，這種現象侷限在極為狹窄的特權階層。然而，在陳情書中出現的女人，也就是一般平民百姓中的女人，法國三級會議中相當遺憾成為「男人羨慕或厭惡的對象」的女人，從未被視作具有獨立思考能力的個體。這些十八世紀的女人並不像勒布倫生活在自由之中，因此對革命抱有極高的期望，如同一七八九年女權主義者奧蘭普・德古熱所言：「女人冀望能從革命獲利，並為自己爭求平等權利。」

人們常常忘記，一七八九年十月五日，是巴黎中央市場的女攤販在國民自衛軍的保護下遊行至凡爾賽宮，對飢荒提出抗議，並要將國王帶回巴黎。瑪麗・安東妮的傳世名句「沒麵包就吃蛋糕」——順道一提，這其實應該是（男人）虛構的說詞，用來煽動人民起來反抗君主制度——為此遊行添加不少熱度。在這個秋日，上千名女人舉著各種橫布條，上面的字句像是「凡爾賽吃大餐，巴黎餓肚子」，「我們要帶回麵包師，他太太，及他們的兒子」。經過一夜的對峙，她們終於衝進皇宮，強迫國王夫婦跟她們一起回巴黎。當時顯然就出現謠言，說是男扮女裝的人將君主帶回巴黎。哦，不，是女人辦到的。之後這些女人曾短暫被稱頌為「革命女英雄」，並為這個號稱平等的年輕共和國選出一位女子做為象徵：瑪麗安娜，頭上戴著弗里吉亞帽做為標識。

古羅馬有一種「皮萊烏斯帽」，與弗里吉亞帽的樣子非常類似，是獲得自由的奴隸戴的。當時法國人似乎將這兩種帽子混為一談，因此將弗里吉亞帽詮釋為自由的象徵。然而實際上，這種帽子最主要是亞馬遜女戰士的特徵：無論是真實存在古典時代的斯基泰女戰士，或是在古希臘陶罐上所繪的亞馬遜女戰士，都戴著這種帽子。觀看法國畫家歐仁．德拉克洛瓦那幅名畫，想像瑪麗安娜如何帶領人民，一手拿著法國國旗，一手拿著槍，左胸坦露，不禁會懷疑，難道瑪麗安娜是個亞馬遜女戰士？或者，人民聽到那位將朋友打扮成亞馬遜女戰士的革命女將特羅瓦涅．德．梅莉谷的呼喚：「武裝起來吧，眾女士！」，後來卻被送進薩爾佩特里埃瘋人院裡？並不真是如此。在後革命時代的社會裡，人們看不到以瑪麗安娜或亞馬遜女戰士作為女人地位的象徵。即使她們是革命的推手，也一直積極參與，但進入「第一共和」時期後，女人漸漸被排擠出公共空間。有些像戰爭或革命之後，人們雖在危機達到高潮時總喜歡動員女性參與，之後就又將她們趕回家繼續縫補衣物與下廚。她們的紅帽子，也就只能掛在走廊牆壁上，雖然實際上她們也從未被允許戴過這樣的帽子。革命暫時結束，也沒給女人帶來太多的改變。例如在《百科全書》關於「公民」此一詞條的定義是「自由社會的成員」；「女性公民」則只是出自與男人的關係，也就是「公民的妻子」。唯一的變化是，女人現在開始也有繼承權，甚至曾經有過一小段時間可在雙方同意下離婚，只是一八一六年被拿破崙收回這項權利。至於《人權和公民權宣言》裡的「自由、平等、博愛」所宣示的是四海之內「皆兄弟」的博愛，並不包含姊妹在內。雖然新秩序改善了部分的社會，但女人並未被包含在內。面對這種情況的意外轉折，一七九一年奧蘭普・德古熱憤怒地寫下《婦女和女性公民權利宣言》，在前言中，作者質問：「男人，你有能力保持公正嗎？向你提出這個問題的，是一名女人，至少你並沒有剝奪她提問的權利。告訴我，是什麼賦予你毫無限制的統治權，壓迫我的同性姊妹？你的力量？還是你的才能？」在後記中，作者呼籲女人：「醒來吧，女人；敲響理智的醒鐘，讓全世界都聽到；認清妳們的權利。」

奧蘭普・德古熱支持革命，但也支持君主制度。她將《宣言》獻給王后瑪麗・安東妮，此舉最終也給她帶來厄運。她與其他幾位熱心參與革命事務的女人，成了「恐怖統治」*第一批受害者：一七九三年十月十六日，在瑪麗・安東妮人頭落地之後，奧蘭普・德古熱在十一月三日走上斷頭台；五天之後，另一位著名的革命女傑，前沙龍主持人及吉倫特黨人羅蘭夫人也走上同一條路。一百多年後，德國女權運動領袖克拉拉・澤特金在為《新時代》寫的文章中紀念這兩位女士，並提醒大家，帶來民主大變革的法國大革命，對女人來說只不過是張空頭支票。即便戴著亞馬遜女戰士的帽子，在帶領抗爭的瑪麗安娜身後自誇是自由平等的國家，但這些男人實際上巴不得女人通通消失到幕後去，要是繼續吵鬧就砍掉她們的頭。奧蘭普・德古熱曾經言簡意賅地說：「女人如果能上斷頭台，就有能力站上演講台。」也許，女人在經歷這場與男人一起發動革命的失望後，終於了解只有靠女人自己才能真正爭取一些權利。以希臘亞馬遜女戰士的精神。

* Terreur，指法國一七九三年至一七九四年的一段時間，雅各賓黨（與後文提的吉倫特黨對立）以革命手段大規模處決「革命的敵人」。

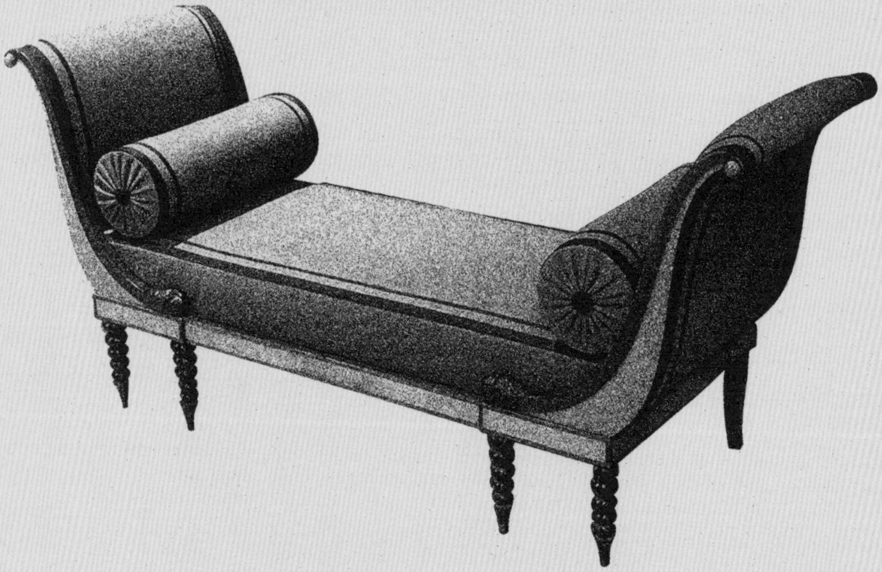

33 雷卡米耶沙發床

西元一八〇〇年左右

對女人而言，法國大革命並未如她們所期待，給生活帶來什麼大改變，在僅有的一些變化裡，挫折卻多於自由。根據知名女作家斯塔爾夫人的說法，革命甚至摧殘了一個極為女性的傳統，也就是沙龍傳統。她認為，法國在大革命之後，不再有聊天的藝術、精神的娛樂及愉悅的聚會，對這種現象她深表遺憾。斯塔爾夫人自己是在母親內克爾夫人主持的沙龍長大，是十八世紀遠近馳名的巴黎沙龍之一，她熱愛這種在她眼中非常法國且非常女性化的生活風尚，還說其他文化圈的人很難接受閒談，例如德國，雖然他們也喜歡，但就是無法放輕鬆。他們太有目的，太實際，因此談話總是會變得嚴肅認真，雖然也有意思，但就是不好玩。可惜在大革命之後，巴黎漸漸朝著萊茵河對岸的方向發展：人們幾乎只談具體事物，而且還是以一種不怎麼生動靈活的方式。

以她嚴苛的標準，唯一的例外就是她最要好的朋友所主持的沙龍。這位朋友被稱為「美女中的美女」，在十九世紀初擄獲一半歐洲人的心，而且還是有意為之：朱麗葉・雷卡米耶，人稱雷卡米耶夫人，最後一代偉大的沙龍主持人。附圖這件家具就是以她命名：雷卡米耶沙發床。為何如此，我們不知道。或許這種單人沙發的稱呼與一幅人像畫有關，著名的拿破崙宮廷畫師雅克—路易・大衛為二十三歲的雷卡米耶所繪製的畫。在那幅畫中，二十三歲的雷卡米耶穿著一襲古典風格的白色連身長裙，露出手臂及腳，一頭幾乎沒梳理的鬈髮，半躺在類似附圖的沙發上，背對著觀者，上半身斜轉往後看，眼神溫柔自信。大衛在一八〇〇年左右開始畫這張畫，但從來沒有畫完它，因為他說：「不只女人有她的特質，畫家也有。」儘管如此，這幅畫還是非常有名，連帶畫裡的模特兒與家具都是。真要挑剔，或許可以說，那張沙發跟慵懶的姿態非常符合浪漫時期的理想典型：一位清新脫俗美麗年輕的女子形象，就像當時透過《吉賽爾》或《仙女》等芭蕾舞劇所傳播的女子形象。或許有人會說，這種形象包藏著一種在英美特別流行的理論，認為外部世界變動且活耀，是男人的世界；內部的世界則是沉思、親密，也就是躺著的姿勢，是女人的世界。但其實這幅畫裡也存在其他的東西：那座沙發床，同樣也是女性沙龍文化的象徵。

就像朗布依埃夫人，可以說是創造這種文化風氣的始祖，十七世紀在自家中獨力發起這種親密且智性的聚會，純粹是因為健康狀態不允許她走出臥室與別人會面。在無法常出門，也疲於參加舞會或正式宴會的狀況下，她不僅將大自然以各種花束的形式帶進家中，還把當時最有意思的思想家一併請進家裡。而她在巴黎豪宅的「藍色房間」裡，應該也多半是以這樣半躺半坐的姿勢過日子。擺這種姿勢或許很慵懶，對雷卡米耶夫人的確是的，但這也是一種權力的展示，至少對女人來說。擺出這樣的姿勢像是在說：現在開始我並不參與，也不訂什麼規矩，不過，請大家隨意入座，同時我繼續自我陶醉於有趣的想法。此外，什麼美妙的事不能這樣半躺著做？這時你不會編織，不會縫紉，不會補襪子，更不會煮飯整理家裡；你不會照顧孩子，更不會去管理僕傭。不，不，你會閱讀，寫作（至少莎岡就是這樣），你思考，做白日夢，聊天，做愛。你會放任思緒漫遊，至少在這一刻鐘感到自由，完全屬於自己，就像後來躺在佛洛伊德的沙發上一樣。這種姿勢對周遭是一種暗示，告訴大家自己很忙，但不是無聊瑣碎的日常責任。而這也正是它的目的。畢竟沙龍裡的談話，用斯塔爾夫人的話來說，就是一種非常「不德國的方式」，一種毫無目的的藝術，忘記日常，忘記現實，將自己提升到一個更高的境界裡。朗布依埃夫人的沙龍以及她的後繼者，以這樣的原則深深影響文學及語言的發展，並產生新思想，最終導致革命的爆發。

或許雷卡米耶夫人和其他許多女性一樣，都對這一場動盪及未兌現的空頭支票感到失望。至少，在她那裡嚴格禁止談論政治，氣氛必須輕鬆愉快。至於嚴肅正經的事情，她與龐巴杜夫人，寧可寫信交流。特別是寫給斯塔爾夫人。就像今日朋友之間互傳簡訊，她們也會談及動亂與歐洲最新發展，交換巴黎的小道消息，以及個人的感情生活。雷卡米耶夫人半躺在她的沙發床上有多迷人，斯塔爾夫人顯然也相當清楚。有一次，她的一位情人正準備去巴黎待幾天，她寫信給雷卡米耶，說她相信她作為朋友一定會盡量不表現出自己的魅力與美貌。幾天後，她再度哀求她的朋友：「請妳讓他繼續愛我，不要愛上妳。」故事如何發展，我們不得而知。但可以確定的是，雷卡米耶夫人顯然在著名的政治學家亞歷克西・德・托克維爾與他的朋友面前毫不隱藏自己的美貌與魅力。當這些紳士來訪，她半躺在沙發床上，美麗明豔，不可方物。言談之間不時穿插幾句妙語，令身邊所有男士皆拜倒在她的石榴裙下。「我們都愛上她了，我們全都成了她的奴隸。」托克維爾曾如此寫道。這可是相當稀奇的事，在當時情形大半剛好相反。

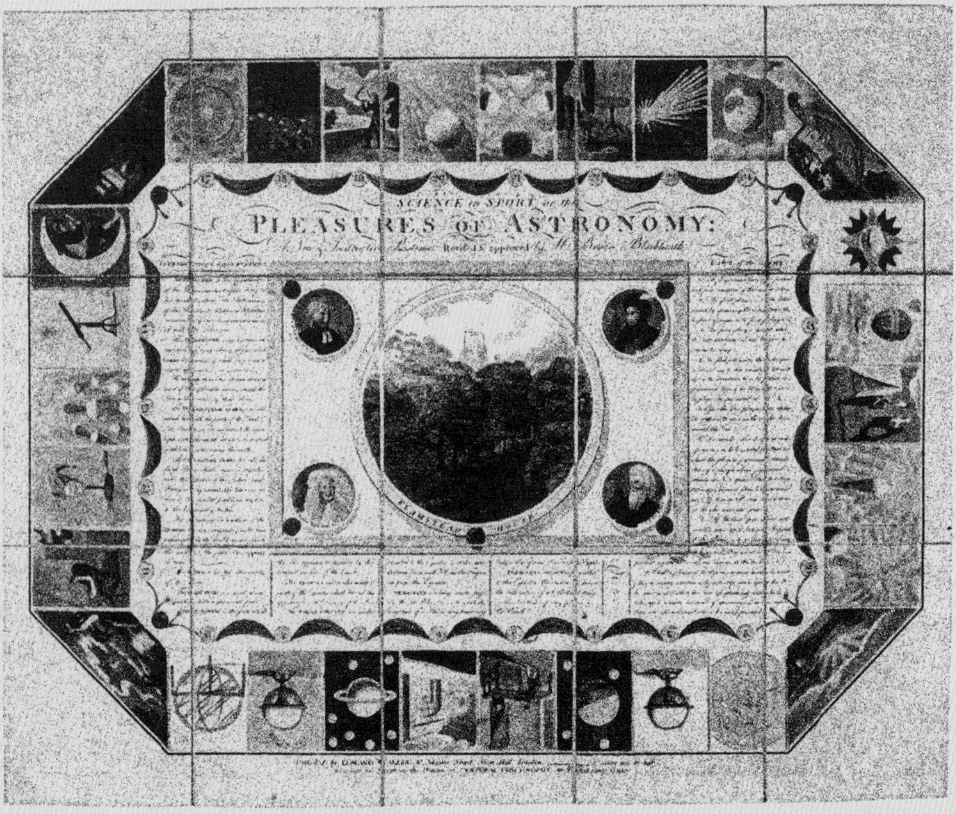
SCIENCE in SPORT, or the
PLEASURES OF ASTRONOMY:

在十七、十八世紀的法國，當人們要形容一個人腦袋有問題，或者很古怪時，通常會說他腦袋裡有四分之一個月亮。或者更精確一點：「她」腦袋裡有四分之一個月亮。因為被人視為古怪的人，通常都是女人。當時有一幅石版畫，題名「月亮對女人腦袋的影響」說明了一切：畫裡有五個女人，深夜在村莊廣場上跳舞，小弦月在她們頭上晃蕩著，彷彿這些女人只是他操控的木偶。畫面另一邊，則是喚不回她們的丈夫，女人看不見也聽不到（或不想），因為她們的思緒早已飄至遠方，在群星之間。唉，好吧，在月亮上。

早在許多女人開始研究占星，試圖從星象圖中找到人生發展的蛛絲馬跡之前，人們就已經認定，女人與月亮之間存在一種特殊的聯繫。據說遠在石器時代，人們便知道月亮週期與女性月經週期的關聯，並認為月亮能增進生育能力。古典時代稱「婦女病」為「月亮病」，之後人們還相信，女巫喜歡在月光下跳舞，認定她們與這個天體有特殊關係，這也使她們顯得神祕不可解。女人無常的天性，隨著月相變化多端，長久以來都是拒絕讓女人接受教育的一大託詞：她們受遙遠星球影響的小小脆弱心靈，再接受教育只會變得更加困惑，更加倉皇失措。不過從十七世紀開始，特別是在十八世紀，女人已經迎頭趕上，受過教育的女人成了新的類型。有人稱她們為「藍襪」*，也有人嘲笑她們，就像莫里哀的劇作《女學究》**。但這種變化基本上已經勢不可擋，不只是上流社會的女孩，就連一般平民少女幸運的話也能在村子裡的學校讀上幾年書，

34 遊戲：「天文學的樂趣」

西元一八一四年

至少學會基本的讀寫能力，而這也與之前提過的母親角色提升有關。畢竟，身為人生的第一位老師，母親最好還是不要完全沒受過教育比較好。這也是為何愈來愈多的資產階級，將女兒送進女子寄宿學校的主要原因。

在那裡，這些女孩能「以一筆合算的學費，得到有限的知識」，就如珍．奧斯汀小說《愛瑪》所描述的，受完教育女孩回家變成天才的風險，幾乎不可能發生，因為她們在那裡所受的教育，實際上只會教導她們順從。而奧斯汀自己從未上過女子寄宿學校，她對女子寄宿學校的看法，必定會引來附圖這款遊戲的作者天文學家暨教育學者瑪格麗特．布萊恩的駁斥，甚至可能覺得受到侮辱。畢竟，為了讓年輕女孩盡可能輕鬆地進入一個「不太女性」的新知識領域，她可是花了相當多的力氣。十八世紀末年，她同時在三所英國女子寄宿學校教授天文學，並且撰寫書籍，讓她的學生在對宇宙，以及對探索宇宙的新科技產生興趣時，能有參考書籍查閱。在她第一本著作《天文學概要授課講稿》的卷首插畫中，可以看到她及兩位小女兒圍坐在一張桌子，身旁全是天文學儀器，有望遠鏡、渾儀、指南針，她拿著筆寫下自己的觀察結果。這張圖相當特別，那個年代真正知名的女天文學家只有出生於德國的卡羅琳．赫歇爾，有趣的是，現在布萊恩這張卷首插畫就掛在赫歇爾的博物館裡。卡羅琳曾幫她哥哥威廉一起製作反射式望遠鏡，並意外共同發現天王星。這個發現使威廉成為英國皇家贊助的天文學家，卡羅琳也成了史上第一位有薪津可領的女天文學家。此後她自己又發現更多的彗星及恆星，但仍習慣貶抑自己的學問。她曾說過自己就像「一隻訓練有素的小狗」幫哥哥做事，這也使女人無法單獨對天文學或科學有任何貢獻的想法繼續維持下去。

只是布萊恩顯然不這麼想，她不是什麼重要的研究學者，也沒有任何值得一提的新發現，甚至根本也不是制度的反抗者。對於當時認為女孩應該纖弱、敏感、賢惠的說法，她也覺得有道理。她只是不明白，為何這些特質會使女人無法理解天上群星。附圖這款遊戲，知識的部分由她負責監訂（右上角寫著「布萊恩夫人認可批准」），在一八一四年左右於倫敦出版時，多少也證明了她的信念，即探索宇宙這件事應該開放給每個人，尤其是年輕女孩也該接觸。她的教學方式旨在盡可能以有趣的方式，傳授天文學知識給所有人理解，而不是只給特別具有數學天分的女孩。這個遊戲的贏家，必須在通過遊戲盤上三十五個欄位時，能夠說出如何正確組裝望遠鏡以及望遠鏡原理，要懂得月相，還要有耐心與毅力，畢竟這是所有研究的基礎；此外還要知道行星名稱，幾位知名的占星家，可以大略說出牛頓、哥白尼、托勒密的理論，但也要知道星座及其代表意義。當時占星學與天文學仍然屬於同一種學問，直到十九世紀末才漸漸分裂：一邊是需正經以待的科學，另一邊則是被嗤之以鼻的偽科學。或許，正因那些腦袋裡有四分之一月亮的女人開始對這些感興趣才出現這種演變，誰知道呢？

* 藍襪社（Blue Stockings Society）是十八世紀中期英格蘭的一個女性非正式組織，主要探討文學藝術和教育的意義。後衍生以藍襪（Bluestocking）指稱受過良好教育的女性，或意指才女。

**《女學究》（*Les Femmes savantes*）講述一個有三位高知識女子的家庭中所發生的擇偶故事，為一部喜劇。

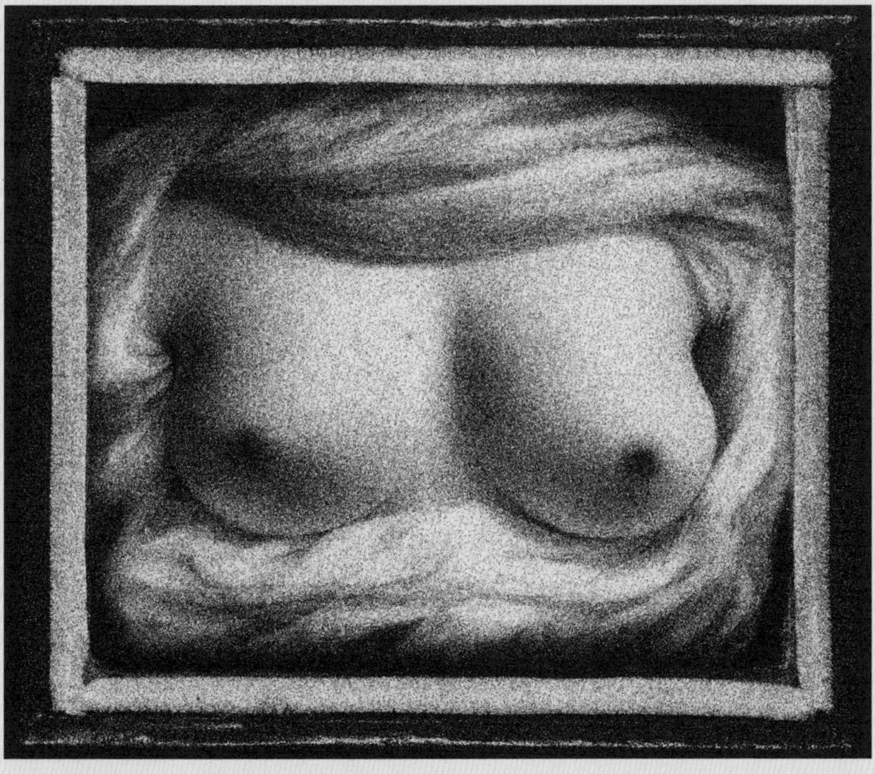

35

自畫像：「美之顯露」

西元一八二八年

今日如果有人突然想要幫你介紹對象，就算你知道對方是善意的，多少還是會覺得有點壓力。不過，一個人通常不會盲目相親，而是會先打探一些關於對方的消息，可以先瀏覽社交網站，知道對方長相，他對事物的想法（或至少他宣稱自己這麼想），以及他在公開場合的表現。但在十九世紀，相親的流程不太一樣：身為年輕女性，通常由家長陪伴，再透過媒人介紹給男方，鮮少有機會大致了解一下未來的另一半。就連男人也不是都能「真正」看到相親對象的面貌，而是必須仰賴其他人的描述。由於這個決定不只是關係到一個晚上，而是關乎一生，身為決定者，男人自然希望對將來日日要面對的臉孔有大致的了解，因此也喜歡請人為各個潛在的未來伴侶繪製肖像。

法國導演瑟琳·席安瑪所執導的電影《燃燒女子的畫像》，便將這種傳統描寫得入木三分：一位年輕女子需要一張畫像，當然要表現出最美好的一面，才能讓還不知道人在哪裡的未來夫婿愛上她的臉蛋。只是，這位頑固的女孩不想讓畫師畫她，她不想展現自己，根本不想結婚，覺得這些拿著畫筆站在畫架後面的男人根本不認識她，也拒絕被繪製成典型的商品畫像。就這樣僵持著，直到一位女畫師來，畫出她心目中的自我形象，而不是那種眼光柔和，只夢想著丈夫、孩子、家庭的可愛小女人，而是一個複雜的人，一個真正的人。附圖這張名為「美之顯露」（Beaury Revealed）的胸部畫像，也訴說著類似的故事。它同樣表達出不想被壓抑在制式畫像的框架裡，而是希望觀畫者能看到肖像主人對自己的真實感受。這幅莎拉·古德里奇於一八二八年所繪製的「自畫像」，顯示出畫家對自己的胸部顯然非常滿意。與席安瑪片中女主角不一樣，她並不期待另一個女畫家以女性眼光描繪自己，而是自己動手：不畫臉，不畫肩膀，可能就從乳溝開始畫，以裸露的胸部呈現自我。而這胸部是如此立體，幾乎就要衝破畫布挺立而出，美麗豐潤，伴著粉紅色的乳頭，若放在Instagram上保證幾秒鐘就被系統刪除。

這幅六乘八公分大的水彩畫並非僅僅是一張用來炫耀自己美貌的自拍照，而是在為未來丈夫繪製肖像這種傳統背景下出現的。只是這個事件的另一個要角，一位名叫丹尼爾·韋伯斯特的男子，對自己的好運一無所知。莎拉·古德里奇在十九世紀初的波士頓（後來成為一個女權意識高漲的城市：當兩個女人住在一起，就會被稱為「波士頓婚姻」），已是一位成功的袖珍肖像畫家。她想與丹尼爾·韋伯斯特結婚，便用這種方式告訴他。當時，她與參議員韋伯斯特通信好幾年，當他第一任妻子去世後，她便想抓住這個機會，並透過這幅自畫像自薦為他下一任妻子的人選。袖珍肖像在當時非常流行，是一種可以將情人隨身攜帶的方式，就像後來人們會將家人的大頭照放在錢包裡一樣。不過，無論在當時或是現在，圖片上大多是臉，看不到身體，更不用提胸部。但古德里奇才不管這些，她的舉動勇敢且大膽：她根本沒等韋伯斯特向她求婚，而是自己主動提出；還有她展示給他看的部位，是他從未見過的，這也是在告訴他，自己不僅是個好女人，一位很厲害的袖珍肖像畫家，還是一個性感的人。

有趣的是，如同一般肖像畫，她也同樣將自己的乳房理想化了。當她畫下這幅自畫像時，她已經四十歲。若我們假設過去兩個世紀以來，女人衰老過程沒有發生任何重大改變，古德里奇作畫時，鏡子裡顯現出來的乳房不太可能像畫中那樣飽滿、紅潤與鮮嫩。只是她顯然夠聰明，知道自畫像跟魅惑的藝術一樣，與現實無關，而是你希望別人如何看你，以及你想讓別人相信什麼。在一個男性眼光——也就是將女人及女人的身體視作客體的男性眼光——在城市景觀中愈來愈重要的時代，理想女人形象出現在歐洲及美國各個街角，以及每個餅乾罐上看著你。不知不覺地，女人也開始觀看自己，而且是用自己喜歡的方式。這種方式非常先進，簡直到了令人難以置信的地步，別忘了當時女性的自我呈現仍被視為恬不知恥。韋伯斯特先生是否欣賞這種進步的表現，我們不得而知。不過他選擇別人結婚，而且還沒將古德里奇美麗的胸部肖像寄還給她，而是當成傳家之寶代代相傳，直到一九八〇年代交付佳士得拍賣。除此之外古德里奇還畫了兩幅自畫像，這兩回全都穿好衣服。

CONTENTS
NO. FIRST FOR AU GUST 1830
1830
CHARLOTTE BRONTE

36

勃朗特姊妹的袖珍書

西元一八三〇年左右

改編自露意莎・梅・奧爾柯特名著，由葛莉塔・潔薇執導的電影《她們》中，有一幕艾米在巴黎沮喪地說自己不畫畫了，決定結婚。她雖然有天分，但不是天才，天分不夠多的女人是無法生存的。「有哪些女人能躋身於天才俱樂部裡？」年輕的羅禮問，她毫不遲疑地回答：「勃朗特姊妹。」

的確，在一八六九年梅・奧爾柯特出版《小婦人》時，勃朗特三姊妹夏綠蒂、艾蜜莉、安妮已是少數被人稱為天才的女人，不，應該更貼切地說，根本是傳奇人物了。一方面她們相當年輕，《小婦人》出版前約莫十年，三人就已去世：先是艾蜜莉才三十歲，接著是安妮二十八歲，幾年後則是夏綠蒂，三十八歲。另一方面則是因為她們的作品：自一八四七年起，三人便以庫瑞爾・貝爾、艾利斯・貝爾、阿克頓・貝爾為筆名，發表了《簡愛》、《咆哮山莊》、《艾格妮絲・格雷》。在《簡愛》這部小說裡，生動地描寫出十九世紀興起的女家庭教師所受到的各種不合理對待，出版後幾乎是一夜之間就成了國際暢銷書，自一八四八年七月起，勃朗特姊妹聲名大噪。當時倫敦盛傳這三人其實只是同一個人，同一位作者，當然也一定是男人。為了澄清謠言及各種隨之而來的困擾，安妮及夏綠蒂卸下偽裝，出發前往首都。出版夏綠蒂小說的史密斯及伊爾德出版社很喜歡提起這段往事，說兩位「穿著樸素，臉色蒼白，一臉憂心忡忡的小姐」如何站在接待處等他，其中身材較圓潤，戴著眼鏡的那位，將一封寫給「庫瑞爾・貝爾」的信塞到他手中。「妳怎麼會有這封信？」他問她。「是你寄給我的。」夏綠蒂這麼回答。聽到這個回答男人必定露出古怪的表情：整間出版社最暢銷的作者竟然是個女人，而且還住在鄉下。

當時他一定與今日三姊妹的讀者有同樣的疑問：這幾位年輕女子，生長在墓園及約克郡連綿山丘之間，生活平靜無波，為何能寫出如此扣人心弦的小說？如此簡單，彷彿憑空出現。一個可能答案就藏在附圖這些勃朗特手足小時候一起製作的袖珍書裡。這些書的尺寸大約是二．五乘以五公分，火柴盒般大小，裡面以極小的印刷體字母寫滿整本書。書頁是包裹紙、裹炸魚薯片的紙、紙片和各種紙條（紙可不便宜！），上面寫滿了各種天馬行空的故事。現存二十本「袖珍書」，如今分別散布在英國勃朗特博物館、哈佛圖書館和一些私人收藏裡，絕大多數是夏綠蒂及弟弟布蘭威爾所製做。歷史上人們通常比較容易忽略名人的姊妹，例如愛麗絲．詹姆斯*或娜奈爾．莫札特**，但在勃朗特的例子裡，被忽略的卻是兄弟布蘭威爾。雖然家人首先是把希望放在他身上，只可惜他的才氣不敵酗酒之兇。雖然如此，他對三位姊妹的想像力及寫作能力的啟發扮演重要的角色，就像佩蒂．史密斯曾說過的：「布蘭威爾送給他的姊妹一種黑暗的浪漫，這也是他們共同創造的世界。」的確如此，三姊妹的世界並非在她們擔任老師及家庭教師之餘突然冒出來的，而是經年累月的書寫及講故事遊戲的結果，夏綠蒂及布蘭威爾則是遊戲主持人。

據說，這個遊戲是這樣開始的：幾年之內，四個孩子先是失去母親，然後又失去兩位姊姊，將她們安葬於房子旁邊的墓地之後，父親派翠克．勃朗特想為痛失親人黯淡無光的孩子點亮一盞燈。一天，他帶著一組錫偶回家，改變了一切：四個孩子各自拿了人偶，不僅為它們編出各種冒險故事，還為它們創造出一個名叫「玻璃小鎮聯邦」的世界。很可能四個孩子先是口頭講故事，當成遊戲，之後才把故事寫下來。

但順序也可能剛好相反。為他們的幻想留下紀錄的這些袖珍小書，是唯妙唯肖的雜誌，也就是夏綠蒂口中「世界上最好的出版品」，並命名為《布萊克伍德年輕人雜誌》，上面標註著雜誌主編為「天才CB」（The Genius CB）。裡面包含各式各樣的主題及故事，有「軍事會話」、詩歌、小說和實用指南，例如「管他什麼理由先生」的「如何弄鬈頭髮」。四個孩子必定花了很多時間共同在這個有著「淘氣上校」、「巴德船長」，以及夏綠蒂化身的「查爾斯・韋爾斯利勳爵」等等人物的奇幻世界裡，成功地遠離晦暗無光的現實生活。在後來發表的小說中，許多情節及元素都可以在裡面找到：例如《咆哮山莊》裡凱瑟琳窗前的那棵樹，或者《簡愛》裡失火的房子。有人說，這些據說曾有近百本的「袖珍書」，完整地保存著勃朗特全部的神祕世界。

夏綠蒂應該是第一位從這個幻想世界離開的人，並成功地說服兩位妹妹發表作品。而布蘭威爾卻可能從未真正走出他們一起創造的玻璃小鎮，並在《簡愛》出版意外大受好評後一年便去世了。當時，這本書被視為這個神祕家族絕妙非凡的驚人之作；對於《咆哮山莊》，批評家認為太過狂野、叛逆，人們說它「太沒品味」。一直要到數十年後，維吉尼亞・吳爾芙對這本堪稱史上最優美的小說讚不絕口，才糾正這種看法。一九一六年四月，吳爾芙在《泰晤士報文學增刊》上寫道：「她（艾蜜莉）所具的力量是最罕見的一種，可以讓生活擺脫它所倚賴的現實；寥寥幾筆便可形容出一張臉的神氣，根本無須肉體之存在；提及山丘曠野，便足以招風呼嘯，引雷轟鳴。」

* Alice James，美國作家，為小說家亨利・詹姆斯（Henry James）和哲學家暨心理學家威廉・詹姆斯（William James）的姐妹。

** Nannerl Mozart，現今為人熟知的音樂家莫札特的姊姊，同樣是音樂神童，但因性別未有相同的發展機會。

37 分析機

西元一八三四年

在十九世紀末二十世紀初，若有人問年輕小姐在做什麼，如何打發時間，除了「我打羽毛球」或「我擅長刺繡」之外，可能會得到一個少見，但偶爾還是會出現的答案：「我是『Computer』。」這不是什麼未來主義的笑話，也非預言著某一天人類將與電腦產生浪漫關係，像電影《雲端情人》那樣。不，這個回答是認真的，這裡的Computer，不是今日大家熟知的電腦，意思是「計算員」，一種職業。

歷史上第一批「Computer」不是今日人們坐在咖啡廳人手一台的金屬殼機器。她們年輕，非常聰明，反應異常敏捷且精確；她們穿著裙子，留著波浪般的鬈髮。總之，她們是女人，人們稱她們為Computer，計算員。今日當我們提到電腦史時，首先想到的，是美國某大城郊區某個車庫裡，臉上長滿青春痘的男孩。但若再往前回溯，一邊尋找女人身影，首先浮上大腦的，總是同一個名字：愛達．洛芙萊斯，十九世紀上半葉計算員先驅。一八一六年夏天，愛達的父親拜倫爵士因火山爆發，與朋友雪萊夫婦波西及瑪麗困在日內瓦湖畔的別墅，因而見證瑪麗創作出世界名著《科學怪人》。當時愛達才一歲，母親安娜貝爾害怕女兒會像前夫拜倫那樣狂放不羈，因此決定不教她前夫所擅長的藝術與文學，而是引導她進入一個不怎麼女性的學術領域——數學。據說，愛達十二歲最大的夢想就是製造飛行器，但她後來遇到數學家查爾斯．巴貝奇，並間接地參與他所設計的計算機。

這部計算機叫「分析機」（Analytical Engine）。附圖是這部機器的部分原型，也是今日電腦的雛型：一部機械計算機，配備計算器（附圖就是其元件），有記憶體，輸入及輸出端，操作方法差不多就像當時才剛發明不久，使用打孔卡的提花織機（Jacquard machine）那樣。根據巴貝奇的想法，計算結果還要有印表機可以列印出來，可惜這部機器一直沒有完成。按照設計，這部機器將會像房間那樣大，將近十九公尺寬，三公尺高，由蒸汽機提供動力。只可惜曾經支持巴貝奇之前設計的英國政府，認為這個設計太不切實際，因此不再信任他，也拒絕繼續提供經費，而這也是愛達．洛芙萊斯登上歷史舞台的時刻。當時，她替一位朋友將一篇關於巴貝奇「分析機」計畫的法文報導翻譯成英文，朋友知道她非常聰明，因此也請她順便發表一下個人意見，就這樣，愛達寫下一些極有遠見的評注。在注記中，她已預料到這個機器不僅僅「只」是解決計算問題，而是還能處理其他資料，前提是要能將資料以機器能夠理解的「語言」輸入：「如果我們可以將事物之間的關聯，以抽象數學式表達，再轉成符合機器運作機制的指令，這台機器的運用範圍就不再侷限於數字。」早在一八四〇年代，洛芙萊斯就用這句話描述出程式設計的基本原則。這也就是為何人們認為，她在當時便已預言電腦及電腦科學的興起。

不過在預言成真之前，「Computer」還不是機器，是人，而且通常是女人。例如，一位哈佛天文學教授就擁有這樣一群「人肉電腦」。根據傳說，這位姓皮克林的教授曾發怒大吼：「連我家的女僕都能做得更好！」接著就開除手下的男性成員，轉而僱用他口中那位女僕威廉敏娜．弗萊明。此後還有十幾位女性加入團隊，天天坐在哈佛大學天文台的頂層，分析玻璃鏡片上的天文攝影，人們稱她們為「哈佛計算員」，或者「皮克林的後宮」。數十年後的二次大戰期間，同樣也在美國，有一組由六名女性計算員組成的程式設計小組，為史上第一台通用型電腦，縮寫為ＥＮＩＡＣ的「電子數值積分計算機」祕密編寫程式。這座重量高達二十七噸的龐然大物，有一萬七千支真空管，每秒鐘可解答約五千條算式。後來，人們過一段好長的時間才意識到，原來照片中站在史上第一台電腦旁的女孩不像廣告中的「冰箱女孩」只是花瓶，而是這部龐然大物得以運行的關鍵人物。今日對大多數人來說，電腦和女人顯然不屬於同一個世界。但實際上在一九六〇年代，ＩＢＭ公司裡還是有許多女人坐在大型電腦前擔任「資深系統分析師」及程式設計的工作。當時，《柯夢波丹》雜誌曾有篇報導，認為這份工作對女性來說相當理想。報導中受訪的女程式設計師霍普博士輕鬆地解釋：「這就像計畫晚餐要吃什麼（……）程式設計師需要耐性並且要能掌握細節，女人天生就是寫程式的料。」這裡我們先不討論女人並不一定懂得如何計畫晚餐，也未必有耐性。重要的是，那些曾認為女人天生屬於廚房的人，某天突然發現，女人應該也不擅長處理數字問題。如今，程式設計主要是男人的職業，資訊科技的世界也是男人的世界，女人必須鼓起勇氣，才可能進入這一行業。至於最早提出程式設計概念的愛達·洛芙萊斯是一位女人，還有最初的「Computer」是女人，大家似乎全忘了。

AM I NOT A WOMAN & A SISTER
1838

在女性主義和廢奴主義的歷史上，一八五一年最重要的事件便是在俄亥俄州阿克倫婦女大會期間，有個女人，一位從奴隸身分解放的女人，有個奇妙的名字叫旅居者．真理（Sojourner Truth）*，臨時起意似地站上講台，發表了一篇慷慨激昂的演講：

「有人說，女人上馬車需要人協助，越過溝渠也要，且處處都要為她們保留最好的位置。我上馬車時，從來沒人幫過我，跨過泥坑時也沒有，更沒有人把最好的位置留給我。難道我不是女人嗎？你們看，看我這手臂！我犁地、播種、收割，從來沒有男人告訴我該怎麼做。難道我不是女人嗎？我像男人一樣工作，吃的也跟男人一樣多——假使我有足夠食物的話。我也跟男人一樣能忍受鞭打。難道我不是女人嗎？我生了十三個小孩，多在奴隸市場被賣掉，當我為他們哭泣，除了耶穌之外沒人聽到。難道我不是女人嗎？」

這番話贏得在場所有女人的熱烈掌聲，並以「我不是女人嗎？」（Ain't I a Woman）為題寫進歷史。這個提問關係到當時對女性的一種新興態度：自從人們將女人定義成柔弱的生物，並藉著新興市民階級的理想，將女人限制在家庭及廚房裡，便興起一種家長式的保護姿態：對待女性這種易碎的生物，人們必須殷勤以對。像是為她開門，幫忙穿大衣這類的紳士舉止可能就是在此一時期出現。不過，這種充滿照顧意味的新式禮儀行為並不適用於所有女性：黑人女性得到的最佳待遇不過是鄙夷，最糟的則是虐待，許多人腦袋裡還殘留著殖民式幻想中的性服從。「真理」的提問：我不也是一個女人，跟其他女人一樣？難道我不配受到紳士殷勤的對待？這種提問直指男人理論上的矛盾：我們應該更文明，更有禮貌，但不是對所有人？

38 反奴隸制硬幣

西元一八三八年

這樣的心態稱得上真誠嗎？這裡有一點或許我們該知道，這提問聽起來雖然鏗鏘有力，但實際上我們並不清楚，「真理」是否真的在講台上重複這個魔咒般的問句。當她上台時手上沒有講稿，而且臉上也沒眼鏡，她不識字，也不會寫字，她的演講完全是即興發揮。因此，流傳後世的講稿是其他人記錄的，有兩個不同版本：一個版本有著名的問句，一個版本沒有。其中一個在演講之後便流傳出來，那是她一位朋友，同樣是廢奴主義同志馬庫斯・羅賓遜的紀錄，裡面並沒有「我不是女人嗎？」這句話。另一個版本，也就是上文所引述的版本，幾乎在所有女性主義經典選集中可以讀到的版本，卻是在演講後十二年才出版。

當時，這句話早已透過像附圖這枚一八三〇年代所鑄造的錢幣廣為流傳。這句話在廢奴主義圈中很有名，也是反奴隸制硬幣男人版的衍生品。男人版硬幣上就是一個戴著鎖鏈跪著的男人，對所有啟蒙美好的理想及所有人權宣言條款提問：「我不是人，不是兄弟嗎？」說好的博愛難道不包括我在內？難道我不屬於人權宣言裡所說的人？這些硬幣在美國與英國之間流通，是反奴隸制運動的一部分。這個運動也有許多女人加入，特別是在英國，女人很早便參加抗爭行動：例如在一八二五年左右，前身為「伯明罕女性黑奴救助協會」的「伯明罕婦女協會」成員便縫製手提包，裝滿了宣傳單及宣言到處發送。絲綢做的手提包正面繡像是一個女人，一個正在餵小孩吃飯的奴隸，用意是希望用這幅畫打動人心。就像不久之前，亞歷山達莉亞・奧卡西歐－寇提茲穿著印有她政治宣言的衣服（「向富人徵稅」），出席紐約大都會藝術博物館慈善晚宴，當時的女人也提著她們的「宣言提包」進劇院或參加晚宴。有些人抵制以蓄奴者農場原料所製作的糖，有些人則將含有強烈政治意味的胸章別在頭髮上，綁在手鐲戴在手腕上，或者到處分送像附圖顯示的錢幣。

對許多加入像美國反奴隸制協會這類團體的美國女性來說，那裡是她們首度能公開演講，而且可以為家庭以外的事物挺身而出的地方，投身反對奴隸制度運動，也成了她們日後為女權發聲的契機。有些人在為他人的不自由感到極端憤慨時，容易忘記自己的不自由，並美化自己的生活，且不自覺地以高高在上的態度睥睨他人。有些人宣稱女奴隸不具備自我解放的能力，因此忽視部分早已存在的努力與反抗——但這當然不是故意的。只是當她們參與的時間愈長，便愈清楚，對待奴隸及女人的方式是出自類似的意識形態和思想結構：她們不僅要幫助女奴從奴隸制度中解放出來，也要自我解放（特別是婚姻制度，早在十七世紀瑪麗．沃斯通克拉夫特就將婚姻視為奴隸制度的一種形式）。值得注意的是，最早一批推動女性參政運動者，大多也是廢奴主義者。正因如此，當我們看到當時興起的女權運動，在一百年後竟然搖身一變成為純白人的活動，對種族主義不聞不問，也是相當令人惱火的一件事。在「真理」的時代，人們看不到分裂成黑人女性主義與白人女性主義的端倪，人們仍將兩者視為一體：「如果上帝創造的第一個女人，強大到能獨立將世界搞得天翻地覆，只要我們大家團結起來，必能再將世界翻轉過來。」「真理」這麼說，「所以，我們現在既然已經提出要求，男人最好別再擋路了。」

＊ Sojourner是旅居者，Truth為真理之意，此處特採意譯。

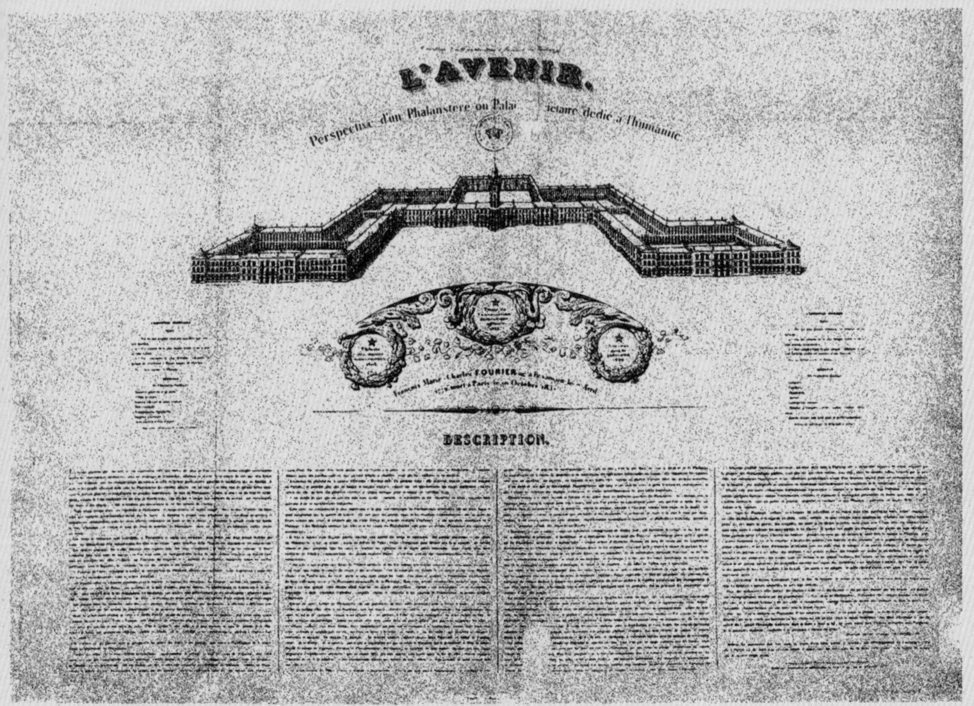
L'AVENIR.
Perspective d'un Phalanstère ou Pala
ietaire dédié à l'humanité.
FOURIER
DESCRIPTION.

39 石版印刷：《未來：法倫斯泰爾的視角，或一座給全人類的社會宮殿》

西元一八四〇年

人們總喜歡說，十九世紀是女性主義覺醒的時代。雖然有資產階級創造出「家庭主婦」這種新女性典範，醫學上也出現女人無性欲的迷思，但歷史上頭一次不再只是單一女人個別為兩性平權抗爭，而是出現國際串聯。女人終於意識到，不能只是站在男人身邊一起爭人權爭平權，男人總是有辦法巧妙地將女人排除在平等博愛的範圍之外，繼續將女人當成次等公民。或者就像畫家高更的外祖母，社會主義作家芙蘿拉．崔斯坦曾說過的：「一個受壓迫的男人還是可以找到壓迫的對象——他妻子。她是無產階級中的無產階級。」正是這份認知，造就了女性主義的誕生，並與剛萌芽的社會主義手牽手，一同反抗不義的權力結構：父權資本主義。

不過，「女性主義」這個詞到底是誰發明的？有人說，發明者是一個男人，他同時也發明「法倫斯泰爾」（Phalanstère）*這種建築及生活模式——像是特大號的凡爾賽宮，不過它不是君主制也非階級制的皇宮，而是社會主義式的自由概念，以及平等主義的殿堂。發明人叫夏爾．傅立葉，是當時最值得注意的烏托邦社會主義者。至於他是否真的是第一位，或者是第二位還是第三位說出女性主義一詞，或其實是女人先提出這個稱呼的，我們無從得知。但可以確定的是，傅立葉所提出這個足以裝下一個小城市的巨大建築夢想，在他去世後由他的學生印製成題名為《未來》的廣告傳單，明確地表達出烏托邦美好生活模式與女人為新社會地位抗爭息息相關：「女性自主之進步情況，決定了歷史時代的變遷（……）女性解放的程度是普遍解放程度的自然指標。」傅立葉這種想法在後世得到極大的回響：馬克思和恩格斯在《神聖家族》裡逐字引用傅立葉的想法；羅莎．盧森堡也喜歡引用這句話。就連今日的女性主義者，也常引用這段話，不厭其煩一遍又一遍地解釋：要是女人在社會裡處於被壓迫的弱勢地位，我們就不能說這個社會現代或是進步。不過傅立葉在世時，人們無法接受他的想法，少數看過他建築及社會烏托邦設計的人，並不認為他有遠見，而是將他當成瘋子，友善，但瘋瘋癲癲。

不過，不管怎樣他一定是個有趣的怪人：他的雙親開一家商店，他常常告訴上門的客人，這裡東西貴得離譜，應該去別的地方買，因而趕走不少客人。長大後他還夢想將海水變成汽水，人類有一天能在太陽上生活。不過，在那一天到來之前，他要先將我們生活的世界，從壓迫與充滿謊言，變成一個能愉快自由生活的地方。「法倫斯泰爾」，像是柯比意「房子機器」*的加強版，將會形成一種核心社會，傅立葉稱將這種社會命名為「和諧」。其中，我們必須重新思考生活中最重要的兩個範圍，也就是工作與愛情。他認為，人的生活安排應該按照個人偏好，而不是遵循資產階級以及初期資本主義規範而定。他主張，「法倫斯泰爾」的居民不應該每天都做同樣的工作，太無聊了！他們應該每天都嘗試新的工作，而且有權充分發展個人天賦。其中最重要的，對我們的主題來說也很重要，就是家事及種菜之事不能總是推給女人做。在《新的愛情世界》裡傅立葉這麼說：「如果我們愚蠢到將女人排除在醫學及學問之外，將她們侷限在廚房及鍋子之間，『和諧』就不可能出現。大自然賦予兩性同等的學術及藝術能力。」說得真好！數十年後，英國哲學家暨早期女性主義者約翰．史都華．彌爾也會在與妻子合著的《女性的從屬地位》寫下類似的話。不過，我們還是先回到傅立葉的主張。在十九世紀，認為女性與廚房之間具有「天生」關聯的想法更是盛行。要打破這種觀念，人們就要以平等的方式教育孩子：男孩必須發展個性中「女性」的一面，女孩則必須發展「男性」的一面。在當時那充滿男子氣概的時代，這簡直是一個全新且瘋狂的想法。

比較不新穎，但很少有男人會主張的意見，則是認為現代婚姻的傳統形式會阻礙女人的自我發展。這位單身漢認為，愛情這麼美好的東西之所以存在，不可能是為了浪費在婚姻這種乏味的事情上，他呼籲人們應該廢除將女人視作商品的婚姻制度。至於一夫一妻制在他眼裡根本就是愚蠢且自我欺騙的概念，只會帶來謊言與挫折，更該束之高閣，棄而不顧。與同代人相反，傅立葉顯然不相信女人天生性冷感，還提出極為風趣但顯然相當認真的「劈腿丈夫類型學」，來嘲笑男人比女人容易出軌是因為他「需要」的迷思，你知道的，男人的性衝動，天性等等說詞。

曾被人形容是盧梭及薩德侯爵混合體的傅立葉相信，如果人們生活更快樂，更自由，且愛其所愛，世界就會變得美好。遺憾的是，他的「法倫斯泰爾」，一棟應該發生生活及感情革命的建築，從未真正落實建造。唯一受它啟發興建的在法國古城吉斯的「大家庭」（*Le Familistère*）並不算成功。不過無論如何，傅立葉對工作對愛情的想法，啟發不少社會主義及女性主義的女性成員，為一個全新的社會秩序奮鬥，使這棟代表新世界的建築，不再只是理想主義者的紙上夢想。

* Phalanstère為結合Phalange（有志一同的一群人）與monastère（僧院）的組合字。

** House Machine 柯比意推崇機械美學理論，提出將房子視為「居住的機器」，期望能像現代機器，可以被迅速且系統化地製造，讓建築走向平民化。

LITHOGRAPHIE *L'AVENIR. PERSPECTIVE D'UN PHALANSTÈRE OU PALAIS SOCIÉTAIRE DE L'HUMANITÉ*, UM 1840

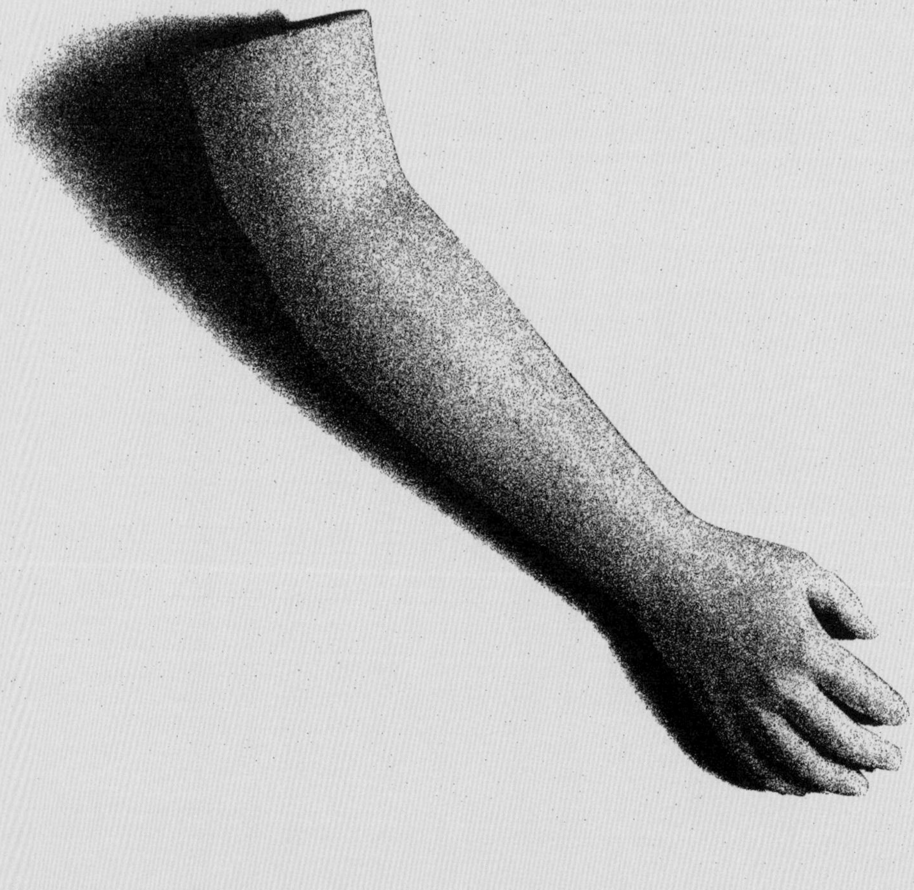

40 喬治·桑的右臂

西元一八四七年

十九世紀初期的女人，若想溫和地向丈夫傳達自己並不同意拿破崙「女人是男人的財產，就像果樹是園丁的財產」的觀點，以後也不希望再任聽擺布時，就會在家裡四處散放法國作家喬治·桑的小說。這位從一八三〇年代開始，以男性筆名寫出不少暢銷書的作家，喚醒那個時代的女性意識，並使法國、英國、德國、甚至美國和俄羅斯的男人頭痛不已。從一八三六年奧諾雷·杜米埃的諷刺漫畫中，可以看到一個沒穿褲子，襪子四處破洞的男人坐在正在讀書的妻子前，試圖捍衛男人最後的自尊與權力：「我才不管她是誰，妳那位桑夫人，都是她！阻撓女人幫丈夫縫補褲子破洞。不給我離婚的權利，就給我除掉那個女人！」

這些鼓動姊妹同志忘掉女人「義務」的小說，是《安蒂亞娜》、《蕾麗雅》、《小法黛特》以及《魔沼》，也是她用附圖中的手臂——右臂——寫成的。這手臂是她的女婿，也是雕塑家奧古斯特·克里桑覺所做，製作工序與他為蕭邦——喬治·桑情人中最負盛名的一位——製作左手一樣。今日，這兩件雕塑作品都在巴黎「浪漫生活博物館」的展示櫃裡並排展出，彷彿要以一種極為浪漫的方式，將天才定位在這兩個身體部位上：蕭邦的鋼琴演奏，喬治·桑的寫作，兩者都依賴手，只是影響大不相同。蕭邦以樂聲感動人心，喬治·桑則推動社會變化：就像幾年後她朋友古斯塔夫·福婁拜的「包法利現象」大為流行，首先像野火般蔓延的是「桑現象」。她鼓勵女人少做夢，多行動，對自己在世上的地位，以及性別角色分配提出質疑，或許找出一個更獨立，更自主的另類自身定位。與她同時代的亨利・詹姆斯就曾在一篇發表於美國報紙的文章說道，喬治・桑代表的是一種看待世界的態度，她的讀者，想透過閱讀她的書表達自己。如同今日有人喜歡提著某家書店的購書袋招搖過市，以展顯個人信念。閱讀喬治・桑，根據亨利・詹姆斯的說法，就像是一種無聲的宣言：「我是社會主義者，是超驗主義者，是廢奴主義者。」似乎像是在說自己很進步，也很摩登。

因為喬治・桑就是進步，就是摩登。她是不僅透過書寫，還透過個人不同凡響的生活方式啟發同世代人的作家：由於奧蘿爾・杜班（喬治・桑的原名）對婚姻生活感到厭倦，又經常出軌，在一八二〇年代便說服丈夫讓她每年一半的時間能獨自生活在巴黎。之後她以男性筆名喬治・桑成為作家，此筆名源自她的情夫之一，一位名叫桑多的先生。在她寫出本本暢銷的小說後，在一場轟動全國的訴訟官司中成功達到分居的目的。當時沒有離婚這種事，被拿破崙頒布的一部歧視女性的《法國民法典》廢除了。只是這對喬治・桑來說顯然一點都不構成妨礙，就像她也不會被礙手礙腳的女裝絆住。當時女人穿褲子走在街上是嚴格禁止且要受罰的，但喬治・桑還是設法拿到官方豁免。從此，她可以穿著男裝走在街上，到處閒逛，漫步街頭觀察眾生百態，而不被人關注。或者就像她在自傳《我的一生》中所寫道：「我走過整個巴黎，無論什麼天氣我都會出門，不管白天或是黑夜，沒人注意我，沒人知道我衣服底下藏著什麼。」在她較不知名的劇作《加百列》中，探討了性別角色的問題，裡頭的人物不當男人也不當女人，只想當個自由人，因此他／她半年裝扮成一種性別，半年裝扮成另一種性別，直到世界為了這樣的自由懲罰他／她。

奇怪的是，歷史上對喬治・桑的譴責，主要並不在於她異於尋常的生活方式，而是她所謂的女性嗜好。她曾與蕭邦在一起，又與劇作家阿爾弗雷德・德・繆塞有過一段轟轟烈烈的感情，然而在繆塞垂死之際，又與他的醫生偷歡，這些全是大家津津樂道的傳說，並造就她的盛名數十年不衰。但人們真正無法原諒她的，是件完全相反的事，是她的右手不僅寫小說且自由自在地調情做愛，竟然還喜歡煮果醬。在巴黎她是「喬治」，穿著褲裝在街道散步還抽菸斗，但在她位於諾昂的家，她可能比較像「奧蘿爾」。她喜歡招呼賓客，為她纖弱的友人福婁拜烹煮食物。俄國作家屠格涅夫在她家感覺如此自在，甚至跳起舞來。就連善妒的巴爾札克也常到她家作客。雖然他對「桑現象」相當不以為然，認為這風尚唆使全國各地毫無天分的女人開始寫作，但「喬治」又會寫小說又能勝任女主人的角色他倒是從未質疑過。顯然正是因為這個無法原諒的家庭主婦性格，使得喬治・桑在法國某天突然有了「諾昂好夫人」的綽號，並將她長期發落在膚淺、太過浪漫的女人文學一角。人們似乎忘記她曾掀動一場革命，寧願視她為可笑、親切的小女人。很顯然的，人們對她有個男人的名字卻不願意當「真正的男人」，而是用她有力的手捏造出的另類角色相當不滿：一個會煮果醬，會寫作，愛穿褲裝，還抽菸斗，有著毫無節制的愛情生活，以及浪漫但又自主的種種面貌，各種角色共存而不互斥的女人。

41

洗衣槌

西元一八五〇年代

深受母權社會影響的凱爾特族傳說中，最著名也最可怕的人物之一莫過於「夜間洗衣婦」了。除了這個名稱之外，人們也稱她「白衣女子」或「夜間歌者」，根據傳說，她會在入夜或深夜時分在大洗衣池現身，至今每個布列塔尼村莊的中心仍留有這種大洗衣池。月光下走過花崗岩洗衣池的男子，若看到穿著白衣的年輕女子站在那裡，就應該立刻轉身走開。否則女子會向他求救，說自己需要一雙強壯的手臂，幫她擰乾衣服；還說自己柔弱無助，不過這當然是謊言。或者就像喬治．桑所說：「小心不要打擾她，也不要盯著她看。就算你是兩公尺高，身體健壯的大男人，她也可以抓住你，將你甩到水池裡，且像擰襪子一樣輕鬆扭斷你的脖子。」

大家都知道喬治．桑對溪流、荒野等類各種神祕地方有著濃厚的興趣，並且熱愛鄉野傳奇。她曾寫過自己「經常聽見夜間洗衣婦的搥打聲」，或許她所聽到的聲音，就是用附圖這樣的洗衣槌敲打的吧，畢竟這是所有鄉村婦女人手一把的基本裝備。不過夜間洗衣婦的傳說，對她們並不友善：當時的人認為，夜間洗衣婦其實是謀殺孩子或丈夫的「墮落」女人，因此，人們相信她得不到最後的安息。有人說，她在夜間清洗染上鮮血的被單，或者也可以說是想將自己的良心洗白，這也是為何人們總是在夜間洗衣池畔遇到她。不過，還有另一種解釋，認為拿著洗衣槌的洗衣婦在集體意識中是相當可怕的形象：直到十九世紀末二十世紀初，也就是在第一台非電氣化的洗衣機器——木製或金屬製的古怪洗衣桶——尚未普及之前，洗衣池是女人社交的重要場所，也是鄉村裡少數屬於女人的公開場所。除了市場、墓園、教堂是性別混和場所之外，其他公共空間都是男女有別：餐館及咖啡館屬於男人，噴泉、小溪、洗衣池則是女人的。早在古典時期，噴泉就是女人唯一外出的目的地，但她們不可以停留在噴泉邊。幾個世紀以後，為了洗滌衣物終於有好理由能在水邊停留一、二個小時。想聊天，男人可以去酒館，女人則去洗衣服。一星期至少一次。雖然比不上喝杯啤酒輕鬆，但至少她們可以不受干擾地談天說地。

她們跪在池邊，將預先浸泡的衣物放入水中，再提起放在洗衣版上，用刷子用力刷掉污漬，或者拿著像附圖的木槌用力槌打。這把木槌來自法國羅亞河地區，上面有樹與花的雕飾，其他洗衣槌則有彩繪裝飾，有些還會刻上短句。或許，擁有這樣一把特別漂亮的洗衣槌，是貧困生活中的富裕標誌。或許，一般只會使用樸素的洗衣槌，漂亮的則是拿來釘在牆上做為裝飾。無論如何，大家坐在水邊聊天，聊鄰居，八卦一下自甘墮落的少女都彭，還有跟麵包師女兒私奔的馬童。除了道人長短，也說自己。說自己的夢想、憂慮以及恐懼，也說說不成材的丈夫，說不想要但還是懷孕了，說流產、被毆打及缺錢的憂慮。有時，髒衣服也會說話。血漬洩漏出這個或那個祕密，或者至少讓人聯想到某些事，這也是為何幾乎世界各地都有類似「在公共場合洗髒衣服」*的俗語：髒衣服能透露出許多私密之事，雖然令人不快，有時卻有益。不必說什麼，大家心照不宣，必要時候，髒衣服的確也能發揮助益。

人們常說，洗衣機的發明解放女人，給她們更多時間做別的事，不必再到村子裡跟其他女人一起跪在池邊辛苦地洗衣服。這種說法當然也有道理。只是，這樣一來，至少對一些特定社會階層的女人來說，便被隔離開了。突然之間，她們只能獨自站在嶄新的洗衣機前，身旁再沒有人可以一起說笑或交換祕密。公共場域不再有她們「說長道短」的空間，很多人覺得這樣很好，特別是男人，對他們來說，女人總是太長舌了一點。只是如此一來，女人也失去一個姊妹聯絡感情、同心協力的空間了。當她需要別人的建議或想求助時，得自己主動出去尋找。這需要更多的勇氣與毅力，不難想像，做到的人不多。

在了解洗衣池的社會意義後，我們回頭再看夜間洗衣婦的傳說，以及那把充滿威嚇意味的洗衣槌，便出現另外一種詮釋的可能：這個傳說主要不是針對「壞女人」，而是男人對這個純女人空間的懼怕。就算真有夜間洗衣婦好了，她會出現在這個場所並不是因為她想找男人報復，而是因為這裡是少數能讓她感到安全與被理解的地方，少數完完全全屬於姊妹的地方。

＊ 德語、西語、法語、英語等語言都有類似的譬喻俗語，意思接近中文裡的「家醜外揚」。此處作者則反轉觀點，認為這也是當時婦女調節身心的方式。

若這本書不想以一百件物品，而只以兩件物品來講述女人的歷史，書裡就會出現紡錘及縫紉針。若想描繪出一幅最能代表女人及其生活的圖像，從古典時代至十九世紀末年幾乎都能適用，就應該如下所述：一個或多個女人坐在房間或後院，手裡拿著紡錘或正忙著縫紉。織布縫紉這類工作一直與女人連在一起，甚至在語言上也分不開：自十六世紀起，英國人便以「紡織女」(spinster)一詞來指稱單身未嫁的大齡女子，因為對這些女人來說，紡織是最可能養活自己的維生方式。

至少到十九世紀初年都是如此。之後風向就變了，畢竟十八世紀不只是在政治上掀起風起雲湧的革命，工業技術革命也帶來巨大的變化。突然間，機器出現了，接手女人數百年來在家的工作，而且做得更快還可能更好，就像「珍妮紡紗機」使得紡織女變得多餘。當時許多女人因此失去工作，但同時也有許多女人找到工作，只是她們不再待在家裡，而是到工廠工作。新的工作環境以及即將出現的大量生產方式，給歐洲婦女帶來的影響有好有壞。好處是從此她們可以離開家庭，與一群陌生人一起度過白天，接觸不同信仰、不同性別、不同背景、不同想法的人，能拓展她們的知識視野。壞處則有兩方面：一方面她們受到上司的控制及擺布，他們將下屬視為財產，與機器無異；另一方面，在新出現的工人世界裡，女工更是次等階級，所有單調無聊惹人嫌惡的工作，全都留給女人，酬勞卻是不成比例地低。她們也不能參加工會，因為男人不想她們加入。

42 勝家縫紉機

西元一八五一年

以上是革命世紀上半葉的狀況，下半葉則多了個機器，也就是附圖中「勝家縫紉機」的原始專利模型，一架徹底改變一些女人生活的機器。但在這之前，在勝家席捲歐美市場，成為婦女家中的最佳良伴之前，還引起一場小小的戰爭：一群男人為了誰是縫紉機之王的頭銜爭吵不休，到底是發明這架機器的人，還是發明各部零件的人。事件演變成史上所謂的「縫紉機之戰」，這可不是開玩笑的。最終，這些男人終於達成共享專利的協議，勝家也終於能在一八五一年邁出成功的第一步。當時成衣開始大量生產，需要很多很多的裁縫，許多紡織女工因此進入所謂的「血汗工廠」裡。若《紐約先驅報》沒說謊，當時紡織廠的工作條件與今日生產所謂「快時尚」（Fast Fashion）的工廠環境一樣惡劣。或者，用當時談論這些紡織女工的話來說：「我們不知道有哪類女性工作，工資比她們更差，工作條件更困難簡陋，更令人難以忍受。」因此當時的女人必定對這架原始版的縫紉機趨之若鶩，有了它，她們不僅可以不必再去血汗工廠（儘管依然存在），還能賺更多錢。至少當時勝家的廣告宣稱，只要擁有它「每年可以賺到一千美元」，何況不只省錢，還可以省時間。使用這架新機器，縫製衣服的速度約是手工縫製的三倍，如此一來在工作之餘婦女還能做些別的事，這根本就是奢侈，也解釋了這架機器為何如此成功。特別是當時公司銷售策略相當聰明，完全針對女性，讓她們有首次受到關注，機器完全是為了她們而存在的感受。打著「由製造商直接賣給家庭主婦」的廣告詞，銷售時連帶提供訓練課程，勝家技術人員專程到府與縫紉機的主人——也就是主婦——進行交流。

這在當時必定引起一些男人的不滿，「都已經娶了妻子，幹嘛還要買一台縫紉機？」這可能是男人圈裡流行的說法，甚至還有人指責艾薩克・勝家「一下子帶走能讓女人長時間保持安靜的唯一方法」。這就完全扭曲他的意圖了，畢竟這個發明縫紉機的男人完全不是女性主義者。還有一些男人，多半是醫生，主張女人本來就不該與機器有任何關係，因此也對女性的道德狀態充滿憂慮。他們認為「這種需要持續不斷動作（踏板上的腳）的物體，會導致歇斯底里的譫妄症」，另一些人則主張這種動作「會導致強烈的性快感，令女人不得不中斷工作，用沾冷水的毛巾擦拭身體」。不過，這台機器帶給男人的恐懼，不久就消退了，這台縫紉機一躍而成「最佳結婚禮物」，每位時髦女性的居家必備品。因為「勝家」與「珍妮紡紗機」不一樣，它將女人帶回家，成為理想的母親與家庭主婦，因此很難斷定這個物品是使女人的從屬地位更加穩固，還是因有了賺錢及施展創意的可能，而使女人更為自由。但它至少使女人感到自己與現代社會之間的特殊關係，並且推動社會進步。或者，就像一位法國作家回顧這段歷史時所說：「這部專為女人所設計的機器，賦予她們掌握家庭的至高權力。在男人還騎著馬開著車，大搖大擺耀武揚威時，二十世紀已經選擇站在女人這一邊。」

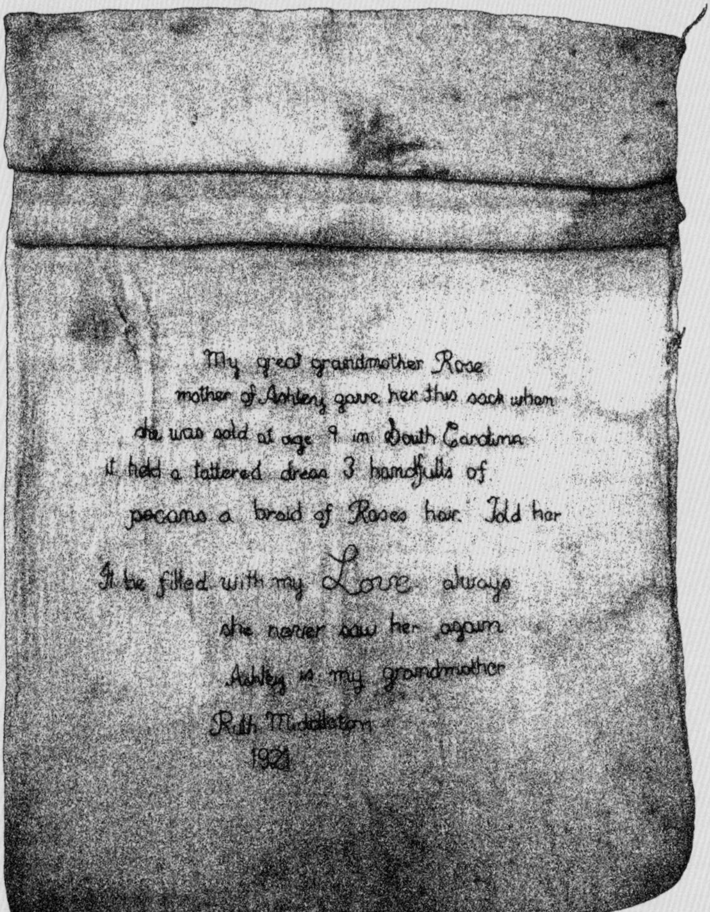
My great grandmother Rose
mother of Ashley gave her this sack when
she was sold at age 9 in South Carolina
it held a tattered dress 3 handfulls of
pecans a braid of Roses hair. Told her
It be filled with my Love always
she never saw her again
Ashley is my grandmother
Ruth Middleton
1921

43 艾緒莉的布包

西元一八五二年／一九二一年

這本書介紹的所有物品當中，最感人的，很可能就是附圖這個「艾緒莉的布包」。這個布包現存於南卡羅萊納州查爾斯頓市的米德爾頓莊園，這裡從前是種植棉花的農場，現在變成博物館。在「艾緒莉的布包」的展示櫃中，旁邊總會放著一盒面紙，因為很少訪客能夠站在它面前而不流淚。此物件出借給史密森尼國家非裔美國人歷史和文化博物館在華盛頓特區展出五年期間，有人說，在所有感人的豐富歷史展品中，這個布包最令人心碎。

「艾緒莉的布包」大小是八十三乘以四十公分，以棉布裁製而成，二〇〇七年夾在各種布料間出現在納許維爾一處跳蚤市場上。它是獨一無二的，因為它以一種私密且極為有力的方式展現出美國奴隸買賣最殘忍的一面：拆散家庭，特別是將母親及孩子分開。如同布包上的繡字：

「我的外曾祖母蘿絲，也是
艾緒莉之母給了她這個布包
在她九歲被賣到南卡羅萊納時
內有一件衣服、三把胡桃、一綹蘿絲的頭髮
她說，裡面永遠裝滿我的愛
她再也沒見過她
艾緒莉是我外婆

茹思．米德爾頓，一九二一年」

據推測應是在一八五二年的冬天，文中這位蘿絲感到女兒艾緒莉可能很快就會離開她。因她的主人羅伯特．馬丁剛剛過世，所有他名下的奴隸都忐忑不安，因為這代表主人的財產，包括奴隸在內，都會被重新分配。繼承人會以抽籤的方式決定接收哪些奴隸，或者送上市場拍賣，一家人想要繼續生活在一起的可能性微乎其微。就像二〇一八年川普在美墨邊境實施的「零容忍」政策拆散許多家庭，許多人至今仍然找不到家人。二百多年前的美國奴隸買賣，拆散了成千上萬的家庭：據估計，至少有四分之一的兒童被迫離開父親或母親，甚至離開雙親獨自生活，而且大部分是永久分離。這種恐懼必定緊緊伴隨於生活之中，許多奴隸主人都拿它來做為威嚇的手段，特別對於女兒，這種恐懼更加強烈。這也是東妮．莫里森《寵兒》一書中，為何女黑奴塞絲會做出不可思議的決定，親手殺死她仍在襁褓中的小女兒，以免繼續步入女黑奴的命運。而這也是現實生活中，許多女黑奴會做出的決定。要對生命多絕望，預知的命運多坎坷崎嶇，才會逼迫人做出這樣殘忍的決定？在那個時代，非裔美國婦女被視為驢馬，就像人類學家柔拉．涅爾．荷絲頓所寫道，人們虐待她們成為性奴隸，充當主人後代的奶媽，強迫她們生小孩，好列入男主人或女主人名下的人力財產，像得到一塊新土地一樣。如果可以拿這些小孩來換新種籽或一件漂亮的衣服，他們也會毫不猶豫拿去交換。

不幸的是，女奴的歷史就像歷史上常發生的情況，缺乏一手資料。除了哈麗葉特．雅各布斯的回憶錄《為了自由：一名女奴的奇蹟逃脫故事》之外，幾乎沒有任何女奴留下書面紀錄。他們大多既不識字更無法書寫，有讀寫能力的，也從來沒想過會有人對她們的經歷感興趣。一些能帶人一窺當時婦女生活的物品，也在時間的洪流裡消失殆盡。正因如此，附圖這個布包更顯重要，因它以一種安靜且個人的方式，敘述一段大歷史。因它展現出一位母親的力量，在恐懼及痛苦之中仍想辦法給女兒一些東西，一個能給女兒慰藉的小空間。她將所有能找到的一切放在一起：胡桃，這在當時非常珍貴；一綹頭髮，十九世紀最常見的紀念品；一件衣服，用來保暖。她給女兒這個袋子，就像未來的避難包，並象徵性地裝滿了愛與勇氣。至於布包上以咖啡色、粉紅色及綠色繡線繡上的短文，是艾緒莉的孫女茹思在幾十年後，也就是一九二一年繡上去的。不像蘿絲，也不像艾緒莉，茹思一出生就是自由身。而這個棉布做的布包顯然一直保存著，並在家族中連同布包背後的歷史傳承下去，成為聯繫著幾代女性的臍帶。茹思以這種方式記錄了外曾祖母與母親的故事，是家族個人歷史的記憶，也是大歷史的證物：一八六〇年代廢除黑奴制度後，美國各地報紙尋人啟事必定如雪片般飛來：丈夫探詢妻子的下落，兄弟找尋失散的姊妹，母親尋找孩子。他們描述最後一次見面的地點，在哪個市場賣給不同的主人，並請求提供更多的消息。例如一位名叫伊莉莎白・威廉斯的女人，就在一則尋找她四個孩子的啟事上寫著：「她再也沒見過上面提到的四個孩子。若能提供任何消息與線索，這位多年遭受奴隸制度殘酷摧殘，卻仍保存著對孩子的愛的母親，必將獻上由衷的感激。」她是否成功找到孩子，我們不知道。蘿絲與艾緒莉，就我們所知，再也沒見過彼此。

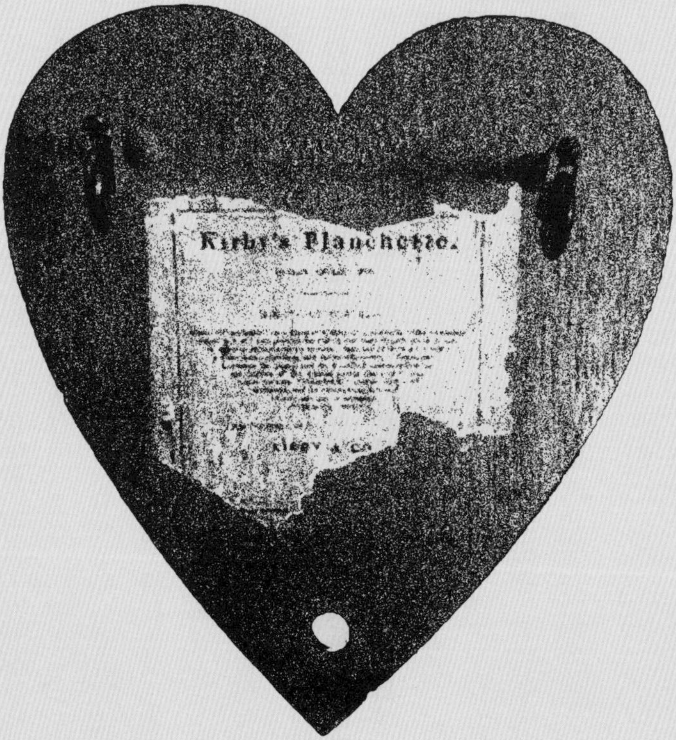
Kirby's Planchette.

乩板

西元一八五三年

在社會急遽變遷或者在不確定的年代裡，人們會去尋找另類的生活及思想方式，自古以來即為如此。今日市場上充斥著具有療癒能量的水晶，而在十九世紀下半葉大為流行的，則是類似附圖上的物件，也就是所謂的「乩板」。

它在一八五三年左右出現於法國，是一塊心型木板，下面裝有兩個小輪子，尖端的一側插著一枝筆，據說能用來與死者溝通。使用時可以單獨一人，也可兩人一起：將一根手指放在木板上等待，直到它像被一隻看不見手的推動，留下一則（通常無法辨識的）消息。這是一種神祕經驗，也是一種遊戲。一時之間捲起一陣風潮，人人競相湧向書店搶購。附圖這塊乩板是美國柯比公司出品，在一八六八年短短幾個月就賣出二十萬片，終於將二十餘年前兩名年輕美國小姐掀起的潮流商業化，變成一種社會現象——招魂術。

這種相信可以與死者溝通的信仰最早開始於紐約上州的海德村，由福克斯姊妹瑪姬與凱特在一八四〇年代發起。這裡是所謂的「過度覺醒區」*，自十九世紀初年便發展出一連串信仰及生活的另類模式，例如摩門教派等等。招魂術也是在這個背景下產生。只是一開始，這對姊妹只不過是玩了一場愚蠢的兒童遊戲，跟招魂術沒有半點關係。她們騙母親說，可以跟一個從前在她們房子裡被謀殺的男人交談，對方會以敲擊聲回答，一聲代表「是」，兩聲代表「不是」。結果鬼魂說了一堆人們無法驗證真假的話，很快地，大家也都相信了，先是鄰居，接著是整個地區。通常都是這樣，只要有足夠的人相信某件事，消息就會像野火蔓延開來，最後就連懷疑論者也不得不承認無風不起浪。或許，這對姊妹在不經意間碰觸到那個時代的罩門：大量科學新知的出現，以及生活方式急遽轉變，動搖了宗教定義下的生死觀，造成大眾心理的不安。而年輕人死亡率仍然高居不下，能與死者溝通的承諾給人心提供慰藉，這也解釋為何這個小把戲如此受歡迎。兩姊妹的大姊麗雅顯然很有生意頭腦，一八四八年夏天起，她帶著兩位「福克斯姊妹」公開表演「降神會」後，瑪姬與凱特成了家喻戶曉的名人，開始到美國各地巡迴表演。她們在紐約、華盛頓特區、費城、聖路易斯、哥倫布演出，並在無意間散播一種新學說，各處都有她們的信徒。以及許多模仿者。招魂者必定像雨後春筍一樣冒出來：因為突然之間，每個人都認為自己具有能跟彼岸亡者溝通的能力，只是先前受到壓抑而不自知。

有趣的是，這些新的靈媒大半是女人。招魂術如此女性，不只是因為發明者是女人，而是因為人們所認為的招魂能力本質就很女性化：敏感，脆弱，還要有高度的同理心。以及被動。畢竟實在沒人能長久忍受敲擊的方式，很快就開始讓鬼魂「附身說話」。對許多女人來說，這可是能暫時逃避現實的一擊安打：她們可以到處旅行，賺錢，且公開表演卻不會得到「輕浮女孩」的罵名。人們聆聽她說話，視她為另一個世界的傳聲筒。或者，就像著名的女性參政運動者伊麗莎白·史坦頓和蘇珊·B·安東尼在《女性參政權史》一書中所寫道：「世上唯一承認女性平等地位的宗教信仰就是招魂術了。」或許，兩位女士所領導的女權運動與招魂術在同一年的夏天誕生，並不是偶然。當福克斯姊妹在一八四八年七月敲著木板時，伊麗莎白與蘇珊坐在幾百公里外塞內卡瀑布城裡的一張桌子寫下她們的《感傷宣言》。這份她們與六十八名女性與三十二位男性共同簽署的宣言呼籲男女平等，是美國女權運動的濫觴。不過，這兩個團體在當時自然互不相識，而且乍看之下兩者之間也沒有任何關係。

兩位在政治運動上活耀的成熟女性，怎麼可能會跟兩位膽大包天的叛逆少女有任何關聯？是沒有，但也很多。因為就算不是所有女性參政運動者都是招魂術信徒，但是幾乎所有招魂術信徒都是女權運動者。因為招魂術的世界觀與女權運動有共通點，例如兩者都希望打破主流秩序及父權制度下的權力結構。這樣的想法表現在她們認為不再需要神父或牧師來解釋這個世界：透過像乩板這樣的物件，可以直接跟靈界溝通交流。此外，招魂術信徒與女性主義者都一樣反對奴隸制度，反對性暴力，反對母性天職說，反對數百年來教會及其代表者對女性的壓迫。曾有位知名的招魂術女信徒說過：「招魂術敲響了女性時代的鐘聲。」她說對了。沒有哪個信仰能像招魂術一樣，賦予這個世界的女性這樣大的力量，從藝術家、思想家到維多利亞時代的家庭主婦都是。

只是對它的發明者福克斯姊妹來說，招魂術並未真正帶來好運。歷經多年巡迴後，她們疲憊不堪地退出這門生意，年紀輕輕便去世了，孤獨，貧困，且無人記得。瑪姬生前曾想公開事實，在一八八八年的紐約音樂學院，最後一次被邀請去參加「降神會」，旨在澄清這一切都不過是個大笑話。她說，敲擊聲是她用腳敲響，也從來沒跟亡者說過話。但沒人相信她。與陰間的溝通管道及與其相關的世界觀太重要了，因此不能讓鬼魂就這樣離開。於是人們嘲笑瑪姬：「聽妳在鬼扯！」然後回到自己的乩板上。

＊ burned-over district，指的是美國一七九〇至一八四〇第二次宗教大覺醒時期，在紐約州西部出現的宗教狂熱現象。

45 土耳其提燈

西元一八五四年左右

二〇二〇年新冠疫情大爆發時，護士及護理師暫時擺脫無人重視的泥沼，成為鎂光燈下的焦點，在他們又被社會遺忘前，接受掌聲與讚美。一百五十多年前，英國也曾發生過類似的事情。當時也曾短暫出現一陣護理熱潮，特別是對一位在社會上掀起這陣熱潮的女人：佛羅倫斯．南丁格爾，也就是著名的「提燈女郎」(Lady with the lamp)。

「當大地籠罩在寂靜與黑暗之中，人們可以看到她手裡提著一盞小燈四處巡視。」《泰晤士報》一八五四年的報導，助長了南丁格爾神話在歐洲蔓延：「這些可憐的傢伙，一見到她內心馬上湧出一股感激之情。」在圖畫裡，南丁格爾總是帶著一盞小燈走在暗夜之中，事實上她應該就是帶著附圖這種叫Fanoos的土耳其提燈，在克里米亞的野戰醫院中巡視。一個提著燈的年輕女子，犧牲自己的睡眠時間照看傷兵的圖像，形塑出她在人們心中的形象，像個慈母一樣溫柔，是「克里米亞天使」或「眷顧天使」。總之就是天使：全心奉獻，只為他人而活的理想女人完美典範。但這其實不是事實。當然，她必定對傷患充滿關懷之情，會幫傷患寫長長的家書給親人，她也是首批注意到傷患情緒會影響復原狀態的人。只是，她也非常叛逆、固執，且以一種在她的時代相當罕見的嶄新方式追求權力：她母親經常沮喪地嘆息自己是否「生了隻野天鵝」，並對她想去醫院工作的願望提出異議。於是南丁格爾便偷偷到了德國，進入杜塞道夫的凱薩偉特醫院（今改名為南丁格爾醫院）學習護理專業。之後前往羅馬繼續進修，成為倫敦淑女病患照護所所長。一八五四年，在英國陸軍大臣西尼．赫伯特的請求下，與三十八名護士一起前往君士坦丁堡，照護克里米亞戰爭中受傷的英國士兵。

在十九世紀的英國要走上這樣一條路，不是靠溫柔親善就可以，特別是對一位來自上流社會的年輕女子。要能如此生活，之前必定有過一場艱辛的奮鬥。畢竟，在維多利亞時期的社會裡，上流社會淑女唯一的位置就是在待在家裡，至於要對社會有什麼影響，如果不是艾蜜莉或夏綠蒂．勃朗特，根本沒有希望。南丁格爾原本應該在沙龍、橋牌遊戲和茶會、舞會等等可怕的社交活動中度日，然後結婚生子。但她顯然不想過這樣的日子：「寧願去死，也不要坐在無聊的沙龍裡。」少女時期的她曾如此寫道，儘管出入她家沙龍的是像英國思想家查爾斯．達爾文或數學家愛達．洛芙萊斯這類的人，應該不可能太無聊。只是她想要的不是這些，而是當護士，這簡直就是醜聞。想照顧窮人或病患沒問題，也很正常，一位上流社會的女人可以熱心公益，但必須要有限度：不時帶點水果，一口白蘭地或者一床溫暖的棉被給需要幫助的人，但不可靠近醫院。在那裡工作的女人多數既貧又老，且據說除了給病人溫情之外，還會出賣自己的肉體，因此名聲並不好。「護士」聽起來就不像是年輕女孩的職業目標，而是窮途末路的終點站，至少到南丁格爾打破這個刻板印象前是如此。但從君士坦丁堡傳來的通訊報導，以及士兵寄給親人的家書中對她讚不絕口，再加上南丁格爾的母親過人的公關手腕，「提燈女郎」成了模範人物，是除了維多利亞女王之外，大英帝國中最富盛名的女性。新生兒及船隻紛紛以她命名，到處都可以買到南丁格爾小雕像，倫敦街頭分送小冊子，裡頭記述她的生平，甚至還出現稱頌她的歌曲：〈聽啊，戰士，關於溫柔的南丁格爾之傳說〉。據說就連女王都曾寫信給她，祝賀她「為家族帶來的榮譽」。

南丁格爾的確證明了女人絕對有影響社會的能力，只要人們允許她走出沙龍。克里米亞戰爭期間，在她接管斯庫塔利軍醫院後，引進各種照護措施，使傷兵的死亡率急遽下降。例如南丁格爾發現大多數士兵並不是死於傷口，而是死於軍醫院裡因衛生條件低劣染上的疾病。因此她與手下一群女護士開始實行一些新的衛生規範，惹得男醫生相當不滿：例如傷患從此都要洗澡，換上乾淨的衣服，食物必須有營養，房間及各種器械必須定期打掃清洗，室內必須通風，還有最重要的：一定要洗手。這對我們來說再平常不過的事，沒人會走進不遵守這些規矩的醫院，而這些規矩可說是到了南丁格爾才確立下來的。因此當時稱她為克里米亞戰爭的女英雄，相當名符其實，就連戰士都生活在她的庇蔭之下。從戰場回來後，她開設了一所護士學校，在接下來的數十年間，她的理念傳遍英國與整個歐洲。直到今日，她所寫的書仍被視為基礎教材，她的生日五月十二日也是國際護理日。

而且，誰知道呢？或許在新冠疫情的漫漫長夜裡，也有位護理師坐在燈前問自己：南丁格爾會怎麼做？

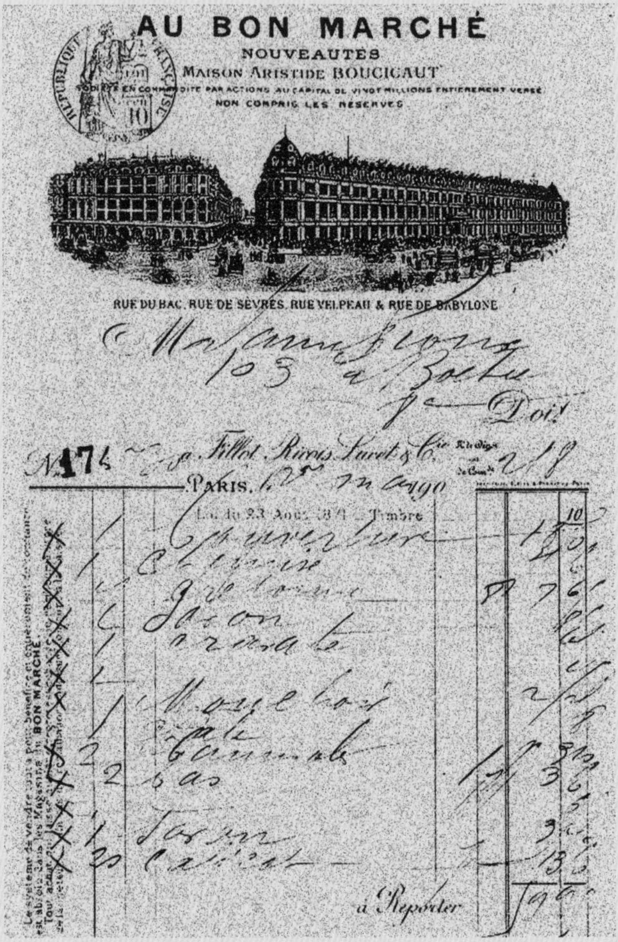
AU BON MARCHÉ
NOUVEAUTÉS
MAISON ARISTIDE BOUCICAUT
SOCIÉTÉ EN COMMANDITE PAR ACTIONS AU CAPITAL DE VINGT MILLIONS ENTIÈREMENT VERSÉ
NON COMPRIS LES RÉSERVES
RUE DU BAC, RUE DE SÈVRES, RUE VELPEAU & RUE DE BABYLONE
Madame ... 103 ... Doit
N° 17.. Fillot, Rivois, Laurent & Cie
PARIS, ... 1890
Loi du 23 Août 1871 Timbre
à Reporter

46

歐蓬馬歇百貨購物收據

西元一八六〇年代

在埃米爾・左拉名著《婦女樂園》開場幾頁便寫道：「在這個陰雨綿綿、黑沉沉且靜默的大城市，這個她陌生的巴黎，閃耀明亮的百貨公司就像一盞海上明燈，將城市中所有光亮及所有生活聚在一起。」對書中主角黛妮絲來說，百貨公司代表著十九世紀末的一切，它是展現現代性的舞台，也象徵著一個新時代的展開。在這個新時代，女人有了新的角色，也就是消費者。這段大眾消費興起，堆積如山的商品以及瘋狂消費，但同時也是購物大眾化的歷史，最好的例子莫過於巴黎經典百貨公司，也就是附圖這張記錄著「一條毯子」、「一件襯衫」、「一條領帶」、「兩雙襪子」，以及其他字跡難以辨識商品的購物收據之出處：樂蓬馬歇百貨公司，舊名為歐蓬馬歇，是歷史上第一家百貨公司。

隨著工業革命及全新生產技術的到來，商業形式及購買習慣也慢慢改變。人們開始往城市集中，居住在商店附近，並且願意花錢在從裡面購買從前通常自製而且可以用很久的東西。現在開始不是每隔幾年才有新貨，而是不斷推陳出新，這也是為何整個歐洲到處出現賣「新產品」的小商店。一八五二年，阿里斯蒂德・布西科和妻子瑪格麗特創辦歐蓬馬歇百貨公司時（兩人雕像至今仍矗立在百貨公司對面的廣場上），便是遵循這種不斷推陳出新的原則，不過除此之外他們還加上了全新的理念：商品不再只放在倉庫裡，而是拿出來展示。這也代表從此以後，顧客想看商品不必再依賴店主的好意，自己就可以隨意觸摸或試穿，不滿意或不合適放回去就好。進入百貨公司不必門票，不想買東西的也沒關係，可以只是走進來逛逛，感受一下商場的氣氛。這裡定期會有優惠，還有送貨到家的服務，有商品目錄，人們還可以郵購商品，以及參加一年好幾次的「本月居家織品」的活動。這個法文稱之為「大倉庫」(Grand Magasin)的百貨公司是消費文化的殿堂，或者就像左拉說的：「一座現代商業的大教堂，為顧客子民所建。」

今日，任何人走過位於巴黎第七區布西科廣場，在塞夫勒路街口及維普路穿過鑲金玻璃門，走過奶白色的通道，兩邊擺著各式皮包手提袋、帽子、珠寶飾品，來到建築物的中心，圍繞著各化妝品牌專櫃，抬頭望向著名的交錯手扶梯。站在那裡，看著身邊人來人往，帶著一絲奢華的嘈雜，空氣中全是香水及脂粉香味。在柔和的燈光下，可以想像當時這座百貨公司在一八七〇年代開幕時的盛況，多麼壯觀多麼摩登。特別是對當時的女人來說，該有多麼興奮多麼激動，這裡所有時髦奢華，這艘航向未來的旗艦，全都是為了她們而存在。這可是從來沒有的事。在此之前，唯一願意花點力氣去迎合(以及操控)女人的公共場所是教會。而像歐蓬馬歇、莎瑪麗丹、老佛爺這些百貨公司在大城市中創造了一個新空間，一個介於內與外之間的區間空間。在那裡女人可以在沒有丈夫的陪伴下停留玩樂，並發揮她們剛獲得的新能力：購買力。畢竟那個時代的夫人有了新職責，從前大多數的女人也會工作，將所得貢獻於家庭資金，而現在中上階級的女士進入經濟生活的分工：男人負責生產，女人負責消費，當時的意識形態大約如此。或者，就像一百年後美國藝術家芭芭拉・克魯格所說：「我購物故我在。」男人帶錢回家，女人則要懂得如何運用這筆錢，就像人們說的，她是「職業消費者」，消費變成她的工作，她的義務，消費變成一種女性標誌。買得愈多買得愈好，也就為家庭及丈夫帶來愈高的名望。直到今日我們還是能看到這樣的情況：男人以各種昂貴的衣服及包包裝扮年輕女子，以展現自己的經濟能力。

從這個角度來看，由歐蓬馬歇引領的百貨公司文化，就像其他在這個世紀的新發明，很難說它到底使女人得到解放，還是形成一種更為卑鄙的壓迫結構令女人臣服。一方面，大眾消費的興起以及幾乎全以女人為主角的廣告海報，使得女人在城市風景裡增加能見度並且也有了新意義。但另一方面，她們也因此更受到理想典型的箝制。她們成了被觀看的對象，所有的所做所為，都是為了被觀看而存在。只有一種女顧客，不想被看不想被觀察，就是新出現的商店女扒手。其實她們完全負擔得起，但仍然定期被商店警衛逮到，將手套、長襪、領帶或項鍊等商品藏在她們的大衣裡。過度強調及過度抬高消費女性的做法使許多女人昏了頭，她們偷竊不是為了生活所需，而是出於欲望。當時的精神科醫師對這種現象特別感興趣：隨著百貨公司的興起，同時也出現一種據說是只會發生在女性身上的全新病徵——偷竊癖。即是那些帶著琳琅滿目的物品從歐蓬馬歇離開，手上卻沒有一張像附圖那樣收據的女人，身上所背負的不幸。

47 殺死艾吉斯瑟斯

西元前五百年

如果有讀者感到困惑，為何在百貨公司收據以及廚房料理刀之間會出現一個古典時代的雙耳廣口壺，並懷疑這是個誤植。請放心，這完全正確。此處我們要談的，是首批考古學家及人類學家，在十九世紀開始探索人類史前史時，將父權思想「鼎盛期」的維多利亞時代標準，套用於過去歷史的解釋上。性別角色及分工不是一直如此，而是在某個時期被發明出來；並不是天生就該如此，而是人——男人——定下的規矩。對當時的學者來說，這種想法顯然荒謬可笑，完全無須考慮這種可能：男人一開始就大權在握，女人一直都是臣服於下，除了一些煩人的女性參政權者。雖然有點誇張，但他們的假設大概就是這樣，而且大家都同意，除了一個怪胎：約翰·雅各布·巴霍芬。

在十九世紀下半葉，這位瑞士歷史暨人類學家提出一個大膽的理論：他相信人類最初是母權體制（Matriarchy）。或許巴霍芬與之前提過的傅立葉相同，是個夢想家及瘋子，只是不像法國人傅立葉那般友善。傅立葉相信好建築，相信女性、平等以及人人性解放的黃金樂園，而巴霍芬那本名為《母權論》的著作並不像後世女性主義者所宣稱，想要藉此恢復女人的原初權力，而是要用來解釋，今日的我們是從如何（不）文明的泥淖中一步步走出來。儘管在他的理論裡從未出現今日英文Matriarchy（母權體制）一詞（當時他使用的是德文Mutterrecht母親權利或婦女支配體制Gynäkokratie），令學術同行驚愕的是，他宣稱女人真的曾經大權在握，她們被當成母親、女祭司及神祇崇拜，只是她們的統治出了大問題，以至於在某個時候男人出面接手，將世界從混亂及無統治者的狀態中拯救出來。根據他的說法，這樣的發展歷經三個階段：一開始是雜交，並無一夫一妻的婚姻制度，而是生活在一團混亂當中。所有人都可以跟任何人發生關係，無法確定父親是誰，因此女人就成了家族的首腦，而且只有女兒才可能繼承。由於這一階段男人可以隨心所欲撲倒女人，導致女人最後起身反抗，因此進入第二個階段：亞馬遜時期。女人團結起來變成女人幫，將男人完全排除在外，不過這種方式當然也無法持久。因此，巴霍芬說，這就來到第三階段，也是最完備的階段：一夫一妻制，定居並開始農耕。他認為就算到了這個時期，女人仍然握有大權，這可以從當時的女神像是狄蜜特*，也就是女人和土地的關聯看出來。只是這樣的情況並未持續太久。

「人類的歷史是由兩性戰爭決定的。」他這句話並沒有完全說錯。根據他的理論，到了某個階段，女人權力擴張過度，因此造成血腥衝突。附圖這個希臘雙耳廣口壺，雖然不是他在書中直接提到的物件（他在書中提到的大多都已佚失），但也相當類似。壺上所描繪的圖案，正代表著「逐步崩解」的母權體制，以及對抗「不公」起而反抗的父權體制。在這件典藏於維也納藝術史博物館的古董中，我們可以看到年輕的奧瑞斯提亞正殺死與母親通姦的情夫艾吉斯瑟斯。這幕猶如塔倫提諾電影裡血濺四方的場景，不難想像殺死艾吉斯瑟斯之後就該輪到母親了。奧瑞斯提亞犯下弒母天條，是為了替父親阿迦門農報仇。阿迦門農當然是被妻子克呂泰涅斯特拉與其情夫艾吉斯瑟斯聯手殺害，但讀者必須知道，在這之前：一、他將女兒伊妃基尼亞拿去獻祭，只為了祈求能在特洛伊戰爭勝利；二、他帶著卡珊德拉一起從戰場凱旋回國。這些細節在古希臘劇作家艾斯奇勒斯的劇作《奧瑞斯提亞》裡完全沒有提到，只將克呂泰涅斯特拉當成妖孽，是失控的母權體制化身，不惜犧牲一切也要保住飽受威脅的支配權力。最後，巴霍芬認為，弒母終結這一切，是父權體制血腥的勝利。這個有點瘋狂的理論最具獨創性的一點，即是他並不把希臘神話當成傳說，而是一種雖然有些扭曲，但大體符合史實的歷史書寫。

這個就學術而言很難成立的觀點，再加上對當時來說，主張女人曾經握有大權的想法簡直離經叛道，使得作者巴霍芬受到同事訕笑。但無論如何，他的想法還是找到一條出路：這種以傳說、信仰、直覺這類優美但無關緊要的東西為基底所形成的理論中，幾乎沒有哪一個像它一樣成功，就像曾經存在的母權社會一樣。大家都愛引用巴霍芬：社會主義者，尤其是恩格斯，國家社會主義者，反女性主義者，心理分析等等，特別是第二波女性主義代表人物。她們在一九六〇及七〇年代將巴霍芬對原始母權體制的想法解讀成女性可能擁有權力的一項證明，並將母權社會描繪成詩畫般的理想支配形式，人人生活在和平、自由戀愛，以及與自然和諧相處之中。至於巴霍芬是不是真的這麼想，其實也不怎麼重要了。無論人們將他視為夢想家，或是大男人主義者，他的理論提供了一條從前不可能出現的思想出路：父權體制並非上天注定唯一可能的制度。

＊ 狄蜜特為希臘神話中司掌農業、穀物和母性之愛的地母神。

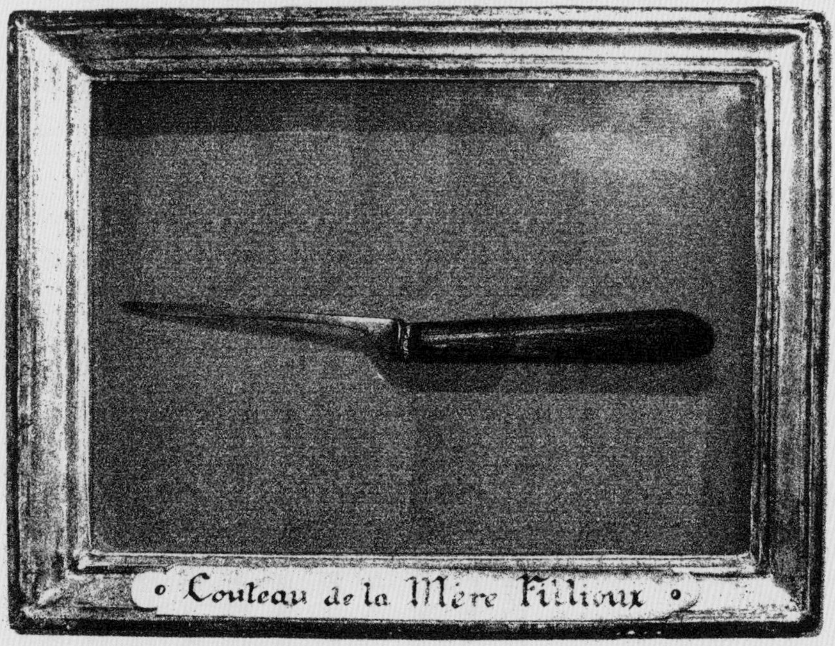
Couteau de la Mère Fillioux

48 菲露媽媽的廚房刀

西元十九世紀末年

法國名廚保羅・博古斯是「法國新料理」*領銜代表人物，曾在一九七〇年代某次訪談中誇誇其談，大放厥詞：「火，是男人的職業，那是火的魔法，是男人把它馴化。或者，就像我常對朋友說的，我不喜歡晚上睡在我旁邊的女人身上有廚房味。」這裡博古斯想要證明的，是數十年來普遍存在的觀點，認為女人雖然絕對屬於廚房，但，只是家裡的廚房。在大廚房，餐廳，精緻料理等等美食範疇，都沒有她們的位置。這種信念不只在歐洲，美國，甚至在亞洲也是。就像女人不可以進入壽司廚房，因為據說她們在經期間會因體溫升高破壞生魚的新鮮度。不過，這位被自己的大名或廚房鍋子冒出的蒸氣熏昏頭的博古斯先生，顯然忘記自己是在哪裡學習廚藝的：在一個女人的廚房裡，一位名叫歐珍妮・布哈吉耶的女士，人稱「布哈吉耶媽媽」。

一九三〇年代美食世界的名人布哈吉耶承繼了一項女性傳統，自十八世紀以來，女人塑造了里昂以及整個法國的美食景觀，最遲到了十九世紀下半葉，「里昂媽媽」席捲了整個美食圈。至於她們到底有多像媽媽，就不得而知了。儘管當時在法國，這個詞彙指稱所有開餐館的女人，因她們就像媽媽一樣餵飽客人。但在里昂，這個詞彙首次變成一種尊稱，用來指稱特別出色的女廚。首先「居伊媽媽」這位「媽媽中的媽媽」在十八世紀初創下先例，那也是歐洲愈來愈多女人撰寫烹飪書籍的時期，就像瑪麗亞・蘇菲亞・謝爾哈默所著的《手藝精湛的女廚們》，十九世紀初年最有聲望的名廚則是「布里古斯媽媽」。有趣的是，法國人也稱她「戀人的媽媽」。因為在她的餐廳裡，端上桌的里昂地區傳統的水煮魚丸並不是長條船型，而是兩顆圓弧形的丸子，每顆上面綴著一個小圓球。像兩個乳房，或者，像布里古斯媽媽店裡的人那樣狂妄，稱這道菜為「維納斯的乳頭」。絡繹不絕的客人從全國各地湧來，帶著一點羞赧，一點好玩的心理，來到這個餐廳分享一對乳房：在熱鬧的告別單身派對，或是充滿挑逗意味的第一次約會。

附圖這把鑲在畫框裡的料理刀，看起來就像雷內．馬格利特名畫〈這不是一根煙斗〉的美食版〈這不是一把刀〉。不過這把刀是屬於菲露夫人的，人們稱她「菲露媽媽」。她在布里古斯媽媽之後五十年開了第一家餐廳，成為里昂最知名的媽媽，也為里昂這座城市的威望帶來決定性的影響。二十世紀最著名的美食評論家科儂斯基稱里昂為「美食之都」，並認為菲露媽媽就像「福煦元帥、安那托爾．佛朗士，像吉卜齡，像查理．卓別林，或像蜜絲婷瑰**一樣知名。」在法國，人們喜歡稱菲露媽媽是「雞料理女王」，因為她將一道傳統的法國料理提升至完美的地步，簡直可以說是她的發明了：也就是寡婦雞（Poularde demi-deuil），法文字面意思即是半守寡的雞。這道名字優美的菜，是將一片片黑松露塞在雞皮下，再放進高湯熬煮，最後由於雞皮下的黑松露，使得整隻雞像披著一件黑白參差的外套，一半哀傷，一半快樂，而且顯然美味可口。從法國及全歐洲各地來的客人，來到「菲露媽媽」餐館都是為了經典套餐：松露湯、上述的寡婦雞、焗烤魚丸、朝鮮薊高湯佐鵝肝，以及淋上薄酒萊以及教皇新堡葡萄酒的巧克力冰淇淋。

據說，菲露媽媽多年來使用附圖這把刀，一共切開了近五十萬隻雞。就像一位訪客所報導：「菲露媽媽堅持親自為客人服務，這些客人包括許多文學界及政界名人顯貴，她總是在他們眼前用一把小廚房刀切開白肉雞。」葛楚・史坦的朋友愛麗絲・托克勒斯在她著名的《愛麗絲・托克拉斯烹飪書》中寫道：「菲露媽媽是位矮小結實的女人，緊緊裹著一件圍裙，手上拿著一把令人生畏的窄短刀。就是拿著這把刀，她一桌一桌俐落地將每隻雞切開。」在她去世後，布哈吉耶媽媽接手這道雞肉料理的傳統；布哈吉耶媽媽曾接受菲露媽媽訓練，之後又訓練出博古斯。就靠這道料理，布哈吉耶媽媽的餐廳在一九三三年拿到米其林六星的美譽。她不只是第一位女廚，也是第一位廚師得到如此佳績，比艾倫・杜卡斯***足足早了六十年。如果保羅・博古斯可以稱為法式料理之父，布哈吉耶媽媽絕對稱得上是法國餐館之母。如果諸位媽媽知道後來人們會將女人趕出美食廚房，而且還做出如此輕蔑的評論，或許當時就該揮著切開雞肉的料理刀，將男人通通趕出廚房。

* Nouvelle cuisine，注重保持食物原味、量少、精緻、注重擺盤的烹飪法，為其後半世紀的法式料理風格奠下基礎。

** 蜜絲婷瑰為法國十八、十九世紀之交著名的女星，前述的安那托爾・佛朗士和吉卜齡分別為一九二一和一九〇七年的諾貝爾文學獎得主。

*** Alain Ducasse，出生於法國西南部，在摩納哥、紐約、巴黎開設的餐廳都各獲得米其林指南的三星評價，被譽為「九星主廚」。

49

雷明頓打字機

西元一八七四年

若問與女性及歷史最相關的物件，大部分的人會想到附圖這個物件。你可以試試看，在晚宴問問在座人士哪件物品對女人生活改變最大，一半以上的人答案會是打字機。因為它為女人帶來新工作，也提供女人一種表達自己的新方式。

但真是如此？這個新發明出現的時間，大約與十九世紀下半葉出現在美國的縫紉機相同。而它的出現是否真的激勵女人記錄下自己的想法，頗令人懷疑。至少，在打字機剛發明的時候，並不希望女人能寫下個人想法，而是要她們能快速地記錄男人（也就是她們的上司）的絕思妙想。不過，這部機器也的確提供女人，特別是中上階級的女人，一個嶄新的賺錢機會，從而變得更加獨立。打字機的出現，使受過學校教育的女人在除了擔任家庭教師或學校老師之外，又多了一個全新的職業領域：秘書、速記員與辦公室職員。或者就像美國歷史學家丹尼爾·布斯汀曾寫道：「打字機（和電話）幫助女人走出廚房，進入職場的世界。」為何這麼說？答案很簡單，因為男人不想使用打字機。一八七四年美國製造商雷明頓推出這架造型優美，標價一百二十五美元的打字機時，根本乏人問津。大多數人認為收到一封不是寄信人親筆寫的信感覺已經非常怪異，更不用說要自己打出這樣一封信，這種想法令人不舒服。與預期相反，男性顧客對這台新奇的設備沒有趨之若鶩。據說只有馬克·吐溫立刻買下機器，並用這架「充滿未來感的書寫配件」寫下《湯姆歷險記》，這也是史上第一部利用打字機書寫出來的小說。這是則讓津津樂道的軼事，但對雷明頓沒什麼幫助。

於是行銷部門想到一個妙招：既然男人不喜歡，為何不讓女人——現代消費女王——試試？人們找來年輕女人，到店裡展示這部打字機，這也暗示著消費大眾：「這部打字機對使用者多麼友善，連女人都會用。」或者，就像美劇《廣告狂人》中，機要秘書瓊對同事佩姬的解釋：「別被這一堆新科技產品嚇到。創造這些機器的男人，將它設計得如此簡單，連我們女人都能上手。」是能夠也是應該。因為當時人們就已經宣稱，打字機在某種程度上根本是為女人量身訂做：所有好家庭的女孩，從小便被訓練要彈得一手好琴，以便能在晚宴中娛樂賓客。人們相信，這種訓練有利於打字，所以，這也就解釋了為何手指在鍵盤上滑動的動作，對男人來說不尋常，對女人卻不是。人們甚至宣稱，女人與打字機冥冥之中自有聯結。就像一八八八年約翰．哈里斯在其著作《打字機使用指南》裡所說：「打字機很適合女人的手指，它們幾乎是為了打字而存在。不需要花太多力氣，只要會彈鋼琴就可以了。」一八七五年冬天聖誕節禮物廣告中說，雷明頓是女人找到工作的最佳捷徑。

事實也的確如此。十九世紀末，也就是在一八八〇年至一九〇〇年間，女人及打字機一起大舉占領原先只有男人的辦公室。工業及發達的資本主義改變商業形式，並創造出大量有待處理的文書工作，僅靠男性員工無法滿足需求。此外，男人開始追求其他職位：男人變成老闆，女人來當秘書。一八八〇年美國速記員中百分之四十為女性，一九〇〇年比例增至百分之七十五，到了一九三〇年則高達百分之九十五。新科技創造新職業，而這一次，即使在數十年後，也沒有男人站出來抱怨女人搶走他們的好工作，因為秘書這種職位沒有人真正想要。最後，就像往常一樣，只要是女人擅長的事，就一副不需要天賦也不需要任何技能似的，在機器上打字也是，所以人們也就無需支付高薪給這樣的職位。除此之外，這種職位也幾乎沒有升遷的機會，但仍有愈來愈多女工及女僕自學打字，希望能找到一份速記員的工作，畢竟這份職業的薪水比工廠高，也比女傭獨立。受到學校教育的女人也喜歡辦公室勝過學校教室，因為女秘書比女教師擁有更多的自由：當時的女教師或女家庭教師不得飲酒，不能抽菸，且不能與男人交往；包括德國在內的許多國家，女教師一旦結婚就必須放棄職業。而辦公室小姐只要打字夠快，沒人管妳下班後做什麼。不過長遠來看，這個職位還是不令人滿意。因為工作太過單調，而且蔑視女性。這也就是為何在二十世紀下半葉，人們不再建議女孩學打字，或者，不要承認自己會打字，因為被貶為「打字小妹」的風險實在太高。

Planche XXVIII.

DÉBUT D'UNE ATTAQUE

CRI

一八八二年八月十六日清晨，應該有許多《吉爾．布拉斯》文學期刊的讀者，在讀到下面的句子時差點被可頌麵包噎到：

「歇斯底里，夫人，這是此刻最流行的詞彙。你愛上某人嗎？那你就是歇斯底里。你對身邊的人所表現出來的熱情無動於中嗎？那你也是歇斯底里，禁欲型的歇斯底里。你背著丈夫偷人嗎？你歇斯底里，情欲型的歇斯底里。你偷百貨公司的布料樣品嗎？歇斯底里。你常常說謊？歇斯底里！你貪婪嗎？歇斯底里！你緊張嗎？歇斯底里！你會這樣或那樣，像女人一向的表現？歇斯底里！歇斯底里，我告訴你！自從尊貴的夏柯醫生，這位偉大的歇斯底里教祭司，歇斯底里女病患的培育者，在硝石庫醫院圈養了一大批神經質的女人，且把她們逼到發狂，將她們當成惡魔之後，我們全都歇斯底里了。」

這篇文章的作者居伊．德．莫泊桑說得沒錯：「歇斯底里」是十九世紀末年最流行的詞彙，從巴黎到倫敦，從維也納到柏林，人人都將這個詞掛在嘴邊，彷彿所有關於「不可解的女人」或「黑暗大陸」*的問題，除了歇斯底里之外沒有別的解釋。年輕女孩若是多愁善感，還是特別容易發怒或者性格孤僻，她一定是歇斯底里。若她膽小或手足無措，人們便認為她們陷入歇斯底里，就像那些出現幻聽或是罹患癲癇症的女人。若有女人因譫妄而口出穢言，當然也是因為歇斯底里。這種診斷非常新潮，因此定義也很模糊，幾乎所有看似不恰當的情緒表現都可以歸因為歇斯底里，而且至今仍然如此。其實這個概念一點都不新，早在古典時代像柏拉圖或希波克拉底等學者便認為，女人因為子宮——希臘文稱為 hystéra ——在身體裡遊走不定而困擾，所以也才

50 一張《硝石庫醫院寫真集》裡的照片

西元一八七八年

那麼麻煩。到了十七世紀時人們則相信，缺乏男性精液而委靡不振的子宮會上升滯留於腦部，這絕對不是好現象。之後人們乾脆將「歇斯底里」定義為「女性生殖器官之精神官能症」，並試圖以惡臭驅趕痙攣、昏厥、狂喜，因為人們宣稱，子宮討厭惡臭，因此會回到原來的位置，就像小狗一樣。「歇斯底里」在十九世紀下半葉又有些不同：它從位於巴黎第十區的硝石庫醫院出發，開始凱旋大遊行。

尚—馬丁．夏柯是硝石庫醫院的主治醫生，也被稱為「精神官能症的拿破崙」。他相信問題不是出在子宮，而是大腦，也就是神經。為了證明這個頗有爭議的論點，身為神經醫學創立者之一的他，開始仔細觀察他的女病人，並以催眠的方式誘使病患發作，以便能清楚記錄下病患的姿勢及肢體扭曲程度，癱瘓部位，緊閉的眼瞼，以及僵硬彎曲如爪的雙手。最重要的，他利用現代攝影技術，將症狀以圖像方式保留下來。藉此他想證明，歇斯底里會在視覺上呈現出重要的特徵，因此他在部門裡設立照相館，由同事保羅．雷格納德拍下這些年輕女孩的照片。想想這件事相當不可思議，尤其是在當時，攝影剛剛成為一種媒介，女人充滿自信地接受它，而且有史以來第一次成了觀察者，而不僅僅是被觀察者。但在硝石庫醫院，我們可以說，視角又被扭轉回來，這裡又是由男人觀察女人。附圖這張出自一八七八年的照片，是歇斯底里影像書籍《硝石庫醫院寫真集》中的一張，就像圖示所述，相片中的她正處於「剛發作」的狀態。她的手臂不正常地扭曲，雙眼緊閉，嘴巴大張，舌頭伸出來。上面標明，她在尖叫。在接下來的影像圖片中，我們可以分別在「狂喜」、「幻覺」、「情欲」、「威脅」、「訕笑」、「愛的乞求」、「十字架」的姿勢再看到她。就視覺來說這些圖像非常精采，難怪有這麼多人為之著迷。問題是，它們不太可能是「真的」。要拍出這樣的照片，裡面的人物必須保持靜止不動好幾秒鐘，在發作的衝動狀態下根本不可能達成。因此，我們可以推斷，這些照片至少部分是擺拍，由夏柯的女病患為他擺出「歇斯底里狀態下」的姿態拍攝而成。

就像她們在夏柯所主持的「星期二聚會」上的表現。在這個已成傳奇的聚會上，這位醫生就像展示馬戲團的馬一樣地展示他的女病患，最常出現的便是附圖這位奧古斯汀。在一八七〇年代她是夏柯歇斯底里秀的明星：醫生拿著一個亮晶晶的物品，在她眼前來回搖晃，直到她身體開始發抖，四肢不自然扭曲，手腳亂揮，尖叫，怒罵，眼球往上吊，舌頭外吐，雙臂高舉，不斷畫十字，最後全身一軟，暈了過去。如雷的掌聲響起！這場秀必定相當轟動，觀眾從世界各地趕來，就為了親眼目睹這些美麗的歇斯底里女郎。觀眾席上像西格蒙德・佛洛伊德與吉勒・妥瑞這些醫生跟其他只想看熱鬧的人坐在一起。湊熱鬧的人，藝術家，以及聚集於巴黎的所有時髦名流，從巨星名伶莎拉・伯恩哈特到劇作家奧古斯特・史特林堡，再到居伊・德・莫泊桑，每個人都想親眼目睹這些發狂的女人表演。在這裡，表演與學術之間的界線模糊，而這些女人到底扮演什麼角色，也令人困惑：是否有可能是她們故意誇大，或者表現出據說屬於這類病症的姿態，以期能在照相機前，或甚至上台表演？她們順從夏柯要她們擺出的姿態，是為了成名嗎？她們是否因此助長了「歇斯底里症」這個在今日包含了十幾種專門診斷結果的熱潮？沒人知道答案。不過奧古斯汀有一天終於受夠了這一切，一八八〇年她（喬裝成男人！）逃出硝石庫醫院。一百年後，「歇斯底里」這個術語也從精神障礙診斷手冊中消失不見。

＊ 兩者皆出自佛洛伊德對女人的形容。

51 瑪麗・巴什基爾采夫：〈在畫室〉

西元一八八一年

附圖這幅畫的作者瑪麗・巴什基爾采夫十二歲時，曾在日記中寫道：「若我不會年紀輕輕就死去，我希望我的餘生是位偉大的藝術家；但若我年紀輕輕就得死去，我希望我的日記能出版，一定很有趣。」巴什基爾采夫很年輕就去世了，二十六歲，不過她的願望都實現了：在她過世後三年，也就是一八八七年，她的日記出版，成為她那一世代的傳奇著作。人人都該讀它，直到今日仍是。不只是因為這本日記朝氣蓬勃，評論大膽直接。作者在尼斯、羅馬、巴黎上流社會出入，夢想著不凡的遭遇，一心希望自己的天分得到認可，對此她也滿懷信心。同時也是因為，這本日記透露出一位十九世紀末女藝術家的生活及困難。或者，更精確地說，一位想成為藝術家的女子之遭遇。

附圖這張畫所描繪出的想法，也記錄在她的日記中：「在畫室裡一切都消失了，人在這裡沒有名字，也沒有出身，不再是誰誰誰的女兒，就只是自己。人就是人，眼前就只剩下藝術，再無他物。」它展示了正在學畫人體畫的女人，她們聚在一起，專心一志，所做的事跟家務及養育孩子完全無關。她們不再是女兒、姊妹、母親，甚至不再是女人，就是她們自己。而她們面前的畫架，可能是這一生中首次要求她們不要沉默，而是表達自己的事物。這張圖所描繪的場景在當時不僅罕見，在很多人的眼裡簡直就是傷風敗俗。儘管女人早就開始接受藝術教育，例如在十八世紀的巴黎著名的歷史畫畫家雅克—路易・大衛或伊莉莎白・維傑・勒・布倫的畫室裡；儘管她們之中有些人在沙龍裡辦的畫展成績斐然，但得等到接近二十世紀時，女人才被准許進入藝術學院學習。例如，巴黎美術學院要到一八九七年才准許女人就讀，而就算倫敦皇家學院早在一八六〇年代就已招收女學生，她們仍然不可以學習人體畫。到底女人可不可以畫裸體男人，是當時藝術界最火爆的爭執焦點，經常演變成政治問題，是所有晚宴中破壞和諧氣氛的炸藥。當時大部分的女孩一直到新婚之夜，才會知道沒穿褲子的男人長什麼樣子，而且顯然人們也希望繼續維持下去。值得注意的是，巴什基爾采夫在附圖這張畫中決定讓一個男孩——一個兒童——而不是男人當模特兒，並且將他的生殖器官以布掩蓋。她選擇這種現實較能接受的版本，是為了以後能展出這幅畫，或是為了避免引發醜聞？畢竟她就讀的可是全歐洲唯一讓女人學習人體畫的學校：一八六八年創校的朱利安學院。

全世界各地的女人湧入巴黎，就為了能進入朱利安學院學畫，浸染於首都藝術生活之氣息。《小婦人》的作者露意莎・梅・奧爾柯特的妹妹艾比嘉・梅・奧爾柯特就在那裡學畫，不過她更喜歡參加美國畫家瑪麗・卡薩特的茶會。就連德國版畫家凱特・克爾薇茲也曾站在位於全景廊街的朱利安學院畫室裡學畫一段時間。不久之後德國的寶拉・莫德頌恩—貝克也加入這個行列。據說，她在離開沃普斯韋德動身前往巴黎前，曾認真讀過巴什基爾采夫的日記，以便了解那裡的學習過程：首先，女學生會先學習石膏像素描，接著才可以進入人體素描課程。不過，巴什基爾采夫聲稱，有些人巴不得立刻開始「真人」素描，但真正開始後或許很失望。因為身為模特兒的男人顯然很少全裸，通常穿著內褲，或者像附圖一樣，圍塊小布兜，至少在朱利安學院是這樣的。大約在同一個時間，芬蘭畫家海倫娜・謝芙貝克在塞納河另一岸的克拉洛西學院習畫，情況也許不太一樣。至少從克拉洛西學院最知名的學生卡蜜兒．克勞岱的作品，可以推測那裡的男模特兒沒有任何遮掩。卡蜜兒的雕塑作品，訴說著她與雕塑家奧古斯特．羅丹之間的戀情與分離，作品中呈現出來的激情與失戀的傷痛，可能是世間最美，也最令人心碎的藝術品。而這些作品，可能同時也證明巴什基爾采夫曾說過的：藝術氛圍對女人來說很危險。卡蜜兒四十九歲時被人從她位在聖路易島的畫室強行帶走，並強迫她在精神病院度過餘生。當時，人們在被她自己砸碎的雕像中找到她，她堅信，羅丹要搶走她的藝術作品。

巴黎的藝術世界冷酷無情，但也是少數能讓女人不只是媽媽、女兒、妻子的地方。貝絲．莫莉索從未進過學校，更別說人體素描課程，但也成了印象畫派的女王。之前提過的瑪麗．卡薩特享有國際聲譽，很可能是因為她致力於女性題材，像是母性及親密關係等等。就連瑪麗．巴什基爾采夫生前也曾短暫被視為藝術家，如今人們倒是較為看重她的日記。因為透過她的日記，我們可以一窺生活於十九、二十世紀之交女人的觀感與想法，那些勇於走上另一條路，不願接受為何男人可以畫裸女，女人不能畫裸男的女人。作家阿涅絲．寧曾經提到巴什基爾采夫：「她提到的事，有些在我的日記裡可以找到，而且用字遣詞完全一樣。相像的程度讓我害怕自己大概瘋了還去抄她的日記——不然就是她的靈魂在我身上重生了。」

52

安全自行車

西元一八八九年

一八九五年，已八十歲的女權運動者伊麗莎白．凱迪．斯坦頓認為對婦女解放運動而言，自行車是十九世紀最重要的發明：「自行車鼓勵女人更勇敢，看重自己，且對自己有自信……」她朋友蘇珊．B．安東尼——也是葛楚．史坦口中「我們大家的母親」——也贊同她的看法：「比起其他所有發明，自行車對女性解放的幫助最大。它帶給她們自由與獨立自主的感覺，看到女人騎自行車從我身邊過去，每次我都想歡呼……一幅自由，不受限制的女性圖像。」

一八九〇年後，安東尼歡呼的次數想必非常頻繁。因為當時在波士頓及紐約街頭，倫敦巴黎的公園，或許還有其他地方也是，呈現出一幅新景象：突然之間，到處都可以見到女人的身影，而且還不只是在廣告海報的亮麗女郎，幫餅乾、香檳或家居用品做廣告，而是真正的人。真正的女人，輕快地騎車經過：穿著蓬蓬的燈籠褲及外罩裙，坐在鐵架上，騎得飛快，頭髮隨風飄逸，內心想必也像蘇珊．B．安東尼一樣歡呼地經過行人身邊。從前可未曾有過這番景象，維多利亞時代的女人不是待在家裡，就是待在新興的百貨公司裡。或許偶爾也能參觀博物館或圖書館，但絕不會出現在街上，至少不會單獨出現。她們可以乘坐馬車，或許也會在家庭女教師或丈夫的陪伴下走幾步路。單獨快步地走在街上？還可能漫無目的？不，沒有這種選項。就連自行車剛問世時，最初也被設計成女人必須與男人一起騎。而男人最遲到了一八五〇年代，就可以獨自騎著單輪車到處去，女人卻必須騎協力車。男人坐前面，女人坐後面，往哪裡去，速度多快，都由男人決定，女人只要乖乖地踩踏板就好。一直到終於發明了像附圖這樣的「安全自行車」為止。它更安全，也更便宜，很快就在中上階層流行開來，當時掀起一陣自行車風潮，人人都想要一輛，人人都想享受自由，單靠自己就能快速前進，隨心所欲，說走就走。這對男人很可能也是一種全新的生活經驗，但對女人簡直就是革命。想想，在歷經數十年多少像是囚禁的生活後，能踩著踏板，讓風吹在臉頰及身體，那種活力十足的感受，必定終生難忘。一位名叫安妮・倫敦德里女子，由於太喜愛這種感受，甚至在一八九四年從波士頓出發，騎著自行車環遊世界。她的口袋裡沒有半毛錢，但卻有一把左輪手槍。這個旅程花了她快一年的時間。

隨著新交通工具的出現，時尚當然也就不得不跟著改變。穿著維多利亞時代的長裙及不方便的襯裙沒法騎遠，衣服很容易就會夾進輪子裡，非常危險，也不舒服。因此女人們想到五十年前在美國遭人側目且引發醜聞的衣服，也就是所謂的燈籠褲。帶著東方風格的蓬蓬褲，褲腳有繫帶可以拉緊，就像今日注重安全的自行車騎士一樣。外面罩著一件較短的裙子，再配上合身的西裝外套。美國女權運動者，也是《百合》雜誌主編艾美莉亞・布盧默（Amelia Bloomer），曾試著在一八五一年左右發起一場時尚改革，期待女人此後可以穿著燈籠褲就出門，不必一定要穿著長裙到處走，因此燈籠褲的英文Bloomer便是以她命名。當時少數有勇氣的女人，穿著燈籠褲出現在公開場合，必會引起眾人側目，好似她沒穿衣服。當這樣打扮的女人成群出現，《紐約論壇報》等各大報紙震驚不已：「昨日出現大量穿燈籠褲的女人。」保守勢力如此頑強地對抗這種「服裝改革」，使得這場改革其實基本上並未真正發生。數十年來只有極少數的女人敢穿燈籠褲，直到安全自行車發明才改變這種情況。

人們開始發現，穿著長裙及緊身馬甲不太容易騎自行車，因此幾個城市正式允許女人穿褲子。當然還是有人堅決反對，一如往常，其中有許多醫生。一些醫生認為，騎自行車會讓女人不孕，另一些醫生則覺得這是女性的終結，以及「第三性」的誕生：騎自行車的人。

如今對我們而言，騎自行車再日常不過。沒人會因為騎上自行車就有解放或自由的感覺。但在其他文化圈，這種再日常不過的交通工具卻仍然引發熱議。直到今日，女人在伊朗仍然禁止在公開場所騎自行車，這麼做的人必須冒很大的風險。幾年前有一部好電影《腳踏車大作戰》便引起極大的回響，片中描述一位沙烏地阿拉伯女孩夢想擁有一輛自行車，以便與男性友人一起騎在塵土飛揚的街道。這是該國第一部由女性執導的電影，簡直像奇蹟。隨後發生的事，更是真正的奇蹟：這部電影上映後一年，沙烏地阿拉伯正式批准女人騎自行車。無論是在十九世紀或二十一世紀，斯坦頓和安東尼的說法都是對的：自行車曾是也依舊是推動女性解放的輪子。

NELLIE BLY
JULES VERNE
ALL RECORDS BROKEN
1ST DAY
2ND DAY
3RD DAY
4TH DAY
5TH DAY
6TH DAY
7TH DAY
OVER A MILE A MINUTE

53 桌遊：跟娜麗·布萊一起環遊世界

西元一八九〇年

幾年前，美國作家蘿倫·艾爾金在散文集《漫遊女子》中，曾幽默地提到人們總是荒謬地把漫遊、旅行，睜眼看世界這些事，理所當然地認為是男人的事：「彷彿陰莖是根手杖，是走路的必要配件。」事實上女人想要出門探索世界時，很長一段時間都會收到建議，要她們最好看起來像是有陰莖的樣子。

就像珍妮·巴雷（Jeanne Barret），一七六六年十一月隨著法國人路易·安托萬·德·布干維爾（Louis Antoine de Bougainville）登上皇家海軍艦艇「布德斯號」，成為歷史上第一位駕帆船環遊世界的女人。在這兩年之中，她用的是男人的名字「尚」（Jean），束緊胸部，穿寬鬆的褲子，當船上一百多個男人好奇她為何從不在別人面前尿尿時，她的解釋是自己很保守。最後終究瞞不住，布干維爾——這位因這次探險而成名，甚至九重葛灌木（據說是珍妮·巴雷發現的！）的學名*Bougainvillea*都是以他命名——在提到這件事時，寫出一句錯得不能再錯的句子：「她將是她那性別中的唯一一人……這種例子很難啟發他人生出仿效之情。」這裡我們可以列出一份自十九世紀起著名女探險家的名單，從伊莎貝拉·伯德開始，經瑪麗·金斯利、伊莎貝拉·艾伯哈特、戈楚·貝爾、亞歷珊卓·大衛—尼爾，一直到旅行書寫界的女王安娜瑪莉·舒瓦岑巴赫。但這不是重點。提到這些只不過是拿來當例子，與漫遊或學術研究無關，甚至可能跟嚴謹的旅行書寫也無關，儘管當時旅行書寫相當著名，而且在大眾傳播媒體的鼓動下受到熱烈關注。但這裡提到這些例子，只是想證明當時西方世界的女人的確受到啟發，收拾行李大步走向世界。

關於美國記者娜麗·布萊一八八九年十一月四日從紐澤西出發，預計七十五天環遊世界的探險計畫所引發的熱烈關注，附圖這款桌遊無疑是最佳明證。一八九〇年，娜麗·布萊才剛從旅行歸來不久，這款桌遊便已問世。她在一八九〇年一月二十五日回到紐澤西，受到群眾熱烈歡迎。在她的著作《環遊世界七十二天》中提到，其實在從舊金山出發到紐約的火車，沿途就已受到人群圍觀。人們朝著她大喊：「這是娜麗·布萊的火車！」「娜麗，妳騎過大象嗎？」「妳只要下車，我們就選妳當州長」。或者，「娜麗，妳來摸我的手！我手上有兔子左後腿，妳會更成功！*」等等詭異的話。女人再加上旅遊是樁驚天動地的大事，人們談她，寫她，賭她會不會成功，最後還為她創作出附圖的桌遊，讓人可以把她的探險帶回家。遊戲盒上印著「跟娜麗·布萊一起環遊世界」的字樣，裡面則包裝成一場競賽：娜麗對抗經典作家儒勒·凡爾納。凡爾納，或者精確一點，凡爾納的書給了娜麗這位年輕女子靈感。當時她已是《紐約世界報》有名的調查記者：一八九七年，二十三歲的娜麗被送進紐約附近的女子精神病院待了十天，隨後以《瘋人院十日》為題，發表一系列揭發病患生活環境不人道的文章。之後她想放鬆一下，因而發現儒勒·凡爾納，以及當時才剛出版、暢銷全球的《環遊世界八十天》。

一開始老闆反對。和一群瘋子關在一起，而且還不知道能不能脫身，對女人來說還好。但環遊世界？不，這是男人的事。不過無論如何，她還是說服他了，雖然遲了一些，總是出發了。當我們仔細觀看這款桌遊，最容易注意到的，是她的服裝。她並不像珍妮·巴雷，為了探索世界必須喬裝成男人，娜麗是以女人的身分旅行。她穿的連身長裙特地為這次旅行訂做，一個小手提包，頭上戴著帽子。這身裝扮看起來有點像女版福爾摩斯，她的任務：在現實生活中擊敗儒勒．凡爾納的幻想。而凡爾納的家，是她旅程的第一站。早晨凡爾納到港口接娜麗，下午兩人站在一張大地圖前討論她的行程：從法國加萊到義大利布林迪西、埃及伊斯梅利亞、埃及塞得港、葉門亞丁、斯里蘭卡可倫波、馬來西亞檳城、新加坡、香港、日本橫濱、美國舊金山，然後回到紐約。凡爾納拿著筆，標示出娜麗旅程與小說主人翁菲萊斯．福格不一樣的地方，為她「超乎尋常的計畫」乾杯，並在道別時祝她一路順風！

後來娜麗在她的《環遊世界七十二天》書中說，其實凡爾納並不相信她能成功。然而實際上她只花了七十二天便完成環遊計畫，比預計還快。然而她以這次探險活動為題發表的文章，並不怎麼特殊。娜麗是個傑出的調查記者，但不是旅遊文學作家。她缺乏同理心，或許根本沒有好奇心，她也不想認識其他文化，只不過是個匆匆的過客。但不管怎麼說，附圖這款桌遊所呈現的圖像獨一無二：一位女子，在一八九〇年代快速地橫跨整個大英帝國，就為了向凡爾納及全世界證明她的能力。與十八世紀布干維爾的預測完全相反，十九世紀的人們確實知道，這款遊戲及娜麗的冒險精神是會感染其他女人的。

* 北美民間習俗認為兔子左後腿會帶來幸運。

54 電影攝影機

西元一九〇〇年左右

直到不久前，電影業界一直存在一條潛規則，即女人必須是被觀看的對象，而不是觀看者。女人有可能不只是在攝影機前，而是站在攝影機後，而且不只是獨立製作，而是資金充裕的大製作，這種想法對很多人來說顯然還是很奇怪，儘管這門藝術一開始是由女性主導。

其中一位是愛麗絲．居伊。她可能也是歷史上第一位女導演，第一個以鏡頭說故事的人。在一八九〇年代的巴黎，愛麗絲是李昂．高蒙──此人後來成立了高蒙電影製片廠──的秘書。一天下午，老闆帶她去看知名的盧米埃兄弟才剛推出沒多久的電影放映會，並決定開始經銷如附圖展示的電影攝影機。但愛麗絲心想，為何這麼有趣的技術，這樣棒的機器，只被拿來拍攝一些像工人走出工廠，或是火車進站這麼無聊的東西？為何不編一些有趣的故事來拍，這樣可能也更容易賣出機器？對於這個想法，據說高蒙這樣回答：「妳就做做看，只要不要損害我的信譽就好。而且這的確也是年輕女孩可以做的事。」當時，沒人相信這項有趣的新技術會創造出「電影」此一資本雄厚的賺錢行業，儘管人們覺得那些拍出來的短片很有意思，是有趣的小玩意，但僅只於此。電影是一種新發明，而且不具重要性，因此就像歷史上常發生的情況，又成了完美的女性專屬領域。

愛麗絲．居伊的第一部短片，也是歷史上第一部有劇情的影片，出現於一八九六年，片名是《甘藍仙子》，正是用附圖這樣的攝影機拍攝而成。片中，一個女人笑著從一顆顆大甘藍菜中抱出一個個嬰兒。法國有句俗話：「小男孩從甘藍菜生出來，小女孩則是從玫瑰。」整部片有趣又迷人，獲得極大的回響，這也使得居伊得到新職位，從此所有高蒙公司出品的片子都由她負責。她拍攝的短片為至今仍然相當活躍的高蒙電影製片廠奠定基礎，其中大部分是喜劇，而且主題大多與女人有關。例如一九〇六年的《夫人的欲望》，劇中一位已近臨盆且飢腸轆轆的孕婦走在街上，沿路搶別人手上的食物及飲料，丈夫則推著娃娃車無助地跟在後面跑著。在公園裡她搶走小女孩的棒棒糖，幾乎是從乞丐的嘴邊偷走他的鯡魚，摸走餐廳一位男人桌上的苦艾酒。每次搶劫後，愛麗絲．居伊都以特寫鏡頭拍攝主角津津有味地享受贓物，一點都不難為情。約在同一年，她還拍攝了《女性主義的後果》，將自古以來男人的惡夢拍成短片：世界顛倒了，女人指揮，男人乖乖為她們煮飯打掃。導演大開社會性別角色的玩笑，讓男人在鏡子前故作嫵媚地跳舞，與朋友喝茶聊天或是熨衣服，妻子則坐在一旁抽菸看報。等到他們忙完家事，想到公園休息一下，卻不斷受到其他女人擾人的搭訕。真是精采的短片。

當時愛麗絲不知道，她的影片就像是即將興起的好萊塢早年的象徵：當時拍電影的還是瘋子及怪人；洛杉磯周邊地區還沒有華麗的林蔭大道，只有塵土飛揚的農田；通常也是女人，在片廠中指揮男人做事。其中最有名的一位女導演，還是愛麗絲親自教導出來的學生。她在一九一〇年移民到美國後，就在紐約附近的李堡，在一群製片大廠中成立自己的製片廠，並指導一位名叫洛伊斯．韋伯的女導演拍片。幾年後，洛伊斯成為默片時期身價最高的導演，並躋身為好萊塢的權貴人士。她是片場老闆，同時也負責製作、拍攝、剪輯、服裝、選角，甚至在某些情況下還要自己當演員。這裡，我們必須回想一下，這種事在那個時代多麼不可思議：當時女人還不准投票，不可以在銀行開戶，不可以提離婚要求，而且才剛被允許可以穿褲子。但是，她們卻可以使用類似附圖的機器拍電影，創造影像及新世界。一直到一九三〇年代，活躍於好萊塢的製片人及導演，女性都比男性多，那必定是黃金時代。然後有聲電影出現了，人們開始可以靠電影賺大錢。最遲到這個時候，男人開始意識到電影不是曇花一現的玩意，而且還可以靠拍片致富，便接手女人開創的新局面，將原來沒有上下等級區別的好萊塢，從任何一個人都可以接手任何一項工作，變成專業分殊化的電影製片企業。

又因為只是把女人踢出去還不夠，男人還在電影史上動了一點手腳，從此像愛麗絲·居伊這樣的電影開創者，以及她以攝影機拍攝出的各種故事不復再見。從此之後很長一段時間，好萊塢的傳奇聽起來都一副電影工業是男人發明且隻手培育壯大的。事實上到了一九五〇年代，好萊塢也真的只剩一位女導演，其他全是男人，她的名字叫艾達·盧皮諾。一九五〇年由她執導的《駭人聽聞》可能是歷史上第一部關於強暴造成的心理及社會影響的電影。據說，該年美國影藝學院開會的開場白是：「各位先生，及盧皮諾小姐。」

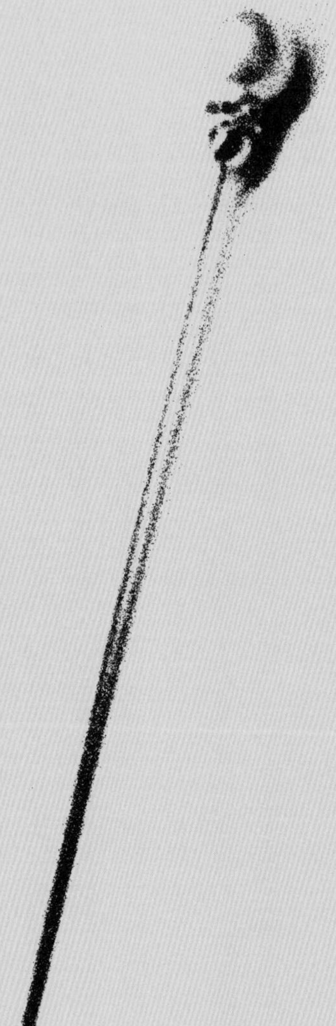

55 帽針

西元一九〇〇年

一九〇〇年左右，歐美主要大城瀰漫著一股驚懼的氣氛。男人戰戰兢兢地走在街道上，坐在大眾運輸工具上不像今日這般大喇喇雙腿張開，而是拘謹地縮成一團，內心祈禱著千萬不要遇到戴著大帽子的女人。今日從我們的角度來看，那種裝飾著各種羽毛、緞結、人造花的大帽子只是一點都不實用的時尚潮流，戴上這種帽子，女人就像隻花枝招展的孔雀。但當時的人可不這麼看，他們看到的是裡頭藏著危險的武器：帽針。

說當時的男人擔驚受怕當然只是誇張，但這卻是當時媒體上盛傳的故事：人們談論著「帽針危機」及城市中「日益嚴重的危險」，擔心受到「女人持致命武器的暴力襲擊」。在諷刺漫畫中，可以看到男人被巨大無比的帽針刺穿，以及女人持著帽針到處追捕男人。這到底是怎麼回事？自從愈來愈多女人無須監護便可以獨自上街，男人顯然覺得自己受到這些新出現在「他們」領域——也就是公共空間——的人鼓勵，開始跟身邊走過或搭車鄰座的女人搭訕，以逼人的問題及目光騷擾，不經詢問就跟在女人身邊，或者甚至動手碰觸對方的身體。這種所謂的街頭騷擾問題，至今其實仍然存在。二〇一八年一月，在第一波的MeToo運動後，一群法國女作家及女演員針對這個議題，起草了一份相當詭異的「百人宣言」。這些女人顯然認為，日益減少的性騷擾，以及男人愈來愈少在地鐵中偷摸女人的屁股，是件可惜的事。

而這些女人可能會被十九世紀末二十世紀初的巴黎女人當成瘋子。在那個時代，這些侵犯不是挑逗遊戲，不是調情的契機，而是無法忍受的羞辱。她們正在爭取個人於公共空間的位置，不想繼續被當成城市中的家具可以亂摸。幸運的是，她們在當時的時尚潮流中發現一個意外的盟友。當時流行以塞假髮或布料等方式，將頭髮變得異常蓬鬆，像是頭上頂個大麵包或堆成塔狀。這種狀況下還得戴上必備的帽子幾乎是不可能的任務，必須用特別堅固，長約十公分的帽針，穿過層層頭髮固定住。很快人們就發現，這種帽針不只可以用於時尚，許多女性指南都將這個時尚配件與同樣好用的雨傘並列，成為女人最好最有效的自我防衛工具：如果男人死纏不休，最好拿帽針或雨傘驅趕。一九〇三年，一位來自堪薩斯州的年輕女子雷奧蒂．布萊克選擇用帽針：該年五月二十八日，布萊克在紐約第五街搭上一輛擠滿人的公車，車子開過幾站後她發現旁邊有個男人一直往她靠近。就在車子急轉彎，乘客東倒西歪時，男人趁機撫摸布萊克的背部。「或許紐約女人會容忍這種騷擾，但我們堪薩斯女孩不會。」布萊克後來這麼說，解釋她為何採取以下的行動：她沒有因驚嚇而無法動彈，也沒有放任事情繼續，而是從帽子抽起八公分長的帽針，往男人的手臂刺下去。這個事件登上約瑟夫．普立茲的《紐約世界報》的頭版。

總之，當時有愈來愈多的女人因類似的故事登上報紙版面，就像十八歲的銀行職員伊麗莎白．弗利：她和一位女同事在布利克街遇襲，她不像同事馬上被擊倒，而是起身反擊，抽出帽針當武器猛刺對方，直到將對方趕跑。《紐約時報》報導：「機智，女性膽量，及一根帽針，在布利克街及百老匯打跑光天化日下當街搶劫的強盜。」《洛杉磯前鋒報》則一針見血地指出這些專挑女人騷擾的男人——所謂的「雜碎」——都是膽小鬼：「女人只要拿著帽針，並且鼓起勇氣就可證明這點。」一瞬間，女人跟她的帽針成了街頭的復仇女神。她們不需等待超級英雄、蝙蝠俠、蜘蛛人，還是其他「男人」，可以自己拿起武器對抗壞人的英雄。當時這一系列報導也引發女人上街的安全問題，討論改善的可能性。在內布拉斯加州通過一條法律，凡是在公共場所追著女人叫「洋娃娃」還是「野雞」，都要罰錢。

奇怪的是，當女性參政運動將之納入議題，媒體風向就變了。手持帽針的女人不再被視為勇敢果決之人，而是危險。突然出現一堆女人不小心拿帽針刺傷丈夫的消息，或者公車上無辜男人的臉被帽針刺花，或甚至刺傷眼睛，還有血液中毒等等可怕的故事。自一九一〇年代起，紐約、巴黎、漢堡和其他歐美大城開始針對帽針頒布新規定：帽針長度必須縮短，一些狀況下甚至不准使用；若超過一定長度，需要類似武器許可證。據說，在雪梨就有六十個女人未經許可使用帽針而進監獄。突然間，女人的安全不再是考量重點，反而其他人（主要是男性）的安全更重要。不到十年的時間，新的飛來波女郎（flapper）時尚出現，這問題也就不再是問題了。從此女人不再有高聳的髮型，也不再戴花枝招展的帽子，而留俐落的短髮，不戴帽，也就不需帽針了。對抗糾纏不清的男人，女人的武器只剩雨傘。

CLAUDINE
à
l'école
par
Willy
à
Paris
par
Willy
un volume
3f 50
un volume
3f 50
EDITÉS par la LIBRAIRIE OLLENDORFF
50 Chaussée d'Antin
PARIS
EN VENTE Chez
Tous les LIBRAIRES
& dans les GARES
POLAIRE
DANS CLAUDINE
A PARIS
Claudine

56 海報：《克勞汀在學校》

西元一九〇〇年

一九〇〇年所有走在巴黎街上的人，在書店櫥窗以及剛發明不久的廣告柱*上，極有可能一直看到「克勞汀」這個名字。那一年，巴黎舉行世界博覽會，有了第一條地鐵線，還有陸軍中校阿佛瑞德·德雷福斯獲得平反**。但若在歌劇院中場休息，豎起耳朵，偷聽巴黎時髦人士們的談話，可能聽到的是「克勞汀這樣這樣」、「克勞汀那樣那樣」，或者「你讀克勞汀了嗎？」不同人有不同評價，可能聽到的評語會有「這簡直是醜聞」、「令人震驚」、「毫無品味」，或者「好精采」、「令人耳目一新」、「好有趣」，以及「邪惡到令人讚歎」。若問年輕女子，得到的答案應該是克勞汀太美妙了：那是一個能讓當時（一九〇〇年！）年輕女孩自我投射的角色。

克勞汀及以她為主角的書《克勞汀在學校》，在跨入新世紀的頭一年，便轟動了整個法國。有人喜歡有人討厭，但沒人不聞不問，否則就跟不上話題。其實這本書的故事相當平凡：一位十五歲的外省***少女，描述她在學校最後一年，在空曠田野與狹窄課桌之間的日常生活：她的惡作劇、友誼、夢想以及初戀。不怎麼特別，卻是以一種至今未曾有人使用過的筆法敘述：文風清新且毫無禁忌，就像年輕女孩直接對著讀者說話，讀者彷彿真的陪伴在這位聰明大膽的女學生身邊。再加上書裡涉及的話題，也是當時人們鮮少談論，更不用說是拿來當成書寫題目，即是年輕女孩的情欲：對象未必是男人，也可能是女人。這就非常刺激，令人興奮，但同時也很「丟人現眼」。

性觀念古板的社會被激怒了：什麼時候開始少女竟然對性感興趣？而且還是同性戀。特別是到底什麼時候開始，少女竟然懂這種事？難道新世紀的女孩不再純潔天真了嗎？這代表「好女孩」已窮途末路了嗎？整個巴黎都因這個大膽無恥的時髦人物而憤慨，背地裡卻樂不可支。年輕女孩尤其興奮，終於有人寫出她們真實的想法與感受，寫出從小孩變成女人的過程有多麼困惑徬徨。終於，有人告訴世界，女孩對性也有感覺，絕非沒有性欲；她們也會想要，有時甚至勇於嘗試。還有最重要的，年輕女孩也有個人意見與個人聲音。短短兩個月內，這本書賣出驚人的四萬冊。突然間，巴黎街頭、公園及廣場上處處都是「克勞汀」——年輕女子盡力將自己打扮成女學生模樣，穿著黑色洋裝、長襪，以及典型的白色小圓領。也因這本書的流行，這種小圓領在法國被稱為「克勞汀領」。此外還有克勞汀脂粉、克勞汀帽、克勞汀香菸、克勞汀香水。拉博埃西甜點店甚至還推出克勞汀蛋糕及克勞汀冰淇淋。

巴黎陷入一陣克勞汀熱潮，每個女人都想像她一樣大膽，毫無拘束；為了這場空前絕後的熱潮，大家都想恭喜威利，那個印在海報上大大的名字。只是，不免有個疑問，到底威利——本名亨利．高提—維拉——如何能這麼了解女學生的想法和行為？答案其實很簡單：因為他的妻子，西多妮—加布里葉．柯蕾特，也就是作家柯蕾特。當時她二十七歲，來自勃根地一個小村莊，七年前與威利結婚來到巴黎。《克勞汀在學校》，還有接下來幾年同樣暢銷的《克勞汀在巴黎》、《克勞汀結婚後》，以及《克勞汀走了》，靈感全都來自她非比尋常的童年生活。唉，直說吧，這些書是她寫的。威利最初看到草稿時，覺得一無是處，直到一年後，據柯蕾特的說法，當威利又把它從抽屜拿出來重讀，忍不住大喊：「老天，我真是笨蛋！」而且立刻去找最近的出版商。當時文壇仍然像之前勃朗特姊妹、喬治．艾略特、喬治．桑被迫以男人之名發表一樣，冠上男人的名字書比較好賣，於是克勞汀系列就變成威利的作品。這種做法衍生的後果，顯示出當時女作家艱難的困境：威利不僅因這些書聲名大噪，所賺的錢也全都進入他的口袋。就連離婚後，人們也早就知道這系列的作者其實是柯蕾特，一切還是歸威利所有，直到他賣出克勞汀的版權為止。柯蕾特本人自始至終都拿不到半毛錢，而且要到數十年後，她的名字才出現在作者欄上。

幸好，在接下來的數十年，她也算是報仇了。沒人知道威利在克勞汀之後做了什麼事，許多人甚至根本不知道他的名字，但柯蕾特卻變成偶像。人們崇拜她，因為她獨立自主的生活方式，因為她從不隱瞞雙性戀者的身分，多次結婚離婚及各種外遇醜聞，也因為她當過記者、演員，後來甚至成為美容院老闆；更重要的是因為她在克勞汀之後所寫下的近五十本小說，使她成為二十世紀上半葉許多女作家的表率。沒人像西蒙·德·波娃在《第二性》裡那樣頻繁地引用柯蕾特的話，仔細算起來一共是二十二次。根據波娃的說法，柯蕾特是第一位作家，將女人生命中每一個階段——從少女到成熟的女人——寫成小說，並以文字描繪出共通的感受。五十四年後，當法蘭絲瓦·莎岡在她的小說《日安憂鬱》描寫出一九五〇年代年輕女子的心情與感受，書一出版，她立即寄給她的偶像柯蕾特，上面寫著：「致柯蕾特夫人，但願這本書帶給您的快樂，有您的書帶給我的百分之一就好。獻上無限敬意，法蘭絲瓦·莎岡」。

* 原文為莫里斯柱（Morris columns），現今歐洲人行道仍常見的廣告圓柱，為十九世紀中葉為解決傳單張貼亂象而廣設。

** 阿佛瑞德·德雷福斯被誤判叛國罪，過程與當時法國的反猶氛圍，以及左右派的政治角力相關，備受矚目。

*** 法國一般稱巴黎以外的地區為Provinz，此譯外省。

MADAM C.J. WALKER'S
TRADE MARK REGISTERED
WONDERFUL HAIR GROWER
NET CONTENTS 2 OZ
MADE BY
THE MADAM C. J. WALKER
MANUFACTURING Co
INDIANAPOLIS, IND.
PRICE 50 CENTS

57

神奇生髮膏

西元一九〇六年

二〇二二年三月，美國演員威爾．史密斯在洛杉磯舉辦的奧斯卡頒獎典禮上，出人意料地衝上台打了主持人克里斯．洛克一巴掌，因為後者開了他妻子潔達．蘋姬．史密斯光頭的玩笑。這件事引發熱烈討論，綜觀這些討論大致可分為兩個方向：一是關於以拳頭保護妻子的過時「男子氣慨」；另一個可能比較有意思，是關於非裔美國女性的頭髮。

大家都知道，頭髮與女性自我認同有一種特殊關係，這也是為何剃光頭是一種常見的懲罰方式，一種剝奪女性尊嚴的方式。尤其在牽扯到非裔美國女性頭髮時，更是如此。一直以來，她們的鬈髮、爆炸頭、編髮、辮子頭等等一直都是政治話題。一九六〇年代，民權運動人士如安琪拉．戴維斯開始公然頂著一頭爆炸頭，成為從「白人」規範——也就是直髮——解放出來的第一步。二〇一〇年代，碧昂絲的妹妹索蘭芝．諾利斯以〈別碰我的頭髮！〉這首歌，抗議許多白人顯然看到非裔美國人的髮型便忍不住做出侵犯的舉動。而今美國幾乎所有地方都已通過所謂的《皇冠法案》，懲戒「對種族天生頭髮的歧視行為」。實際上非裔美國人的頭髮並非在成為「白人」頭髮的對比之後才受到重視。對西非人來說，早在奴隸制度及奴隸買賣出現之前，髮型意義即相當重大。將頭髮編成辮子，以珠子及羽毛或其他配件裝飾，或者將頭髮整成如雕塑作品般，還是單純散髮，不同的髮型就像名片，告訴他人自己是誰，從何處來，屬於哪個家族或部落。特別是對女人來說，美髮及護髮更是一個聚會及培養團體意識的好機會。人們為自己的頭髮感到自豪，直到歐洲人過來，認為他們「狂野」的鬈髮一點都不美麗，是獸性及下等人種的表現。當時許多奴隸，不分男女，全都被強制剃光頭，漸漸地，髮型的重要性也就失傳了，艱困的生活以及簡陋的衛生環境，給了女人髮型意義的最後一大重擊。

當時許多非裔美國女性就像今日的潔達．蘋姬．史密斯，都有嚴重頭皮發炎及落髮問題。市面上並沒有針對她們髮質的護髮產品，畢竟她們鬈曲、亂竄的頭髮在美髮界是種缺陷，沒人想要接手處理。美髮業只為了白種女人存在，其他人要有自知之明。這種現象一直要到安妮．馬龍出現，開始關心她姊妹的頭髮才改變。平心而論，真正的開始雖然是C．J．沃克夫人及她大受歡迎生髮產品，也就是附圖的「神奇生髮膏」，但也只能算是將安妮．馬龍的想法發揚光大。不同於Netflix影集《白手起家》的劇情，莎拉．布里德洛夫，也就是後來的C．J．沃克夫人，幫安妮．馬龍工作了一段時間。當時她接受馬龍公司的委託，挨家挨戶推銷他們的「生髮膏」，直到她決定創立自己的品牌。結果大家都知道了，她獲得空前絕後的成功，C．J．沃克夫人成為美國第一位白手起家的女富豪。她的「神奇生髮膏」大受歡迎，是許多非裔美國女性的救星。據說，這個神奇武器的配方是夫人（你可以在包裝上看到她的臉）夢到的。夢中告訴她這個配方的聲音，同時也給了這位顯然擅長講故事的夫人另一個使命，即是透過她的美容王國，改善非裔美國女人的生活處境，讓她們更美，使她們有獨立自主實現自我的機會。我們的確可以指責沃克夫人服膺當時的某些美容標準，不過有人說她發明直髮器並鼓吹直髮，就只是流言，並非事實；但另一方面，她也的確不會頂顆爆炸頭走在當時的紐約街頭。不過，這並不是重點。

附圖這個黃色小罐，是對美容感興趣的黑人婦女，首度有了針對她們頭髮及身體開發的產品。同時，這也為她們開闢了一個新的職業方向：除了當僕人、工廠女工、保母等沒有任何升遷機會的工作，她們現在還可以擔任「C．J．沃克夫人美髮文化專員」施展抱負。在一九一〇年左右，全美大約有二萬名年輕女性為「夫人」工作，幾乎全是非裔女性，其中許多人出身貧困。這給了女人開拓新視野的機會，建立她們的自信心，除了容貌美麗，更重要的是為她們豎立榜樣，告訴她們，雖然成功需要努力奮鬥，但絕非不可能，這才是C．J．沃克夫人最重要的意圖。在她去世之前，明令將來公司只能由女性主持經營。最後當她女兒阿蕾莉雅接手經營後，利用這一大筆不斷增加的財富，在美貌及頭髮問題之外，支持非裔美國文化，成為哈林文藝復興最重要的贊助者之一。這場藝術文學運動是發生在一九二〇及三〇年代的紐約及巴黎，描繪並宣傳非裔美國人的真實生活，以對抗刻板印象及他人決定的形象。阿蕾莉雅著名的「黑暗之塔」沙龍，是酷兒、非裔美國人、曼哈頓自由派人士聚會之場所。她的派對就像作家藍斯頓．休斯曾形容的：「跟紐約地鐵一樣人潮洶湧。」人們稱沙龍女主人為「一九二〇哈林歡樂女神」，而她就和她母親一樣，完全明白非裔美國人的文化精神與頭髮問題，從來不能一分為二。

RADIUM
SCHOKOLADE
NACH Dr. SENFTNER
DEUTSCHES REICHSPATENT u. AUSLANDSPAT.
RADIUM

58

「鐳」巧克力

年代不詳

一九三〇年代，「柏克布朗鐳巧克力」製造商柏克布朗的廣告傳單上寫著：「人類帶給世界最有價值的禮物，就是一八九八年居禮夫人發現的鐳元素。」他們的廣告標語：「柏克布朗鐳巧克力讓你一整年沉浸在鐳中。」

這座位於德國科特布斯的巧克力工廠有好幾款巧克力食品添加微量的鐳，其中包含巧克力可可、巧克力棒，以及巧克力點心。這些甜食不僅美味可口（畢竟它是由「完全成熟的可可豆」，添加不妨礙食品風味的鐳所製成），據說還非常健康：「它能迅速且全面影響身體的祕密，就在於高品質巧克力中的鐳會立刻滲進血管，並因此快速進入所有器官、中樞神經系統、腺體，以及分支神經的最末端與所有細胞中。」這話今日讀起來怵目驚心，但當時人們卻大表贊同。進入二十世紀以來，鐳幾乎添加在所有東西上。除了臉霜、牙膏、口紅、粉餅、洗髮精等，還有據說能增加性能力的鐳塞劑，「放射性眼刷」，以及據說可以治療頭痛及視力障礙的放射性眼鏡。人們甚至建議大家喝放射性水（德國垃圾掩埋場現在仍偶爾會看到為此設計的特殊杯子及水瓶，至今持續發亮），在療養聖地還提供鐳浴，據說能治療風濕、關節炎和其他類似的疾病。就連那些根本不可能負擔得起鐳這種元素的公司，還是以鐳為噱頭放進廣告裡（反正沒人感覺得出差別），以增加產品的吸引力，符合時代精神：鐳香菸、鐳品牌鮮濃奶油，甚至還有保險套，雖然並沒有真正添加鐳，但包裝上寫著「鐳」，暗示其效力。鐳元素是健康及美容潮流中的萬靈丹，有點像是今日的奇亞籽，但比奇亞籽用途更廣更有趣。

畢竟這東西才剛被發現，還非常新奇。

同樣新奇的是，提到這個號稱擁有原始療效能治百病的物質，就不免聯想到一個女人的名字：瑪麗。故事大家都很熟悉：一八九七年，原名為瑪麗亞．薩洛梅亞．斯克沃多夫斯卡的瑪麗．居禮，在位於洛蒙德街的簡陋實驗室（據德國化學家威廉．奧斯特瓦爾德的說法，是一間「馬廄和馬鈴薯地窖混合型」建築物）著手進行她的研究。一年前，法國物理學家亨利．貝克勒發現鈾具有放射性。居禮夫人將此做為博士論文主題繼續研究，在幾乎可稱得上偶然的狀況下，在瀝青鈾礦中發現另一種完全不一樣的放射性元素，並以祖國波蘭之名將此新元素命名為釙（Polonium），除此之外當然還有鐳。這是一個時代的轉捩點，一九〇三年，她與身兼研究夥伴的丈夫皮耶，以及亨利．貝克勒共同獲得諾貝爾獎，成了史上首位諾貝爾獎女性得主。儘管法國在提名候選人時，僅列名貝克勒先生以及皮耶．居禮為兩位發現者，根本未提及居禮夫人。幸而當時瑞典已經比他們的南方同事更有女權觀念，並堅持改正這個歧視女性的錯誤。因此，居禮夫人成了科學界的首位女性巨星，而這也帶給她許多困擾。

在丈夫去世不久後，一九〇六年十一月在她於索邦大學首度開課的大講堂，湧進一大群好奇的聽眾，政治人物、伯爵夫人、教授，每個人都想見證歷史性的一幕。當「哀悼中的女人」終於出現時，隔天《費加洛報》如此描述：全場「如雷的掌聲久久不歇」。當時這可是轟動的大新聞，簡直是革命。儘管之前也有女研究員，在那個時代甚至已經不少；但是，只有極少數的人公開得到體制內的認可，大部分的女人都躲在幕後工作，不為公眾所知，歷史也樂於遺忘她們的存在。像瑪麗這樣一個女人，能在二十世紀初的大學裡開課並主持實驗室非常難得。只可惜她的盛名很快便轉為負擔：人們樂於為一位哀傷的寡婦鼓掌，讚賞並佩服她的堅強，只是一旦發現她有緋聞，對象除了是有婦之夫，還是皮耶的學生，所有人都震怒了。這樣一位聲名卓越的女性，竟然如此不知廉恥。整件事鬧得沸沸湯湯，甚至在她一九一一年二度獲得諾貝爾獎——這次是化學獎，而且是獨得——時，還有人勸她不要出席領獎，太多醜聞，太過戲劇化了。一位同事甚至寫信對她說，如果人家知道這樁緋聞，根本不會頒獎給她。居禮夫人只是淡淡地回覆，她得獎是因學術成就，不是因為私人生活。

或許，在廣告中如此推崇居禮夫人的巧克力品牌柏克布朗，並不在乎夫人閒暇時的作為。也或許廠商根本不知道這些紛紛擾擾，也顯然對「鐳女孩」的醜聞一無所知。醜聞發生在一九二〇年代末期，動搖了美國對此新元素的狂熱，「鐳女孩」的遭遇，震驚了社會大眾：這些女孩在用放射性塗料塗在表盤（所謂的夜光表）數月甚或數年之後——期間上司甚至建議她們用舌尖舔拭筆尖，或將發亮的塗料塗在自己的指甲上——其中一些人的身體開始在夜裡發光，不久便死於貧血、骨折以及類似的急性中毒症狀。這也使得因居禮夫人的發現所引發的鐳狂熱走向終局，同時，我們也願意相信，短暫受到人們熱愛的柏克布朗鐳巧克力很快也就銷聲匿跡。

FOR VALOUR
MARCH 1st 1912
HUNGER
STRIKE

59 絕食抗議勳章

西元一九一二年

一九一三年十一月十三日，英國女性參政運動領袖艾米琳·潘克斯特在康乃狄克州首府哈特福，在數百位美國女性前發表了女權歷史上著名的一場演講。這場盤點英國當時現狀的演講，被後人稱之為「自由或死亡」演說。當時二十五歲的潘克斯特，告訴聽眾，如今正處於一場內戰，女人厭倦等待改變，唯一的出路只有一條：自由或死亡。她們將持續絕食，逼迫英國政府面對棘手的選擇：放任這些女人死去，或是屈服？給她們自由，或者承擔造成她們死亡的責任？

附圖的絕食徽章現藏於倫敦博物館，是艾米琳·潘克斯特入監兩個月及絕食所獲得的勳章，是英國女性參政運動抗爭手段的證明。勳章正面寫者「絕食」，反面則刻有抗爭者的名字。自一九〇九年至一九一四年間，約有一百位女子得到這樣的勳章，通常是在從霍洛威監獄出獄的接風餐宴上獲頒。這枚徽章與「霍洛威胸章」及類似的「女權運動飾品」，全都是潘克斯特的女兒希維亞以代表女性參政運動的顏色——綠色、白色、紫色——所設計的。這勳章代表的意義，就像潘克斯特在美國所強調的，這些抗爭者不是舉著布條，禮貌地請求歸還自己權利的女人而已，而是獲頒軍人榮譽的女戰士。有別於一八九〇年代以降，米利琴特·費塞特所主導的「全國女性參政運動社團聯盟」，僅以舉布條發送宣傳小冊的和平主義路線爭取婦女參政權，潘克斯特所代表的女性參政運動者堅信，沒有引人側目的行動及破壞力，以及必要時的暴力手段，無法改變任何事。或者，就像她在康乃狄克州所描繪的圖像：兩個嬰兒挨餓，其中一個大哭大鬧，另一個只是安靜等待，你認為母親會先餵哪個嬰兒？一九〇三年潘克斯特與女兒希維亞及克莉絲塔貝兒共同成立的「婦女社會政治聯盟」，呼籲「以行動代替空談」。女人開始組織未經申請的抗議遊行，包圍封鎖公共建築。

而當這些行動都沒有結果，她們採取更激烈的手段：數百人一起走在購物商圈，信號響起後一起朝著商家櫥窗丟石頭。她們縱火燒郵筒，燒房子，在公共建築裡放炸彈，剪斷電報電纜，甚至拿斧頭砍博物館內的藝術作品。當時媒體稱這些行動為「女性參政恐怖主義」，抗爭者則說那是談論她們故意造成的恐怖氣氛。她們用盡各種手段，讓大眾知道她們的存在，她們也知道，審判是宣傳的好機會；逮捕，尤其是粗暴的逮捕行動，更能拿來利用，影響公眾對她們的看法；絕食也是同樣的手段。首先提出絕食的不是潘克斯特本人，而是一位名叫瑪麗恩・華萊士—鄧洛普的成員。一九〇九年七月，她為了自己被歸類為普通罪犯，而不是政治犯，連續幾天絕食抗議。當醫生問她，這樣身體要靠什麼維生，她毫不猶豫地回答：「靠我的決心。」「這不好消化。」醫生說：「不過，毫無疑問，非常勇敢。」三天後她便被釋放了。從此，絕食抗議列在離開「霍洛威」最快捷徑的選項之中。不過，事情當然沒那麼簡單，政府也沒那麼容易屈服，與其釋放這些女人，不如強迫餵食。這必定是種可怕的折磨：將囚犯綁在椅子上，兩位醫生及幾位助手按住她們，用擴張鉗撐開嘴巴，將一根塑膠管插入喉嚨裡，上接漏斗倒進牛奶及麵粉的混合液。若是嘴巴太多傷口及牙齦出血，那就將管子從鼻孔插進喉嚨，通常她們會吐出液體，有時混合液還會跑進肺部。有些女人在反擊中失去牙齒，情況非常可怕。很快地，大眾便從婦女參政運動者得知這些情形，對女人遭受這種殘酷的對待憤怒不已。醫生起草請願書抗議這種虐待行為，甚至有國會議員因此辭職。反對女性選舉權的理由通常是女人不需要，因為有男人會保護她們。但如今人們該如何理解這種情形？這就是男人承諾的保護？認真？這些事件所引起的公憤如此激烈，使得政府不得不想出新方法，頒定《一九一三受刑人法案》或《健康欠佳臨時假釋》，英國人稱之為「貓捉老鼠法案」：人們放任女囚犯絕食，狀況不好時釋放她們，等她們差不多能站起來時再逮捕她們進監獄。就像貓一樣，在咬死老鼠之前，先讓牠在屋子裡到處亂跑一陣子。

首相及顧問們大概認為，這樣一來女人就會放棄爭取她們的選舉權。不過，就像潘克斯特在哈特福演講所說的，這只證明了他們實在不瞭解女人：「女人只是需要時間，可是一旦她們起身反抗，世界上就沒有任何事物能阻擋她們。」她說得對。儘管透過絕食這種自我傷害來表達無力感的方式，和對他人施暴一樣值得商榷，但仍然有效：一九一八年，三十歲以上的英國女人有了選舉權。八十年後，《時代》雜誌將艾米琳．潘克斯特列為二十世紀一百位最重要的人物之一，理由是：「她使我們的社會產生徹底的變化。」

60 佛洛伊德的雅典娜雕像

西元前一或二世紀

擁有附圖這尊青銅雕像的主人，可能會斷定艾米琳・潘克斯特身邊的女性參政運動者罹患急性神經性厭食症。對西格蒙特・佛洛伊德來說，自十九世紀以降，愈來愈多拒絕進食的年輕女子，與其說是拒絕食物本身，不如說是對女性性欲的抗拒。根據他的說法，女性性欲是一種被動式的接受，女人因此會對自己的母親產生不滿：因母親沒給她們生隻陰莖，致使她們天生不完整，對陰莖產生無法遏止的渴求。至於大多數的女性參政運動者都沒有厭食症，根本不必多加說明，她們不是為缺少陽具起身反抗，而是反抗既有的秩序。她們將身體當成抗爭工具，是因為她們沒有其他的武器；她們羨慕男人不是因為男人擁有一根陰莖，而是男人擁有權力。

附圖這尊約十公分高的雅典娜小雕像，是古羅馬人複製西元前五世紀的希臘雕像，仔細觀察就會發現，她手上沒有武器：右手拿著獻祭盆，胸口是美杜莎的頭（據說是用來阻擋男人的欲望），頭上戴著頭盔。她的手臂高舉，擺出應戰的姿態，該有長矛之處卻是空蕩蕩，什麼都沒有。這尊雕像是佛洛伊德在一八九六年父親去世後，沉迷於古典文物，收藏了近二千件骨董中的一件。它不只是佛洛伊德「陰莖羨妒理論」的象徵，對這位心理分析學家而來說，必定還有特殊的意義：在他位於維也納貝爾格街十九號的辦公室裡，這尊雕像一直擺在書桌最顯眼的位置。一九三八年，當他與家人逃出奧地利，他請託好友，也就是法國心理分析學家瑪麗・波拿帕，設法將兩件骨董走私出境，其中一件就是這尊雕像。此後它便一直擺在佛洛伊德倫敦辦公桌上，至今仍是。大家都知道，佛洛伊德與他當代的許多人一樣，特別鍾愛古典時代的歷史。他許多診斷，都是引自古典希羅神話，宣稱自己所做的研究就像是一種自我考古學的形式。但可能很多人都不知道，他在治療的過程中也會使用各種雕像，像這尊雅典娜，還有伊西斯、歐西里斯、塞赫美特、阿蒂蜜絲等希臘羅馬神話中的神祇。

這裡或許應該先離題一下，簡述佛洛伊德與之前提過的神經學家夏柯醫生不同之處。此二人都在女性心理研究中占有一席之地，但切入方法完全不同。毫無疑問，佛洛伊德非常佩服他的法國同事，在巴黎期間也去看了夏柯醫生的「示範表演」，並在一封寫給妻子瑪莎信上表示頗受震撼。後來他還在倫敦房間躺椅上方，掛著一幅夏柯醫生臨床示範表演的刻版畫。畫中夏柯醫生站在一群同事前，他的女病患失去意識倒在助手的懷中，看起來像是表演剛結束，醫生已在整場表演中展示出一切他想展示的。而這也是佛洛伊德跟他的法國同行最大的不同點：夏柯用眼睛觀察他的女病患，並設法將她們肢體扭曲程度分類，可能還會暗示她們盡可能表現誇張一點；佛洛伊德則是用耳朵，聆聽女人的故事記錄下來。甚至我們可以說，他將她們塑造成新的女主角類型：安娜．O、艾咪．馮．N、露西．R、凱特琳娜、伊莉莎白．馮．R及朵拉都是她們個人小說中的主角。他們不只存在別人為她們繪製的圖畫裡，還存在她們跟醫生講述的話語與思想之中。而且不是泛泛之詞而已，畢竟心理分析的主題是深藏於內心深處的東西。身為治療師的佛洛伊德，基本上應該只是將鑰子遞給病患，由她們自己主動挖掘。

給她們一把鑰子，或者是附圖那尊雅典娜雕像。關於這尊雕像最有名的軼事，是一位病患，也就是美國作家希爾達．杜利特在她《牆上的書寫》一書中所述：那是一九三三年的夏天，她在伴侶的建議下前往維也納，請佛洛伊德治療她的寫作瓶頸。有一天，「教授」請她離開那張鋪著東方地毯著名的躺椅，到他的辦公室去。他指著這尊雕像說：「這是我最喜歡的雕像，她很完美，但失去她的長矛。」不做任何解釋，就這樣讓病人獨自困惑地揣摩這段話的意思。他知道她熱愛古希臘文明，但為何偏偏展示這尊雕像給她看？是想看她對這個從父親宙斯頭中跳出來，代表戰事及智慧的處女神祇所象徵的意涵有何反應嗎？想令她不安？暗示她的雙性戀？或者，這也是最有可能的，暗示著他的性別理論：女人因為少了「長矛」而受陰莖妒羨的苦？無論他是什麼意思，她都感到不快。儘管她欣賞佛洛伊德，但一點都不相信他的陰莖羨妒理論。她就像許多佛洛伊德的女學生，以及接下來數十年的早期女性心理分析師一樣，對大師將男性作為性欲的準則，將女人視為抑鬱羨妒的偏差感到惱怒。到了一九七〇年代，佛洛伊德甚至成為女性主義者眼中阻擋解放的敵對形象。而憤怒也使得部分人完全忘記，心理分析是醫學領域上首度不只傾聽女人的聲音，而且還是打從一開始女人就能平等發展的職業領域。在發生雅典娜雕像事件之後，杜利特還是繼續佛洛伊德的分析治療，並真的克服寫作瓶頸。但她對雅典娜雕像事件一直耿耿於懷，在《大師》一詩中，她這麼寫道：「對這老男人我很生氣／惱怒他關於男人強勢的說法」詩的最後，她糾正佛洛伊德關於女神很完美，「但是」缺了長矛的說詞：「女人很完美。」沒有但是。

Gruss aus Osnabrück
Der Held kämpft fern
im West' und Osten,
Die Frau steht treu
im Land auf
Posten

61

一次世界大戰明信片

西元一九一四至一八年

一九一七年十一月十六日，一位名叫卡爾．弗里德的軍人，從前線寫了封語氣欠佳的信向女友抱怨：「妳倒是說說看，最近為何只寫明信片給我，難道妳在家有那麼多事好做，連寫封信的時間都沒有？」卡爾顯然不知道，在男人喊著口號滿懷信心地上戰場，忙著拿武器轟掉對方的臉時，只有女人在家維持家庭生計以及社會國家的日常運作，他的女友可能真的很忙。

人們總愛說第一次大戰使女人獲得解放，因為戰爭帶給她們新地位。敘述女人解放歷史的方式，聽起來常常像是男人著手毀滅世界，然後把女人捲進風暴；而不是早在這場大戰之前，算起來差不多六十年前，來自德國、英國、法國、美國女人就已經團結起來，用各種方式為自身的解放奮鬥。或許，我們該問的是，為何歷史會這樣敘述？因為這種說法就算不是全錯，也不完全正確。因為戰爭女人才開始被迫工作的說法並不正確，除了一些特別富有的夫人小姐，女人在歷史上一直都得工作。統計數據顯示，一戰前所有歐洲國家婦女就業率都提高了，就算在戰爭期間也沒有變化。真正產生變化的，是女人的工作職位。她們成了郵差，就像附圖那位笑容可掬的女士，她們開火車，開公車，或在總動員期間在軍火工廠及鋼鐵工廠裡工作。可以這麼說，是工作領域中的性別發生變化：從前認為是男人的工作，現在也可以由女人來做，「女人做不到」的說法在戰時暫時失效。從前女郵差很少見，女人在工業界裡大多待在紡織業工作，在大城市則多半從事服務業。戰時則進入軍火工業，在男人監督之下工作，這短暫的工作經歷對她們的生活條件及自我感受是否真能有所提升，相當令人懷疑。特別是戰爭結束後薪資又回到不平等的狀態，女人又被指派回去她們「理應」存在的位置：低薪，以及戰後變本加厲的壓迫。

接手男人工作短短幾年的經歷，真正帶給女人本質上的變化，是孤獨：再也沒人在旁邊指點她是誰，能做什麼事，該做什麼事，不該做什麼事。當時風行一時的明信片，便反映出這種孤獨，少了回聲與映照，引人自我反思。戰爭拖得愈久，附圖這類充滿愛國情操的明信片就愈多，郵寄的數量也更大，無論在德國或法國都是一樣。法國明信片圖案主題通常較不正經，德國的就像附圖一樣，女人「在國內忠實地堅守崗位」，或者坐在沙發上想著她的戰士情人：「嘗過相思滋味的人，才懂得我的苦。」戰爭四年期間，將近一千八百萬張明信片送往前線。有人說這是史上第一場文字戰爭，在這場戰爭期間，首度不論社會階層，幾乎人人都能讀能寫。在隨時可能喪命的時代，訴說心聲是重要的事。女人被要求盡可能多寫信給她的情人、丈夫、朋友或是兄弟，給他們精神支持，幫他們打氣。但千萬不要寫「抱怨信」！報紙文章總會提醒待在後方的人，信裡只能寫快樂的事。因此，大部分信件都沒什麼內容，有些則會寫下當面不敢講的話。不是只有法國現代詩人紀堯姆・阿波利奈爾會寫色情信給他的露*，其他文學素養不這麼高的人也會嘗試這麼做。欲望太過強烈，再加上恐懼，在已經沒什麼好失去的狀態下，溝通突然不再受制於禮教也不再考慮得體與否。許多人乾脆寫兩封信回家：一封無關緊要的閒談信給全家人，另一封親暱私密信給妻子。

除了這些之外，寫信或寫卡片本來自十八世紀起就對女人產生特殊的影響，是一種使女人變成主體，講述及審視個人想法的方式。事實上在大戰之後，也的確有許多女人認為自己在戰時孤獨期間認識自我。一位法國女人在停戰後投書至《法國女人》雜誌女性心聲版，道出憂慮：「我發現，我有自己的人格特質以及個人興趣。」她很擔心如何讓將要回家的男人接受這個「我」。這種憂慮不是她一人獨有，許多女人投書寫道：雖然很高興丈夫就要回家，但也很害怕對方面對全新的自己會有什麼反應。儘管無法證實，但我們可以想像，女人在工作之餘寫了這麼多的信件，也促進了她們的自我認知。這位投書到法國雜誌的女人憂慮果然成真，許多從前線回來的男人，對他們妻子的轉變不僅感到不快，更糟糕的是，他們懼怕這種轉變。因此，作家克拉拉・馬勒侯曾寫道，許多戰士返家後衝突不斷。在德國情況更加悽慘：人們不只趕女人回家，並要她們一同擔負起打敗仗的責任：誰叫她們敗壞德國前線戰士的士氣。如何敗壞？當然是用她們的「抱怨信」。

* Lou，全名為Louise de Coligny-Châtillon，阿波利奈爾為她寫的詩曾集結出版。

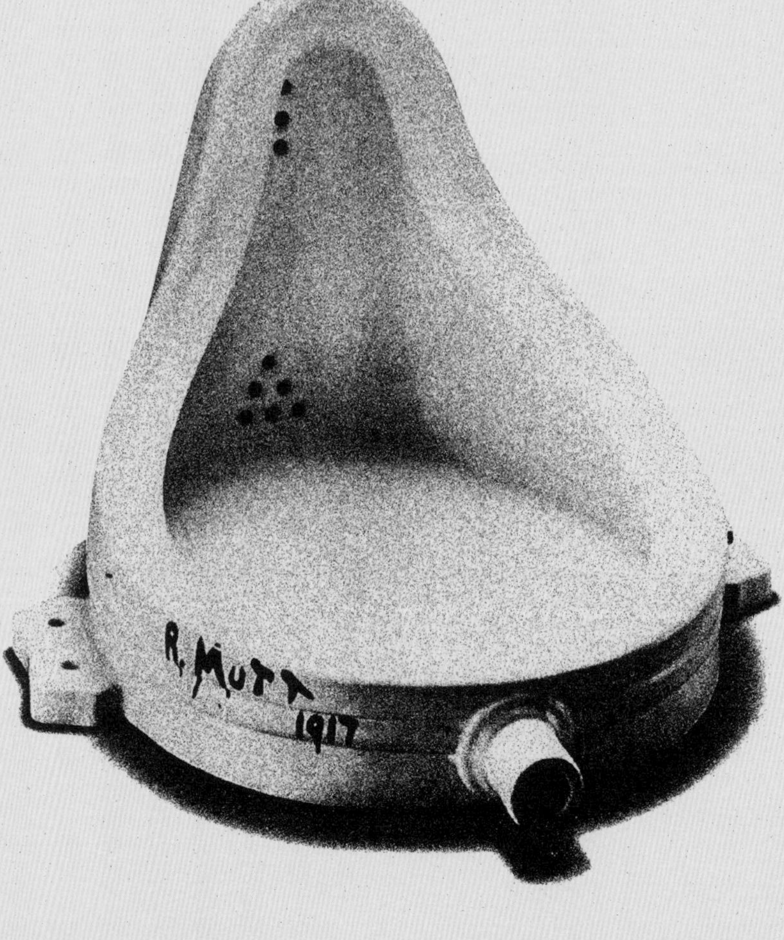
R. MUTT
1917

62

噴泉

西元一九一七年

二〇一九年三月，美國作家席莉・胡思薇在英國《衛報》發表一篇文章，標題頗富深意：「一個在男廁裡的女人」。文中當她提到附圖這件藝術史上重要作品《噴泉》的創作者，不是一般公認的馬塞爾・杜象，而是一位名叫艾莎・馮・弗萊塔格—洛琳霍芬的男爵夫人時，語氣有些激動：「為何人們如此難以接受一個具有智性及創造權威的女人？（……）男人創造出來的繪畫、文學或是哲學，感覺就比較高尚、比較正經，而女人的作品氣勢就是顯得孱弱、神經質。（……）那麼，如果創造出此便斗的不是馬塞爾・杜象，而是艾莎・馮・弗萊塔格—洛琳霍芬男爵夫人，這個作品又會被如何看待？」

這裡我們先簡單回顧一下這段藝術史上的傳奇故事：一九一七年，歐洲仍壟罩在戰爭的陰影下，紐約有一群藝術家以美國獨立藝術家協會為名成立新沙龍，並討論出新規矩。傳統的歐洲沙龍對藝術好壞的評定標準嚴格而且狹隘，現在，他們要展出所有交出來的作品，不受任何約束限制，也沒有審查。接著，就出現附圖這件作品：一個便斗，作品名稱為《噴泉》，上面的字樣「R. Mutt」神祕難解。遠在安迪・沃荷的湯罐頭、皮耶羅・曼佐尼的糞便出現之前，將一個到處都能買到的陶瓷便斗當作藝術品展出，令人髮指無以復加。這是對藝術，對創作者及對觀眾的一種嘲諷，將他們通通視為傻瓜。原本不該存在的評審認為，工廠成品不是藝術品，因此決定不展出這件作品。這可是大醜聞！人人義憤填膺！突然之間，整個紐約對這場「大展」所展出的藝術品全視而不見，人人都在談論沒被展出的東西：便斗。而其原件極有可能已當垃圾處理掉，但這並不嚴重，畢竟比起作品本身，關於它的討論重要多了：什麼是藝術？只要有人宣稱它是藝術就是了嗎？如果藝術家不必會什麼，只要會買東西就行了，這樣的藝術家還是藝術家嗎？這個事件打破了當時所有成規。二〇〇四年這件《噴泉》被評為「二十世紀最重要的藝術品」：沒有這個便斗，可能就沒有普普藝術及觀念藝術，今日我們畫廊裡的作品，也將會是另一番景象。自從這件作品出現，一切都改變了，所有在這件作品及其公認之創作者馬塞爾．杜象後的一切。

到底是杜象還是艾莎．馮．弗萊塔格—洛琳霍芬？從前就曾有人提出證明應該是後者，胡思薇則是以男爵夫人的回憶錄為證，其中有一段提到杜象寫給妹妹蘇珊的信中說：「我的女性友人中，有一位化名為R. Mutt，提交了一個便斗當作雕塑品。」另一個證據則是杜象自己在事發多年後，聲稱是在某家商店買下那個便斗，但其實那家商店根本從來沒賣過便斗。而且「R. Mutt」與弗萊塔格—洛琳霍芬的字跡非常相似，再加上她之前便創作過這種「現成物」(ready-made)藝術：一根被她命名為「上帝」的水管。不過當時杜象已經創作出《瓶架》，因此最後這個事實很難拿來做為證據。在經過一百多年後，要釐清這個點子出自於誰，到底誰買了這個便斗並留下簽名，最後又是誰將它當成作品提交出去，已是不可能的任務。或許是男爵夫人，也或許是杜象；或是她先送給他，然後由他提交出去；還是她的作品帶給他靈感。也或許只是有人對他說：「嘿，杜象，這個R. Mutt就是你嘛！」而他也沒否認。我們可能永遠不會知道真相，但其實也不重要：有這麼一件作品，發揮了巨大的影響力，至於它出自男人還是女人之手，有什麼關係？是沒關係，但也關係重大。

至少我們懷疑，如果人們認為這個作品出自女人之手，還可能引起這麼多討論嗎？或者引起的是更多訕笑？難道人們不會說：看，女人果然不適合當藝術家，她們會買東西，但無法創作？另一方面，我們也想知道，如果人們知道這件當代「最重要」的藝術作品出自女人之手，藝術史又該會如何寫？大家可曾聽過或知道烏妮卡・居恩、賈桂琳・蘭巴、李奧諾拉・卡林頓、雷昂諾・菲尼、李・米勒、朵拉・瑪爾、芙烈達・卡蘿及其他類似的名字？她們可曾像馬克斯・恩斯特、曼・雷、安德烈・布勒東、漢斯・貝爾默、畢卡索等人辦過盛大的個展，是否曾受到同等的關注？至少還要等半個世紀，人們才開始稍微注意前衛藝術中女人的名字——真正的藝術家，而不只是繆斯。就算附圖這個作品我們無法確定是杜象還是弗萊塔格—洛琳霍芬的創作，但歷史上仍然有夠多的例子，將女人的作品當成其他男人的。例如位於羅克布呂訥—馬丁角的E1027別墅。幾十年來人們都一直以為這棟位在法國蔚藍海岸邊的別墅是勒・柯比意的作品。直到偶然發現，原來這是愛爾蘭設計師暨建築師艾琳・格雷的作品。而人們之所以一直將它誤認成勒・柯比意的作品，是因為曾是格雷男友的柯比意，就像狗用尿畫地盤一樣，在這棟房子做過記號：有一次柯比意趁格雷不在的時候，私自動手在牆上畫了一幅壁畫。將自己的意志淩駕於她的作品之上，破壞她將耀眼的白牆矗立於大海之前的想法，且藉此絕非無意地攬下創作者的身分。就此而言，買下便斗，簽下名字以及當作藝術品提交的人到底是誰的確不重要，但胡思薇說對了一點：我們必須重寫藝術史，以及其中女人的地位與意義。

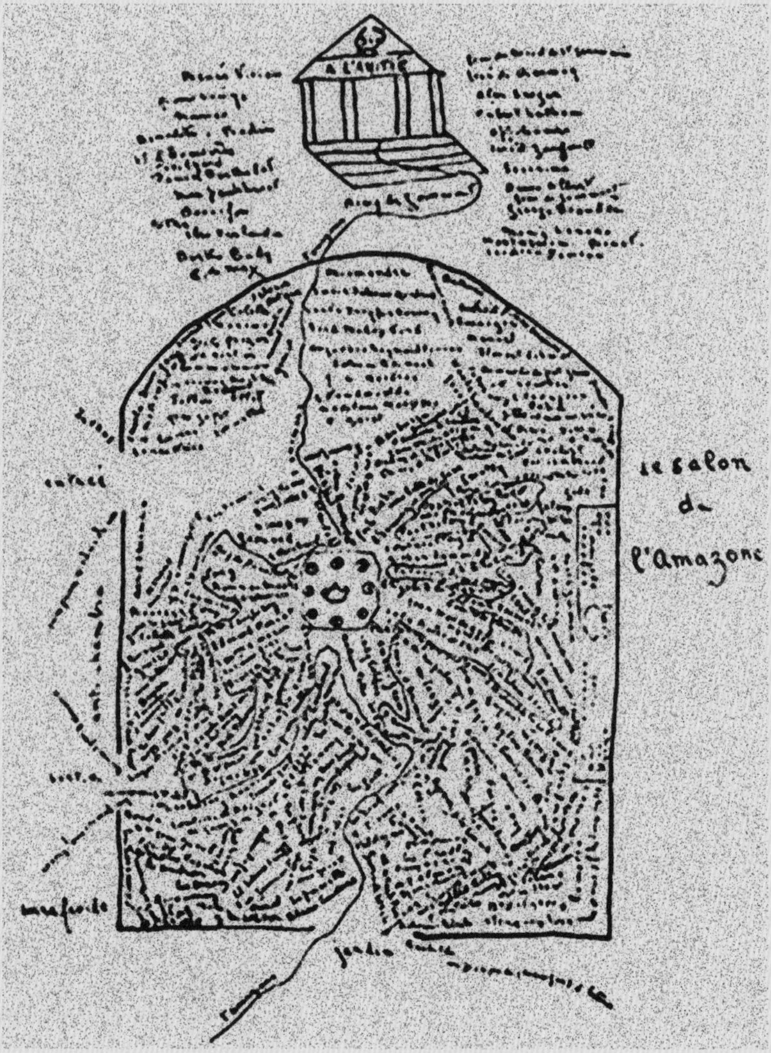
A L'AMITIÉ
le salon
de
l'Amazone

每回看到男人為了擴張個人勢力範圍而發動戰爭，我們不禁想問，這世界要是少一點男人，多一點女人掌政，是不是會好一點？二次大戰期間，英國作家夏洛特・柏金斯・吉爾曼顯然有同樣的疑惑，並用小說回答這個問題。《她鄉》描述一個全是女人的烏托邦，一座島嶼，上面只有女人一起生活並且能夠自行繁衍，對男人及他們爭權好戰壓迫別人的價值觀毫無所知。整本小說讀起來就像神力女超人對原始天堂世界的描述，而且還讓許多男人本來就很擔心，大戰爆發後更加憂慮的惡夢成真（至少在某個圈圈裡）——女人不再需要男人，甚至愛情上裡也不需要了。

之前曾經提到，女性的（戀愛）情誼自十八世紀以來便有愈來愈多存在的空間，有些像「蘭戈倫女士」還可以成為伴侶一起生活。美國人稱這樣的情況為「波士頓婚姻」，十九世紀末愈來愈多的女人，特別是擁有大學學歷的女人，選擇這種方式共同生活。這些女人多半終生不婚，且偏向與女同志一起生活。而這種情況卻沒引起他人側目，並不是因為社會很開放，而是因為人們壓根沒想到，這些住在一起的女人可能不是只一起煮飯一起讀書而已，還會一起做愛。長久以來女同性戀一直未受到注意，也是一件不可思議的事。就算到了十九世紀中葉，性學研究儼然成為專業研究領域，也對男同性戀有所關注，卻從未將女同性戀當一回事。或許因為當時人們宣稱，女人幾乎沒有性衝動，如果女人連對男人都沒性欲，怎麼可能對其他女人產生性欲？不可能。直到十九世紀末，女同性戀一詞才真正出現，成為研究對象，並將其分類，不幸

63 亞馬遜女戰士的沙龍：「友誼神殿」草圖

自西元一九一〇年起

的是同時也列入病態，也就是不正常不健康的偏執狀態。不過，從積極的角度來看，這也讓許多女同性戀者知道自己並不孤單，特別是在像巴黎這樣的大城市，蕾絲邊次文化蓬勃發展，並隨著「女男孩」（Garçonne）*的出現更為活躍。

附圖這張「訪客平面結構圖」展現出這種新文化，及其中一個重要的核心圈：一個不同凡響的女同性戀傳奇沙龍，位於聖日耳曼德佩區雅各布街的「友誼神殿」。這張草圖所描繪的是一位娜塔莉・克利福德・巴尼所主持的沙龍。當時這位追求自由的美國人住在巴黎左岸，帶給當地許多歡樂，也引起不少騷動。朱娜・巴恩斯是其中的一員，葛楚・史坦當然也是；女明星露易絲・布魯克斯、詩人米娜・洛伊，以及雪維兒・畢奇，這位莎士比亞書店的女主人，給「迷惘的一代」精神上一個落腳之處；還有珍娜・法蘭諾，為《紐約客》雜誌撰寫巴黎各種活動、小道消息、政治狀況等等有趣值得報導的軼聞。所有這些女人，不管是同性戀還是雙性戀，或者單純心態開放不拘的，她們的名字都列在這張巴尼的朋友安德烈・胡維荷所繪製的奇怪草圖上。拿把放大鏡就可以看到，她們都是巴尼小姐——自稱「亞馬遜女戰士」——的客人。那裡熱鬧神奇，比史坦在花街的沙龍還要紛亂嘈雜。儘管巴尼總是在星期五下午的大白天就開始接待客人。就像草圖所示，人們要不在室內，要不就在今日仍然存在的小神殿——「友誼神殿」前面的庭園裡。房間正中擺著茶，一旁則是烤牛肉加黃瓜三明治以及蛋糕。蛋糕美味可口的程度，令客人在自己的回憶錄中特別提及：蛋白霜、閃電泡芙、香草巧克力蛋糕，以及草莓糖葫蘆與起司。飲料則有香檳、熱可可、雞尾酒、威士忌、琴酒、潘趣酒。

不知何故，這張草圖標示了女主人穿過擁擠人群寸步難行的途徑：在入口她從葛楚·史坦身邊擠過去，經過愛麗絲·B·托克勒斯及瑞士作家布萊斯·桑德拉旁，我們可以看到費茲傑羅與妻子賽爾妲，伊莎朵拉·鄧肯這位隨時都會翩翩起舞的人（通常最後都會脫個精光），喜歡開快車的塔瑪拉·德·藍碧嘉，詩人萊納·瑪利亞·里爾克，以及我們已經熟知的女性參政運動者艾米琳·潘克斯特，還有畫家像瑪麗·羅蘭珊等，作家柯蕾特及巴尼的情人——詩人蕾妮·維維安。有時也會遇到佩姬·古根漢、南希·庫納德或薩默塞特·毛姆。據說大戰期間交際花瑪塔·哈里曾全裸騎著一匹白馬進庭院裡，不過這聽起來實在太不可思議。在那裡人們談論政治、藝術、愛情，當然也會談論莎孚。為了讓女性在文化生活中能有一席之地，巴尼及她的朋友還創立了「女性學院」，作為當時還是純男性的「法蘭西學院」之女性版本。

雖然沙龍的主題始終是女人，但與《她鄉》不同的是，這個沙龍歡迎男性加入。因為沙龍女主人認為，男人應該多多了解新女性以及她們另類時髦的生活方式，而不是囿於成見。就連馬塞爾·普魯斯特也曾參加過聚會，為追憶似水年華第四冊《所多瑪與蛾摩拉》尋找靈感。巴尼向他解釋她們的生活及戀情，不過顯然作家並未真的聽進去。最終他還是按照自己的想像塑造女同性戀者的角色，一點都不像在巴尼「友誼沙龍」裡，活生生站在他面前的人。

＊ Garçonne，是法文 Garçon（男孩）的陰性名詞，指不受約束、打扮率性如男孩的女孩子。不同於英美更陽剛的 Tomboy，Garçonne較接近「帥氣女孩」。

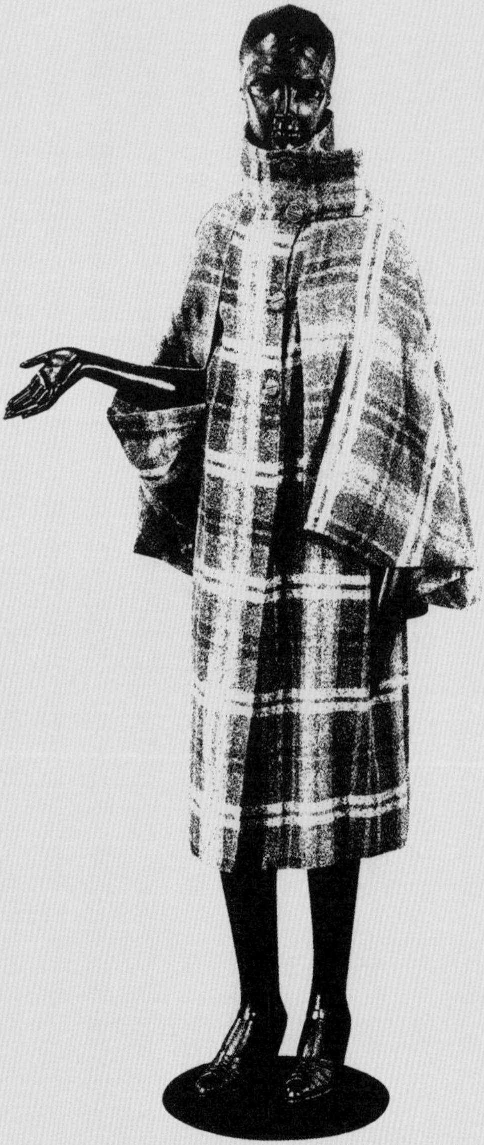

64

「時速一百公里大衣」

西元一九二〇年

駭人的大戰造成千萬士兵喪命，數十萬傷兵，全是年輕男人，帶著全非的面目，無手或無腳地返回家中，回到生活軌道，而且要盡快。然而就算人們用盡各種方式，將女人趕回一九一四年之前的位置，乖乖臣服於下，仍然遇到頑強的抗拒，特別是大城市裡年輕一代的女子。大戰陣亡者眾，大部分的年輕女子不可能找到丈夫，大城市也給了她們其他養活自己的機會：擔任速記員、電話接線員、在方興未艾的百貨公司裡當售貨小姐。既然如此，為何還要勉強自己重回舊有的角色分配？人們不是才剛脫下馬甲？為何要放棄自由，交換一個如今看來可能隨時炸毀的安全感？人們想要逃離凝滯沉悶的家庭生活，想要跳舞、戀愛、尋歡作樂，沉迷在暗夜狂歡之中。總之就是想要真正的生活，全心全意。

附圖這件漂亮的大衣，是一九二三年位於巴黎的Dornac時裝屋所設計，完美地展現了當時新潮的生活態度。這件大衣很短，短於所有之前的大衣，以當時的標準來看很不女性化，幾乎可說是中性剪裁：袖子寬大蓬鬆。大衣質料厚實粗曠，高領的設計表明這不是一件讓你穿著坐在露臺上等待的衣服，而是可以到處活動，去戶外，甚至離開城市，或許還是獨身一人，誰知道呢。最特別是這件大衣有個極其有趣的名字：「時速一百公里大衣」（Manteau 100 à l'heure），這名字顯示出當時的女性有了新的休閒方式。那是史上頭一次不是只有少數的女性會開車，很多女性都會。腳踏車、長辮子、長裙和順從的舉止，全被她們留在一九〇〇年代，現在，她們是現代新女性，而所謂的現代則是：短髮、俏皮的帽子、中性的曲線、紅色口紅、嘴角叼支香菸，以及最重要的：速度、速度、速度。在蘇格蘭，多蘿希・普林格歷經一次大戰的考驗後，於戰後加入父親主持的汽車製造家族企業。身為早期女工程師之一，她在一九二一年推出一款專為女性駕駛打造的汽車：「蓋洛威車」。這部車子是以「飛雅特五〇一」為底改裝，並在普林格的主導下有了女性參政運動的顏色：紫色、綠色、白色。當時的雜誌描述這款新車型是「一輛由女人打造給女人的車子」。如同當時的許多事物，當時的汽車也不適合女人的體型，女性駕駛要不踩不到油門，要不搆不到方向盤，或者至少無法同時做到。這種情形不該繼續，現在女人也可以開車，或者像法蘭絲瓦・莎岡五十多年後所寫的：「我寧願在積架跑車裡哭泣，也不要坐在公車裡。」

之前提到的建築師艾琳・格雷，可能也會說出類似的話。一九二〇年代，她開著敞篷車後座載著她情人的寵物豹在聖日耳曼德佩區呼嘯而過時，引來許多驚歎、詫異以及不以為然。特別是男人，更是無法接受女人對汽車的熱情。或許，「女人太笨無法開車」的流言就是出自這個時代。至少柏林記者露絲・蘭德斯霍夫—約克在一篇名為〈馬力較小的女子〉的文章中寫道，只要被女人超車，男人總是目瞪口呆。最好的方式就是先給他們錯覺，流露出徬徨無助的神情，他們就會紳士地讓到一邊，這時就可以猛踩油門從一列男士身邊呼嘯而過。她在《仕女》雜誌這樣寫道並且還說：「女人的車看起來要像嬰兒一樣引人垂涎。」說到《仕女》雜誌，一張展現新女性的代表圖像，身上穿著類似大衣，便是為這本德國女性雜誌所畫——波蘭畫家塔瑪拉・德・藍碧嘉所畫的《開綠色布加迪的塔瑪拉》，是一幅車內自畫像。據說，雜誌一位編輯誇讚塔瑪拉坐在她車子裡看起來很帥氣，應該要畫下來給雜誌當封面。藍碧嘉覺得這個想法不錯，不過她認為自己的車子不夠顯眼，因此將黃色雷諾改成綠色布加迪：畫面只有部分，就像開得太快只夠驚鴻一瞥，她脖子圍繞著大衣衣領，圖畫裡的她眼神充滿挑戰及自信。直至今日，這幅畫仍被視為一九二〇年代的女性象徵：她自己握著人生的方向盤，從前只有男人能這麼做。

男人？不，「女男孩」。「新女性」都很年輕，這也是為何法國作家維克多．瑪格麗特稱這些手挽手在大街閒逛，晚上在巴黎夜總會大跳查爾斯頓舞步的女人稱為「女男孩」。他在一九二二年寫下小說《女男孩》，給了那個世代的新女性一個稱呼，一時間，舉國譁然。他的法國榮譽軍團勳章被收回，並被指控以文字侮辱法國女性。就連女性主義者也非常憤怒，她們認為，他將解放的女人描繪成沉迷於性欲無法自拔的性癮者（當時法國女性不像她們在英國或德國的姊妹，仍然沒有投票權，因此特別擔心聲譽）。事實上這本書娛樂效果大於其意義，但這一點都不重要。重要的是他的標題及其傳達出來的生活感受，完全貼近時代的動脈，畢竟新女性不僅希望行為舉止像「女男孩」，外表看起來也要像「女男孩」。本身開 Delage D6 的傳奇舞者約瑟芬．貝克就曾說過，她剛到巴黎時，女人都留長髮，而且還頗豐滿；然後突然之間，大家都變瘦，頭髮也剪短了，開著她們時髦的跑車——穿著「時速一百公里大衣」，以當時的速限六十公里時速到處跑。

N°5
CHANEL
PARIS

65 香奈兒五號

西元一九二一年

法國女作家柯蕾特曾說過大意如下的話：「女男孩」或許自由，能跳舞，會抽菸，會開車，還可能很有趣，不過，天啊，她們真是臭！可惜這位昔日的女性革命家看不慣比她年輕一輩的女性革命家，這種事倒也常見。二十年前，柯蕾特著書呼籲女人要按照自己的意願過活，等到女人真的這麼做了，她又看不慣。不過，她那自覺高人一等的評論，也道出部分事實。雖然一九一九年O’Dorono品牌就在美國市場推出現代除臭劑的原始版本，但是一直要到二次大戰後，這些粉紅或藍色的小瓶子才會進軍歐洲市場。不過還好，在法國的柯蕾特及臭臭「女男孩」雖然沒有除臭劑，但也大致在差不多的時間（一九二一年）有了打破所有嗅覺慣例的香水：香奈兒五號。或者，誇張一點的說法：「世紀之香」。

歷史上的香味是一件很難捉摸的事。我們很難想像前人生活在什麼樣的氣味氛圍下，什麼樣的氣味會讓他們覺得噁心，又會喜歡什麼樣的氣味。就像拿破崙在一八〇〇年左右打贏馬倫戈戰役後，據說曾寫信給他的約瑟芬：「八天後我就到了，親愛的，千萬不要洗澡！」到了一九二〇年代，人們又覺得八天不洗澡的女人不那麼性感了。人們開始噴香水，只是香氣跟今日完全不同。當時的香水味道單一，只散發出單一的花香。人們聞到的香味是玫瑰、茉莉、鈴蘭或梔子花，直到一位女人決定改變法國乃至全世界的嗅覺習慣：可可·香奈兒小姐。據說，她在巴黎康朋街開了第一家店大約十年後，在她的「小黑裙」問世六年前，她想要一款「聞起來不像花而是像女人」

的香水。在她的想法裡，這香水聞起來必須比單一的玫瑰香味複雜，首先它得適合一個不再只會微笑的女人，還要聞起來「像剛沐浴過的肌膚」。

許多傳說圍繞著這款香水的誕生，其中之一聲稱，一九二〇年夏末，可可與她當時的戀人俄國大公德米特里・巴甫洛維奇正在南法旅行，一天下午來到了同屬俄裔的調香師歐內斯特・博的實驗室。歐內斯特・博曾在沙皇御用香水製造商雷萊特公司擔任調香師，俄國革命後這家公司被格拉斯的一家法國香水製造公司買下。一九一三年他還在俄國時，曾為慶祝曼諾夫王朝成立三百週年，調製出「凱薩琳大帝的花束」香水，也稱為「雷萊特一號」。按照這種說法，香奈兒五號可以說是向凱薩琳大帝致敬香水的仿製版。有些人認為，當時歐內斯特・博為了讓他的「花束」適合法國人的鼻子，做了許多調整，並調製出十種不同的配方。可可小姐選擇了第五號配方，這也是這款香水名字的由來。或者像歐內斯特・博自述所稱：「香奈兒小姐擁有一家成功的時裝精品店，請我為她調製一款香水。我給她從一號到五號，二十號到二十四號的系列樣品。她選了一些，五號也在其中。我問她：『這香水該如何命名？』她回答說：『我將在五月五號發表我的新時裝，這樣，我們就讓這香水保留它的名字吧。五號這個名字會給它帶來好運。』我得承認，她說對了。」

是的，她真的說對了。法國人喜歡宣稱，每三十秒全世界就會售出一瓶香奈兒五號。雖然這種說法顯然過於誇張，但這款香水的確從一推出就成了暢銷商品。它獨特的香氣，混和了玫瑰、伊蘭伊蘭、檀香、茉莉等花香，加上一項非常重要的新成分：醛，改變了整整一個世紀的嗅覺世界。「香奈兒五號」是香水界的典範轉移，從此以後，一切都不一樣了，一九二三年十月的《時尚》雜誌甚至聲稱這款香水表達出「現代女性的精神」。此外這款香水特殊的不僅只是香味，神祕且輕盈，一點都不像幾十年後聖羅蘭那款驚世駭俗的「鴉片」（Opium）香水，此外它的包裝也非常獨特。沒有花花草草及華麗繁瑣的裝飾，沒有漂亮的女人臉孔，也沒有充滿詩意的名字，這款香水上市時的面貌就像當時對科學技術著迷的時代：裝在方形玻璃瓶裡彷彿剛從實驗室拿出來。「五號」聽起來就像某種科學實驗，它既熱又冷，就像現代女性所展現的樣貌。據說美國軍人在解放巴黎後馬上湧入康朋街，搶購幾瓶「自由的香味」。至今使用香奈兒香水最有名的美國女星，非瑪麗蓮．夢露莫屬。她在一九五二年《生活》雜誌上所宣稱的名言「睡覺只擦幾滴香奈兒五號」，雖然寫下歷史的一頁，但很可能是個誤會。一份從香奈兒公司挖掘出來的錄音檔案裡，夢露提到當時別人很沒禮貌地問她都怎麼睡覺：「穿睡衣？只穿上衣？下身呢？還是連身睡衣之類的？」因此她才提到她會擦（wear）幾滴香水：「我回答『香奈兒五號』因為那是事實，但我不是想說自己裸睡，不是的。不過，算了，這也是事實就是了。」

Milady Décolletée Gillette
SAFETY RAZOR
Gillette
GILLETTE
SAFETY RAZOR CO.
BOSTON U.S.A.

66 摩登女人低胸吉列除毛刀

西元一九二〇年代

一九九〇年《新娘百分百》在英國上映時，應該沒人會想到，這部精采絕倫賺人熱淚的影片後來會跟女性主義議題扯上關係。片裡茱莉亞・羅勃茲說出類似「我也只是個女孩，站在一個男孩面前，請求他愛她」的句子，就算她的角色是國際巨星，休・葛蘭只是個笨拙的書店老闆，但這部愛情劇並不真的宣揚女性解放。直到前幾年，人們突然從抽屜翻出這部電影在倫敦首映時的照片，只因一件出人意料的事件，茱莉亞・羅勃茲突然變成反抗主流外貌標準的鬥士：首映當天晚上，茱莉亞・羅勃茲穿著閃閃發亮的紅色禮服在電影院前跟影迷揮手，大家看到她胳肢窩並非光滑潔白，而是，天啊，栗棕色腋毛。今日，四分之一的二十五歲以下年輕女子已經不再除腋毛，Instagram上還有「一月留毛」(Januhairy)運動，但當時茱莉亞・羅勃茲露出腋毛的造型等同宣言，像是在說：「嘿，父權，去你的！」不過，她顯然沒這個意思。前些時候在電視訪問中，她解釋當時只是沒想到袖子竟然這麼短，會被大家看得一清二楚。

實際上女人開始除腋毛最初也是因為袖子長度的改變。直到二十世紀，或者精確來說，直到一九二〇年代，幾乎沒有哪件衣服會讓女人在臥房以外露出腋毛。當時最短的袖子也會遮掩住上臂的三分之一，因此根本沒有機會讓人看到腋下，不管再跟影迷如何揮手，都看不到。直到新女性的新時尚出現，像是可可・香奈兒及珍・浪凡為飛來波女郎設計的寬鬆服飾，不只解放腿部及背部，連手臂、肩膀、胳肢窩也一併解放，才出現問題：我們該處理身上的毛髮？可以露出來嗎？或者顯得太過私密？女人當時突然擁有新嗜好，像跳查爾斯頓舞、打網球、游泳、開車等等，在她們活動及豪邁的姿態下，雙手不再只是緊緊靠在身邊，腋毛就會露出。這樣說起來，刮毛是時尚解放後的副作用，也是新興的女性審美標準。當時，人們喜歡看起來像男孩而不是女人，尚未進入青春期也還未發育：沒有胸部，沒有屁股，自然也不會有腋毛。

業界以及當時蓬勃發展的時尚雜誌利用這個短暫的風潮，創造出新標準並推出新產品。最遲到了一九二〇年代初期，像《哈潑時尚》等雜誌就已不斷出現廣告談論所謂的腋毛「問題」，並提出解決方案，即是附圖這款專為女性開發的除毛刀——吉列生產的「摩登女人低胸安全剃刀」。這是專為想要擁有「最佳狀態」的「摩登女性」所設計，解救她們免於尷尬處境，在一九一七年出現的首批廣告詞中，有一則是這麼說的：「光滑白淨的腋窩既然屬於美貌的一環，吉列時尚女人低胸除毛刀自然大受歡迎。」這是送給摩登女性的最佳禮物，每個想要跟上時代腳步的女人一定要擁有。吉列是當時所有除毛刀中最知名的品牌，一九〇〇年左右開發出給男人的「安全剃刀」，並在一次大戰時成為美國軍方的供應商。最初女人只能借丈夫的除毛刀使用，直到公司得到風聲，設計出附圖這款別緻的女用剃刀，準備攻占時尚女性的市場。但產品要賣，不能只靠一些因跳舞高舉手臂亂揮的「女男孩」，她們可能很快就會消失，而是要賣給所有女人，所以就要製造社會壓力：從此人們會在所有婦女雜誌的廣告上讀到，被人看到腋毛是一件多麼「尷尬」的事。還有「狼狽」一詞也經常出現，頻繁到讓人覺得不管現在流行袖子長或短，剃除腋毛都是必要的。

很快也就從腋毛擴及到腿毛，特別是在戰爭期間：當時幾乎買不到絲襪，因此必須露出小腿到處走，雷明登趁機推出特殊剃刀，一舉消除腿毛。而在一九五〇年代，與比基尼問世平行發展，開始慢慢往私密處除毛的方向推進，到了一九八〇與九〇年代臻至成熟。想法基本上都是一樣的：光滑白淨的肌膚帶給人純潔乾淨的感覺，也就具有吸引力，毛髮除了頭頂上，出現在身體其他地方都會令人嫌惡。而且，就像一九二〇年代的審美標準：當女人外表不像女人，而像少女，就是一個性感的女人。一九六〇年代，介於十五至四十多歲的美國女性中，百分之九十八自陳會刮毛，不管時尚如何變化。而這個約莫一百年前因消費市場所發展出來的審美標準，至今仍然沒什麼變化。一九七〇年代初，女性主義者葛洛利雅．史坦能曾呼籲解放雙腿，並對西方文化中的「無毛審美標準」宣戰。但在一九七四年，《紐約時報》便出現「重回刮腿毛年代」的文章。根據報導，年輕女子又拿起安全刮刀。今日在同個版面我們會讀到像「不過是毛髮」的文章，宣稱我們應該欣然接受我們的自然之美，且要將自己身體上的一切當成「奇蹟」，包括「毛髮等所有一切」，就像陰陽差錯而被認作抗爭英雄的茱莉亞．羅勃茲。

67 女巫之舞中的面具

西元一九二六年左右

一位舞者罩著寬大的長袍，臉上戴著面具席地坐在舞台上，隨著鑼鼓聲舞動身體。她雙腿併攏屈起膝蓋，身體微微向前靠攏，就像等待獵物的動物。舞者的雙手隨著鑼鼓聲的韻律往上高舉揮動，一隻手向上，一隻手向下，交互替換著，上，下，上，下，看起來像在攀爬似的。接著，舞者繃緊手指，如爪子一般，隨著敲擊韻律抖動，身體往前傾，慢慢打開雙腿，彷彿訴說著某個祕密。就這樣張著大腿上半身舞動，突然間屁股坐著往前滑動到舞台前方，跺著雙腳以身體為軸心轉圈圈，愈轉愈快，動作愈是粗魯，直到突然停下來，抖動的雙手朝向觀眾伸去。

這段表演，今日我們可以在YouTube上看到一九三〇年代的錄影片段，這齣舞劇名叫《女巫之舞》，藏在面具下的舞者，則是一位名叫瑪麗．魏格曼的女人，也是這齣經典舞劇的編舞者。這位舞者在一九一〇年代首次將這齣極不尋常的舞劇搬上舞台時，她的朋友兼「真理山」嬉皮社群的同志蘇珊．佩羅特便指出，魏格曼那天晚上看起來非常醜，粗魯的動作加上臉上駭人的面具剛好是芭蕾女伶理想典型的相反。自從十九世紀開始流行墊腳尖跳舞，以及出現像瑪麗．塔里奧妮這樣的芭蕾女伶後，人們就認為女人必須美麗、婉約輕盈，看起來弱不禁風，總之就是像仙女一樣。而且她應該是被動的，跟孩子一樣身輕如羽，被淪落為升降裝置的男舞者高高舉起，在半空中旋轉迴身，最多最多只能用腳尖輕觸地板。相較之下，魏格曼坐在那裡像只麵粉袋，笨重，一點都不優雅。她跺腳、發出各種噪音，毫無顧忌地張開雙腿，感覺毫不純潔，而是受到狂野欲念驅使，性衝動，充滿獸性。就是不像一隻美麗的垂死天鵝，而是生猛，充滿挑戰。臉上戴的面具，很可能是她從朋友埃米爾·諾爾德畫作得來的靈感，由藝術家維克多·馬吉托為她製作。面具也是這齣舞劇中重要的一部分，目的是要讓舞者能徹底放開，解放自我，就像在儀式中昇華至狂喜的境界。魏格曼的格言：「沒有狂喜就沒有舞蹈。」終有一日，人們會喜歡她的舞蹈：一九三二年，當她到紐約卡內基音樂廳表演，報導譽她為德國新舞蹈的代表，說她令大廳裡所有觀眾「著迷」。但在一九一〇年代，人們還沒準備好接受這種舞蹈，觀眾討厭它。或者就像多年後瑪麗·魏格曼的回憶：「人們說：『這女人該被關進瘋人院，怎麼會出現在舞台上！』」

當然了，一個女人，行為、外表及動作都不符合他人期望，只關注在自我表達，不理會是否美觀，一直以來不是被當成瘋子就是女巫，或兩者皆是。這般狂野地跳舞又扮著這種鬼臉的女人，在十六世紀會被當成魔鬼的新娘燒死，十九世紀則會被關進瘋人院，但她們其中一些人到了二十世紀初年，竟然有辦法登上舞台，就像珍·阿弗里爾。這位年輕女子在世紀之交的巴黎，從之前提過的夏柯醫生精神病院裡出來，在紅磨坊的舞台上一舉成名，成了畫家土魯斯—羅特列克的繆斯女神，是法國康康舞女王。她透過自己的舞蹈（受到她從前一起受苦的「歇斯底里症患者」矯揉造作的動作啟發）證明了許多被囚禁的女人或許一點都不瘋，她們只是用自己的身體，表達出一些無法說出口的東西。而這也正是當時「表現主義舞蹈」興起的原因：用身體表達出無能或無法大聲說出口的話，釋放因體面的要求而被壓抑的感情，自我解放，對存在及行為的狹隘空間提出反抗。因此，這種新舞蹈形式是由女人發展出來，而且至今仍是女編舞家占大多數，也就完全不令人意外了。畢竟，需要從受箝制的生活條件中解放出來的是女人，芭蕾舞只是反映出嚴厲的社會規範。伊莎朵拉·鄧肯就曾說過，她最重要的貢獻，就是將女人從馬甲解放出來。如果有人認為她胡說，是香奈兒才對，那就大錯特錯了。鄧肯（香奈兒也曾向她學過舞）早在服裝設計師之前就已先示範，當女人終於解脫後，該如何活動她的身體。她並不強迫自己擠進芭蕾緊身舞衣及硬鞋裡，而是穿著飄逸的舞衣，赤著腳在舞台上擺動跳躍，在這個世界立下革命第一塊基石。

不過，鄧肯看起來仍然相當夢幻而且賞心悅目，瑪麗·魏格曼的《女巫之舞》則以她的面具和粗曠豪邁的動作帶來新氣象，一種更狂野的女性特質，一種原始、未經過濾的東西，以及坦然顯現醜惡的勇氣。也因此儘管她在納粹時期盡力想得到新掌權者的認可（一九三六年她還為奧運開幕式編舞！），還是很快就被納粹列進「墮落藝術」，並禁止表演。她的女性形象不可能符合納粹思想，太過自由，不夠同化，太過異類。當時，魏格曼認為女巫是「一種根植於大地的生物，具有狂放不羈的動力，對生命有著永不滿足的渴望，既是動物又是女人。」而她當時的疑問，也是今日某些女性主義討論的焦點：「我們每個人心裡，難道不是都藏著一個女巫嗎？」

68

蒂娜．摩多堤的〈工人遊行〉

西元一九二六年

附圖的拍立得照片標題叫做〈工人遊行〉，是一個女人送給另一個女人的禮物。一位是照相的攝影師蒂娜．摩多堤，堅信共產主義，因此將自己的藝術完全奉獻給這個政治理想；另一位是俄國革命人士亞歷珊德拉．柯倫泰，這位共同塑造共產主義，激勵許多女性參與其中的女人。摩多堤很可能在一九二六年將這幅照片送給柯倫泰。當時，柯倫泰正從她首次海外任命地北歐轉至墨西哥，給當地的藝術家像摩多堤及她的朋友芙烈達．卡蘿及卡蘿的丈夫迪亞哥．李維拉等人，帶來謝爾蓋．艾森斯坦的電影及其他來自意識形態母國的最新美學發展。而她真正關心的是其他事情，就像她在同年七月寫下的《一位性解放的共產主義女人自傳》，當時或許在她眼前的正是柯倫泰送她的照片：「勞工婦女的徹底解放及創造一個性道德的新基礎，是我這一生努力的最高目標。」

要理解這句話，必須知道她幾年前的遭遇：柯倫泰二十六歲時，打算離開丈夫與兒子，到瑞士讀書，鑽研馬克思主義及女性主義思想。等一下，女性主義？說是這麼說。雖然她喜歡喬治．桑的書（以後她甚至會被指控是喬治．桑的信徒），但這位作家從來不承認，也不想被當成女性主義者。柯倫泰也一樣。當時，柯倫泰已愈來愈支持布爾什維克黨。對布爾什維克黨來說，女性主義聽起來太過資產階級，是那些生活優渥女人的想法，這些人完全不能理解比起投票權，身為平民百姓的女人還有更迫切的需求。一般女人要求的是更好更自由的生活，公平的社會，是現實生活裡的改變，不是紙上談兵而已。為了這個理想科倫泰想與她的朋友羅莎．盧森堡及克拉拉．澤特金等女人站在同一陣線。一九〇七年，她陪同澤特金參加在德國斯圖加特舉辦的第一屆國際社會主義婦女大會。一九〇九年，她們一起去英國，支援英國社會主義黨對抗女性參政運動。正如之前所述，她們認為女性參政運動者都是不諳世事的布爾喬亞，到處嚷嚷，但對真正的問題，也就是普羅大眾的問題完全無知。這是關乎人民，關乎群眾，就像摩多堤的拍立得照片，不只關於女人，是關於一個新的社群。

一九一七年二月，近十萬女工在當時稱為彼得格勒（今聖彼得堡）的城市示威遊行，要求民主，以及沙皇退位，從而引發革命，科倫泰也結束流亡回到俄國，以「社會福利人民委員」的身分參與興建新俄國。對於該如何支持婦女扮演母親此一從未真正受到質疑的社會角色，長期以來一直是女性社會主義者思考的問題，且在國際社會主義婦女大會中定期討論。對一些反覆討論過的要點，柯倫泰立即付諸行動：「她最重要的計畫之一就是要為孕婦建造一個機構，稱為『母親宮殿』。在柯倫泰的建議下，布爾什維克政府決定為婦女提供產前及產後四個月的免費照護。復工最初幾個月，婦女每天也只需工作四個小時，這項規定適用於所有婦女，無論結婚與否。」這段報導出自新聞記者露易絲．布萊恩特，她為美國報紙報導俄國革命，並且非常崇拜柯倫泰。這些措施的立意是不錯：一方面能減輕女人的生活負擔，撫養孩子不再只是母親一個人的責任，而是托兒所、幼兒園、公共食堂等等合力，如同夏爾．傅立葉的理念，由集體承擔下來。若生孩子不再對生活造成那樣大的負擔，而且能得到國家與社會的支持，承此脈絡，女人就不必再如此害怕意外懷孕，也就能放心享受性愛。

反過來說，這也改變一切。亞歷珊德拉・柯倫泰認為，我們必須性解放，而且打破女人只能有一個伴侶的陳腐觀念，如此最終才能掙脫核心家庭的束縛。在她眼中，父親母親孩子這種略顯封閉的生活方式是資本主義邪惡的根源。因此她致力於推廣一九二〇年通過的墮胎合法化，還有更重要的是簡化離婚程序：自一九二六年起，想結束婚姻關係的人可以透過明信片，通知丈夫或妻子。這種做法有點殘忍，也讓人想到美劇《慾望城市》分手便利貼一集的劇情。但柯倫泰覺得那樣很好：婚姻不過是奴役婦女，壓制她們的欲望以便成全男人的自私。所有關於愛情的敘述，都只為了誘使女人滿足男人的欲望，或者至少讓女人浪費許多時間及精力於此。她覺得做愛應該就像喝白開水一樣簡單頻繁，據說恩斯特・劉別謙所導的電影《俄宮豔使》，便是以她為原型。她提倡人人應該從愛情及過於狹隘的分類範疇中解放出來的說法，自然不可能只受到歡迎。她遭受攻擊，甚至威脅，有人批判她這種自由戀愛的觀念是可恥的資產階級！不久之後她身邊的男人終於受不了，將她趕出權力核心，就這樣，一天她到了墨西哥，見到摩多堤。而她對性及愛情的觀念，必定讓她與這位雙性戀女攝影師以及她的朋友芙烈達・卡蘿心生親近。至於在這個性愛的新世界裡最後會變得如何，她自己也無法確定：「改變後的情欲會是什麼模樣？就連最大膽最前衛的幻想，也無法回答這個問題。」

le
rouge
baiser
PERMET LE BAISER

69

「紅唇之吻」口紅

西元一九二七年

在所有歧視女性的推論中，最糟糕的莫過於下面的說法：女性主義者之所以成為女性主義者，是因為她們長得醜，得不到男人（如我們所知，這是判斷世上所有事物的出發點）的愛。而持這種觀點的男人，本身多半不怎麼有魅力，不過這又是另一回事；認為女性主義者長相醜陋、消沉、性冷感、有體臭、衣著邋遢、從不打理頭髮，完全不注意自己外表，畢竟女人做所有事都只是為了誘惑男人；還有女性主義者討厭男人，是無性人，這些想法可說歷史悠久。藉由這些想法，不安的阿法男*自我安慰：女性主義這場性別抗爭，最終還是跟他們男人，以及是否能吸引他們的眼光有關。

二十世紀初，許多人便是在茫然無知的狀況下，指控女性參政運動者不孕或性冷感，或兩者皆是，所以才會這麼吵鬧，這麼咬牙切齒。然而當時，也就是在一九一〇及二〇年代，在蓬勃發展的美妝工業與女性參政運動之間，正搭起一座穩固的橋樑。畢竟這些女人希望被人看見與聽見，低調與隱密從來就不是她們的座右銘。兩者之間的關聯最好的例證，莫過於一九一二年五月六日，美國女性參政運動者在曼哈頓的遊行示威，從第五十九街到華盛頓廣場，一路高喊著：「女性投票權！女性投票權！」在這個春光明媚的日子，據說有約二萬名女性及五百位男人到場。根據後來所有報章雜誌的報導，人人都穿著白色的衣服，嘴唇則塗上女人紅（Ladys Rot）。一定要強調這點嗎？當然要，因為這代表著與傳統道德規範的決裂。根據《婦女家庭雜誌》的說法，這種紅色在大多數男人的眼裡仍然是「性欲及罪孽的象徵」，只有妓女或不在乎自己被當成妓女的女人，才會塗口紅。在遊行隊伍經過第五大道時，當時的美妝界女王伊麗莎白・雅頓站在她開業兩年的沙龍裡，饒富興味地看著遊行人群，接著二話不說抓起一把「朱門」（Red Door）口紅，拋下店裡的顧客加入遊行隊伍。她一興奮，便把口紅分送給遊行群眾，成功地為自己的品牌打廣告。

當時，塗上紅色的嘴唇是一種信號，告訴男人，未來女人不再介意男人如何詮釋她們的外表。從現在開始，她們將會自己決定自己的外貌，隨她們高興展現自己的狂野奔放與性感。她們故意凸顯嘴唇，直到男人可能一看到就發抖的地步：從這張嘴又要喊出什麼樣的抗爭口號？從前那總是緊閉著的蒼白嘴唇到哪裡去了？附圖這個品牌的口紅問世較晚，一九二七年才出現，但甫一推出即成為風靡一時的產品。歷史上第一支口紅出現於十九世紀末，是嬌蘭推出的「勿忘我」（Ne m'oubliez pas），單是名字就不免讓人聯想到無拘無束的生活風格。而「紅唇之吻」（Le Rouge Baiser）則更進一步，這個名字擺明了當時的女人不僅不想被人遺忘，不，她們還想親吻。這支口紅就像對著女人吶喊著類似「想親誰就親誰」**的話，恰恰跟上時代的脈動：一九二〇年代的女人不想再克制自己保持神祕，而想自由嘗試，聽任自己的情欲發展。呼應這種想法，這款口紅許下承諾：「親吻成真」，這樣的字眼多厚顏無恥！在一張由勒內・格魯瓦所繪製的著名廣告海報中，人們可以看到一位女人頭部的輪廓，她的眼睛被一條寬大的黑布矇住，使得紅唇更為凸顯。無論這位女子在做什麼，都絕對不會是和家人一起晚餐。女性參政運動者所關心的投票議題，到了這時已經成為過去式。「紅唇之吻」要的是另一種權利：性愛的權利。從好萊塢電影的「蛇蠍美人」角色，便可知道許多男人對紅唇女郎致命的吸引力有多害怕。一個描著黑色眼線及深紅色嘴唇的女人極具吸引力，但同時也相當致命。在她改變個人「自然外貌」的同時，也改變原來具有的女性特質，從此不再是柔和、善良、溫暖的化身，而是精心打扮，精於算計的浪女。性感是性感，但也挺嚇人的。

然而，就像女性歷史常發生的事，美妝行業發展至某個時刻也就從同志變敵人，儘管早在凱莉．詹娜***之前，就有赫蓮娜．魯賓斯坦及伊麗莎白．雅頓等女人在這個行業中大展身手，並成為白手起家女性百萬富翁。在女性參政運動者及一九二〇年代的飛來波女郎塗上紅唇，並將美貌當成「賦權」的武器，到了一九四〇年代，這些卻變成女人都該遵守的美容規範與理想女人的圖像。從此以後，擦口紅變成是每個「端莊體面」女人的義務，與自我主張的反抗行動背道而馳。

* Alpha male，指具領導性格、主動強勢的男性。

** Embrassez qui vous voulez，引自二〇〇〇年法國電影名。

*** Kylie Jenner，卡戴珊家族的一員，後來成立美妝品牌，曾被《富比士》列為「世界上最年輕的億萬富翁」。

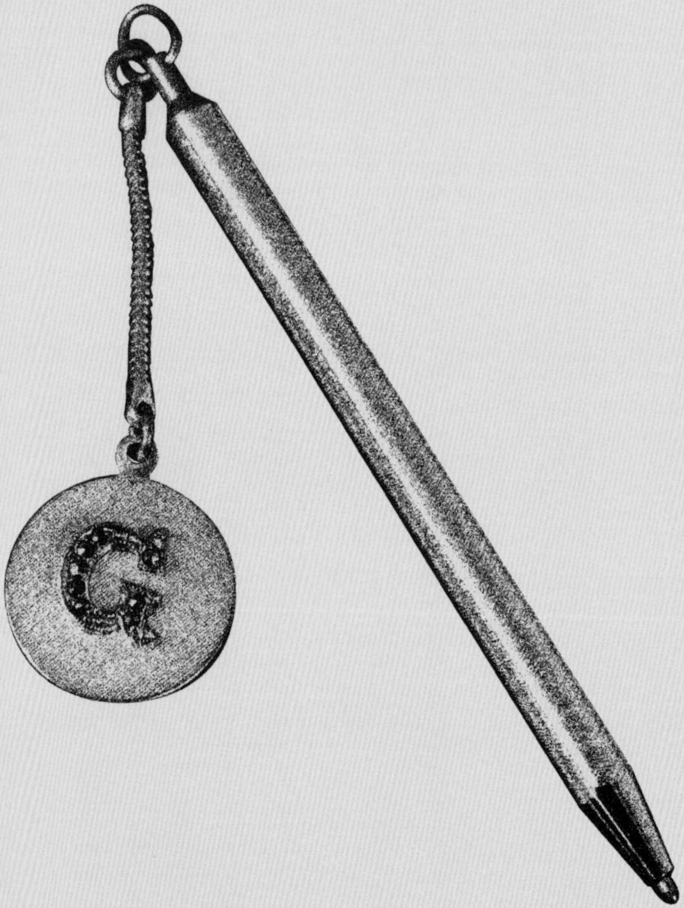

70

葛麗泰·嘉寶的原子筆

西元一九二七年

一九三四年，美國電影雜誌《映畫》在一篇名為〈性別之戰〉的文章中寫道：「在這個仍然由男人統治的世界裡，好萊塢卻是女人之城，現代版的亞馬遜國度，由美麗且敏銳的女人統治，將她們的規則標準從尊貴華麗的王座向外傳播到世界每一個角落。」還有：「好萊塢是女人之城，因為女人創造了好萊塢，在好萊塢將她們變成明星及女王之前。」

《日落大道》裡的女主角諾瑪·德斯蒙也說了類似的話：「教你的同事禮貌點：沒有我，他就沒有工作；因為沒有我，就不可能有派拉蒙電影公司。」前文已提過，最初好萊塢全是女人，女導演、女製作人、女攝影師、女剪輯師，是她們找到如何在影片中加入聲音，以及為影片上色的方法。還有或許最重要的，是女人寫下的電影劇本。例如默片時代明星瑪麗·畢克馥的好朋友法蘭西絲·馬里恩，是最初數十年收入最高的編劇，其他男性編劇只能望其項背。喬治·庫克的經典電影《八時入席》就是她的作品。她也是第一位兩次獲得奧斯卡金像獎的編劇，而這兩片的主題一點都不女性：一部《牢獄鴛》是關於監獄的故事；另一部《拳師父子》則與拳擊有關。她也是第一位幫葛麗泰·嘉寶寫出有聲電影的編劇，那部《安娜·克莉絲蒂》正是以「嘉寶說話！」(Garbo talks!)為噱頭大做廣告。或許，正因為蘭西絲·馬里恩的插手，嘉寶這位瑞典女星才能在過渡至有聲電影的時期，與其他默片明星的發展大不相同。畢竟，是她給了嘉寶那句銀幕經典台詞：「給我一杯威士忌，再一杯薑汁汽水，別小氣，寶貝。」同年，嘉寶首次獲得奧斯卡提名，感謝馬里恩！

附圖這枝綴有閃亮G字的鍍金漂亮原子筆是嘉寶的。老實說，這枝筆不是什麼重要的歷史元素。它所代表的意義，比較是明星，或著更應該說是編劇所發揮的影響力，因他們為明星量身訂做，寫出耐人尋味的角色。因此早期電影的女性角色並不是怯生生的小女孩，而是像扮演她們的明星一樣堅強又有自信。例如嘉寶在一九二七年就不接受電影中她的男性搭檔收入是她的八倍，要求同等片酬。對她的要求路易・B・梅耶說，如果她這樣頑固，就回瑞典好了。她的回答是：沒問題，我走就是了。最終梅耶及他的米高梅電影公司還是屈服，並同意從此每週支付嘉寶五千美金的高薪片酬。想想嘉寶當時若是用附圖這枝原子筆簽下合約，將是多麼有意思的事。女明星露易絲・布魯克斯曾說，嘉寶這個「行動」震撼了整個好萊塢；而米高梅的共同創辦人薩繆爾・高德溫也曾在《新電影雜誌》上無奈地表示：「女人統治好萊塢。」

不過，他說這句話是在一九三五年，意思不是女人導戲、撰寫劇本或經手鉅額資金的製片，而是指當時女人才是電影的目標客群：下午坐在暗室裡，將自己投射在螢幕角色身上的正是女人。在一九三〇年至四〇年代，進電影院的觀眾有百分之七十是女人。沒有她們，就沒有電影工業，因此必須以她們的喜好為依歸。而她們想看的，也是女人，例如克勞黛・考爾白、諾瑪・希拉、葛麗泰・嘉寶、瓊・克勞馥、貝蒂・戴維斯，以及凱薩琳・赫本。就像小說一開始也多半為女人而寫，人們在黃金時期所拍的電影也大半是給女人看的。許多當時的電影，從《一夜風流》到《費城故事》，基本上都是俗稱「小妞片」(Chick flick)的愛情電影：講愛情，女人愛上男人，男人也愛上女人，但中間夾著一堆亂七八糟的事，最後有情人終成眷屬。只是當時的角色並不是人們現在想像的：那時電影裡的女人都大膽、任性、勇敢，有時甚至有點壞，還異常機智，並且絕不讓自己受任何委屈。如果丈夫不忠，她也會跟著偷情，就像《棄婦怨》裡的劇情。在由安妮塔・露絲編劇，喬治・庫克執導的電影《女人》，男人是如此無關緊要，以至於根本沒出現在螢幕上，整部電影全是女人。這些電影，甚至可能通過「貝克德爾測驗」，一個用來檢測電影角色的台詞是否男女有別的測驗。至少，葛麗泰・嘉寶、凱薩琳・赫本或貝蒂・戴維斯，絕對不會像一九七〇或八〇年代電影中的女明星，捧著冰淇淋坐在電話旁邊等著一個不愛她的男人打電話來。

有意思的是，當時現實生活中的女人被一堆規則與禁令包圍，螢幕上的女人卻帶給女性觀眾新的自我意識，與思想上的自由及獨立。而女明星同時也為此在生活中奮鬥：若影片中角色過於刻板或是太過單純，就像貝蒂・戴維斯一九三六年的遭遇，她們會直接控告電影公司。*好萊塢編劇諾拉・伊佛朗曾說過，女性在電影中角色愈來愈扁平與經濟發展有關：二戰後觀眾結構改變了，不再是那些個人無法做到，只能尋求螢幕慰藉的女人，而是受到戰爭摧殘的男人，他們希望在電影中看到舊有秩序以及千篇一律的男性特質與女性特質屹立不搖。於是突然之間，女人不再有趣、浪漫，變得不酷也沒自信，還很扁平，一點都不立體：不是要命地性感，就是天真可愛。她們成了吸血鬼、蛇蠍美人，或者可愛的小蠢蛋。這種情況一直以來都沒什麼改變，甚至第二波的女性主義浪潮也沒帶來任何改變。恰恰相反，《末路狂花》編劇卡莉・克里認為：「彷彿像是女性主義革命將螢幕上的女性角色變得更為刻板與柔弱似的。」一直到最近幾年，才有愈來愈多女性提筆投入編劇行列，為她們的女性影星同事寫出精采又立體的角色。

* 貝蒂・戴維斯因不願被定型於歌舞片，或演出與個人立場相左的角色，曾與當時其所屬的華納電影公司對簿公堂，可惜最後敗訴。

INTERNATIONALER
FRAUENTAG
MÄRZ 1930
ZUM KAMPF UM ARBEIT UND BROT

近幾年來，一個國際性節日重新獲得重視，即是三月八日國際婦女節。這個節日其實存在已久，在西方世界卻長期受到忽視。直到不久之前，對大多數人來說，婦女日就是母親節。除了生日之外，這是人們買花送給女人的日子，為她烤個蛋糕，寫張卡片，上面寫著：真好，能有您這樣一位媽媽。父親則感謝妻子或伴侶懷孕生小孩，而且做得很好。這些都不錯，但對那些自願或非自願無法成為母親的女人來說，是有些刺眼。

正因如此，人們又開始重視三月八日是一件好事，就算對市場來說不過是為了多賣幾束鮮花，仍然改變不了這是一個全世界在同一天為所有女人訂立的日子：年輕、年老、有小孩、沒小孩，有女性生理器官，或者單純覺得自己是女人的女人。這個日子，並非要拿鮮花或蛋糕安慰在其他日子像個高級清潔婦的婦女，而是要提醒她們，在她們的圈子之外，還有許許多多其他的女人，像她們一樣；是要告訴她們，有個跨國連結的存在，為她們的權利奮鬥，並在有人侵害她們的權利時，挺身而出為她們發聲。至少，這是當初的想法。今日，全球約有二十五個國家將這一天訂立為國定假日，例如亞美尼亞、喬治亞、尼泊爾（僅限女性）、中國、古巴、布吉納法索、白羅斯，當然還有俄羅斯、越南、烏干達、土庫曼等等國家。就連德國最近也開始討論，是否該為女人訂立一個真正的節日，柏林已經實現了。若我們想到這個節日最初本來就是著名的德國社會運動者克拉拉·澤特金所發起的構想，就更有意義了。

71

國際婦女節胸章

西元一九三〇年

時為一九一〇年八月二十七日，在哥本哈根召開的第二國際社會主義婦女代表大會最後一天，澤特金與社會民主黨員凱特・鄧克在來自十七個國家一百名代表前提案，並要求表決，是否支持專門訂定一天，動員全世界的女人，一起為她們的選舉權及改善生活與工作條件上街遊行？這個提案全數通過，無人表示異議，但要制定哪一天當時並無結論。據說，澤特金這個抗爭日的構想來自美國。在此之前兩年，也就是一九〇八年，接近一萬五千名紡織女工，其中許多是來自歐洲的年輕新移民，在三月某一天一同走上曼哈頓的街頭，為了改善工作條件、投票權、廢除童工、提高工資而遊行。美國社會黨婦女黨團隨後呼籲制定婦女日，以表聲援。第一屆婦女日是一九〇九年二月二十八日，隨後歐洲在一九一一年跟進：「各位同志！勞動階級的婦女和女孩！三月十九日是屬於妳們的日子。這也是妳們的權利。」這是三月十三日，澤特金在她主辦的報紙《平等》上，呼籲動員的句子。三月十九日必須用來強調革命的決心，並紀念一八四八年在維也納及柏林所發生的三月革命中之陣亡將士。響應第一屆國際婦女節只有德國、瑞士、丹麥、奧地利、美國，但澤特金仍視其為「婦女解放運動史迄今為止對女性參政權最重要的展現」。幾天後，紐約一家工廠發生大火，奪去近一百五十名女工的性命。這個事件也使得婦女日更加重要，從此以後，每一年都會透過宣傳及示威遊行慶祝。

一直要到俄國婦女也加入後，才將三月八日訂為婦女日。正是她們在一九一七年三月八日的起義，才引發之後的俄國革命，還有哪一天能比這一天更適合用來代表終結舊制度及婦女起義？除了女性參政權的口號之外，人們在「婦女節」集會上也喜歡唱歌：一首叫《麵包與玫瑰》的歌。麵包，因為她們之中有許多人天天挨餓；玫瑰，因為在以男人為主的社會裡，它代表女人的價值。附圖這枚出自一九三〇年的婦女節胸章顯示，德國婦女在一九一八年就已經擁有的參政權，在其他地方尚未完全實現。而女性主義運動人士所爭取的權利及自由領域更為擴大。她們更有自信，也知道不可以滿足於少部分的成績停滯不前，而是要能對一切提出要求。因為女人不僅只要一點零星的自由及平等，而是要求全面的自由及平等。除此之外這枚胸章也代表，從此女人作為從政人士必須嚴肅以待，她們不再只是為了女人與女工發聲，她們更反對戰爭，與日益強大法西斯主義對抗。接下來的三年，德國婦女戴著這枚胸章上街遊行，抗議當時的政治氣氛，但在國家社會主義上台後，抗爭的日子就結束了。在一九三三年至一九四五年間，納粹政府嚴格禁止婦女節。人們不再慶祝起身反抗的女人，也甚至不再慶祝所有女人，而是單單慶祝雅利安*女人，而且只有母親。就這樣，婦女日就是母親節，接下來的數十年都是。

* Aryan，非猶太民族的白種人，納粹主義中的理想人種。

1
SUR

72 南方雜誌

西元一九三一年

一九三一年創刊的《南方》雜誌，創辦人是維多利亞．歐坎波。可可．香奈兒初次見到她時，覺得她是個怪人。促成兩人認識的中間人，是可可的模特兒好友米希亞．塞特。歐坎波來自阿根廷，繼承大筆財富又熱愛法國文化，聽起來的確很有意思，也是很有潛力的客戶。因此可可小姐完全無法理解，為何這樣一位顯然不缺錢的女人，竟然只從樂都特百貨公司買來便宜的白色家具，布置她位在時髦的巴黎十六區的家。這間歐坎波租過一段時間的公寓，看起來有點像她出版的雜誌，色調是白色與綠色。綠色是這裡一株那裡一叢的盆栽，白色則是可可小姐覺得古怪的便宜家具。白色也像南美洲刺眼的亮光，綠色則是阿根廷首都處處公園的盎然綠意。這本名叫《南方》的西班牙文雜誌可不是隨便亂取名字的：《南方》是一種宣言，來自南邊的吶喊。

這本雜誌在阿根廷非常有名，雜誌創辦人的地位有如民族女英雄：艾薇塔與維多利亞。兩個出身迥異的女人，為她們的國家帶來深刻的影響，特別是在女性主義方面。艾薇塔來自下層階級，維多利亞來自上層階級；前者是所謂的平民，來自阿根廷的拉彭，後者屬於南美洲權貴階層，來自首都最時髦昂貴的聖伊西德羅區。兩人都為自己國家女人權利奮鬥，各以各的方式，推動變革。不過這並不是我們的重點。這裡所要談的，是這本雜誌的媒介功能以及它的創辦人。在文學、哲學、美食、時尚所有這些令人驚艷美麗事物的早期歷史中，將想法、時尚、美味或者傳說從一地傳到另一地的，通常是女人。她們是從甲地嫁到乙地的人，因為合縱聯盟較為划算，因此也就是她們，將家鄉的習慣與想法裝在箱子及腦袋中，帶到新居之地。她們是最容易搭建的橋樑，將兩個國家連接，而且不是透過合約的簽訂，而是一些感性的文化元素，一首兒歌，一種氣味、一道美食，或打扮及看待世界的方式。在她們尚未學會書寫時，女人就已經扮演譯者的角色，她們將思想從一種語言轉移到另一種語言，儘管人們通常只記得作者大名而忘了轉譯者也一樣重要，一樣珍貴，同作者一樣不容易。一個新想法或新觀點若無法跨越國家邊界，無法流傳至他處，又能產生多少影響？

符合權貴階層身分，接受英語及法語教育長大的歐坎波，必定常問自己：為何優美的文句及精湛的想法只能侷限在某個國家裡？為何與她同處一地的人，無法知道歐洲人想什麼或寫了什麼？為何歐洲人聽不到來自新世界的新聲音？為何一方不能滋養另一方，使得世界益發寬廣，聯繫愈加緊密？《南方》正是這些問題的答案：一本雜誌，給所有「無須護照的靈魂」。今日我們有時會看到有人將歐坎波描述成繆斯女神，那是鬼扯。真要說的話，她應該是造橋的人，是橫跨大西洋兩岸的沙龍主持人，促成人與人之間的聯繫，並越洋吶喊：「我認為你們應該認識彼此，我們應該一起做些什麼。」這個「什麼」就是《南方》雜誌。它集結了歐美最優秀的文人與思想家，讓這些不同的聲音產生對話。這對一個身處一九三〇年代——而且還是個女人——的人來說，是一件瘋狂的事，但很幸運她成功了。其中最佳例證便是豪爾赫·路易斯·波赫士。當時《南方》甫創刊，這位年紀尚輕才剛完成處女作的作家坐在歐坎波的雪白房子裡，也是創刊編輯團隊的一員。有人說，這位作家與歐坎波之間的關係複雜。說她太過積極熱情，且對文學有追星族般的崇拜，惹得作家相當厭煩。他喜歡的是她妹妹希爾薇娜·歐坎波，一位古靈精怪的天才作家。不管怎麼說，波赫士仍然知道，這個女人對《南方》雜誌瘋狂的想法對他有多大的幫助。首先，她是第一位相信他有能力，給他工作的人；其次，他的作品是透過她的媒介，才能流傳到法國及整個歐洲。我們幾乎可以說，是這個女人親自背負這個深沉的男人及他的作品，飄洋過海傳至另一個大陸。

反過來她也強迫他翻譯歐洲作者的作品，將他們帶往另一方。第一位反向輸入的作者是維吉尼亞．吳爾芙，一九三六年西班牙文版《自己的房間》發表於《南方》雜誌上，緊接著是一年後的《奧蘭多》。一開始，吳爾芙也看不慣這個阿根廷女人：一個講話太大聲，口中老是掛著一串人名，戴著像蛾蛹耳環的女人。但無論如何，她們彼此還是親近起來。吳爾芙寫了些有趣的信，描述她想像自己在阿根廷這個「有著大蝴蝶及遼闊平原的國家」如何生活：「每次出門，我都會發現另一個南美洲，如果妳看到妳的房子在我想像中的樣子，一定會大吃一驚。」出版像吳爾芙這樣女作家的書，很難說能帶給南美婦女生活什麼巨大的改變，或者歐洲發掘波赫士這樣的作家，又帶來了什麼新變化。或許《南方》雜誌只是一個有權有勢的文化愛好者一場瘋狂的夢，但至少在布宜諾斯艾利斯很多人相信，無論你對這個女人有什麼看法，對這個國家的文化，特別是就今日蓬勃發展的女性書寫來說，沒有她，沒有這本《南方》雜誌，便不會有今日的發展。

Virginia Woolf

73 餐盤系列：〈著名女性餐具〉

西元一九三二年

在二十世紀女性主義藝術中，最著名的作品之一就是美國藝術家朱蒂・芝加哥所創作，名為《晚宴》的裝置藝術：一張張桌子圍成一圈，確切來說是圍成一個大三角形，每張桌子都坐著歷史上重要的女性，像莎孚、亞馬遜女戰士、克莉絲汀・德・皮桑、賀德佳・馮・賓根、阿奎丹的埃莉諾、阿特蜜希雅、伊莉莎白一世、瑪格麗特・桑格、索傑納・特魯斯、蘇珊・B・安東尼等等。每個盤子代表一個人，盤子上不是以彩繪就是以陶磁燒出女陰圖像。這個作品首次展出是在一九七〇年代，當時也是歷史學者開始以女性觀點敘述歷史，因此這個裝置作品也被當成歷史上第一件對女性英雄人物致敬的藝術作品。

事實上，在朱蒂・芝加哥作品出現前約四十年，維吉尼亞・吳爾芙的姊姊凡妮莎・貝爾就與她的情人鄧肯・葛蘭一起做過類似的事。附圖這個盤子是一九三二年〈著名女性餐具〉系列作品，五十個盤子中的一個。其中除了寶嘉康蒂、葛麗泰・嘉寶之外，還有莎孚、芭蕾舞伶安娜・帕芙洛娃、莎拉・伯恩哈特、耶洗別*、日本小說先驅紫式部、喬治・桑、瑞典克里斯蒂娜女王、斯塔爾夫人及雷卡米耶夫人這對好友、夏綠蒂・勃朗特，以及俄國凱薩琳大帝。這套非比尋常餐具的出現經過也很有趣：一九三〇年代初，英國藝術史學家肯尼斯・克拉克及其妻子珍委託貝爾及葛蘭兩位藝術家設計一組餐具。一九一三年，這兩位藝術家在倫敦布盧姆茨伯里區設立歐米茄工作坊，一家融合設計、繪畫及偶發藝術（Happenings）的綜合藝術精品店，將藝術與生活結合在一起。可以想像克拉克期待的是符合歐米茄美學風格的成品，不過，這對藝術家顯然另有想法。為何人們老是使用圖案毫無意義的盤子用餐？他們的想法是除了盤中飧，用來盛放食物的餐具也可以很重要，並且可以用來啟發政治話題。那麼，為何不展現歷史上常被遺忘的女性英雄人物呢？珍・克拉克顯然早就知情，當他們終於拿到餐具時，她覺得這個想法很棒，但肯尼斯・克拉克則必定一臉迷惑。後來他曾提到，這件事的發展他始料未及，他認為選擇這個創作主題必定是貝爾的主意，將她在所謂的「布盧姆茨伯里團體」中實行的母權體制進一步推廣出去。這個在倫敦布盧姆茨伯里區興起的團體，是由凡妮莎・貝爾、維吉尼亞・吳爾芙及她丈夫李奧納德・吳爾芙、鄧肯・葛蘭、羅傑・弗萊、凡妮莎的丈夫克萊夫・貝爾，以及其他來來去去的人物組成。而這個團體是否真是母權體制，實在難說。不過，至少女人在這個團體裡的地位，有別於她們在嚴格的維多利亞社會的處境。

這裡顯然沒有獨占的權利：凡妮莎・貝爾已婚，但大多數的時間與伴侶葛蘭及他們共同的女兒生活在一起；而葛蘭其實比較愛男人，有段時間也邀他的情人跟自己與凡妮莎及女兒一起生活。至於凡妮莎的丈夫克萊夫，也有自己的故事。若有人膽敢拿出社會道德或規範質疑他們的生活方式，也會立刻遭到駁斥。凡妮莎・貝爾便曾寫給一位太過好奇的泛泛之交：「在我看來，沒有任何證據顯示，一個強迫自己過著符合社會規範或他人期望生活的人，會比堅持過自己想要日子的人活得『更好』。」而維吉尼亞・吳爾芙與作家薇塔・薩克維爾—韋斯特有段婚外情，是眾所皆知的事。不過，這種美國劇作家陶樂絲・派克口中的「在方正廣場生活，談著三角戀愛」(Living in Squares, Loving in Triangles）的生活方式是誰發明的，就不得而知了。到底是凡妮莎還是其他男人？很難說。但他們顯然全都同意，一個人應該按照自己的意願，而不是遵循他人的想法生活。先撇開這些不談，附圖這組餐具除了顯示社群意識、食物及樂趣在「布盧姆茨伯里團體」日常生活中的重要性之外，對身為作家的維吉尼亞．吳爾芙來說也很有意思。

人們總不免將吳爾芙想像成不食人間煙火、神經質，且有厭食症，總之就是一位與「物質世界」——尤其是食物——扯不上關係的人。但實際上食物常出現在她的著作中，不只是《戴洛維夫人》，在《自己的房間》一書中的用餐場景，甚至為女人的生活提供反思的機會。書中提到吳爾芙曾在一所男子學院用餐，也曾在一所女子學院用餐，兩相比較之下她發現飲食習慣大不同。與男人的午餐非常豐盛（關於這點她認為男性作家從來不提，彷彿一點都不重要似的）：有葡萄酒、比目魚、山鶉、醬汁、沙拉、馬鈴薯、抱子甘藍，然後還有飯後甜點「像一座在大海中聳立的糖山」。與女人的晚餐則是清淡寡味：清湯、蔬菜泥、乾硬的瘦肉。吳爾芙曾說，吃不好就無法好好思考、談戀愛、睡覺，而且還可能無法好好寫作：「這頓午餐及晚餐引發一堆問題，為何男人喝酒，女人喝白開水？為何男性吃得如此豐盛，女性卻如此貧乏？這種貧乏對文學又會產生什麼樣的影響？」餐盤作為家居生活，也就是女性空間的一部分，一直受到忽視，只是裝飾而已，但實際上它一直是個戰場。男人，尤其是年輕的男人，長久以來總是得到最好的一塊烤肉，剩下的才給女人，這種習慣直到今日還存在於世界某些角落。盤子及其所盛放的東西，從過去到現在都不是微不足道的小事，凡妮莎及吳爾芙很早就明白這一點。

* Jezebel，舊約《聖經》中一形象負面的女性人物，然在現代一些女性主義討論中，被重新解讀為反抗父權制壓迫的複雜角色。

Live Alone
AND LIKE IT
A GUIDE FOR THE EXTRA WOMAN
110th to 120th Thousand
By MARJORIE HILLIS

至今還是有很多人不相信女人可以獨自一個人生活，並且樂在其中。看到一個女人沒有男人，或者女人，也就是獨自一人生活，人們總會覺得尷尬。他們會說「可憐的東西」或是「天哪」；他們會想，當然是這個女人的問題，沒法「容納任何人」；必要時，他們其中一人還會想辦法將那位有點愚蠢的同事漢斯或彼得介紹給她。不管女人多次保證自己自願獨居，甚至大部分時間很享受，一點都不覺寂寞，反而覺得自由，這時人們又會回：「嗯，是這樣啊。」但一邊想，這女人一定不快樂，只是自我欺騙，其實很悲傷。或者就像英國作家黛博拉．李維前一陣子說的：「總是有人鍥而不捨地勸我們一定要找個伴生活，否則會孤伶伶地死去。真是鬼扯！」

女人單身的歷史非常有意思，因為長期以來這種人並不存在。數百年來女人的存在總是透過有關係的男人定義：她是女兒、姊妹、姪甥、妻子，若真是單獨一人，也至少是寡婦。一個沒有透過男人定義的女人是不可想像的，不符合這個模式的人，對社會來說並不存在。在一些時代，單身女人甚至會被逮捕，因被視作社會秩序的威脅。中古世紀起，不想要有丈夫或家庭的女人，會進修道院以避免追捕及其他人的騷擾。修女可以說是歷史上首批「單身女性」，儘管嚴格來說她們已經與耶穌「結婚」。這種情形持續很長一段時間，直到十七、十八世紀愈來愈多人開始對這種必要性產生疑惑：一個女人沒有男人，難道就不能在社會裡生活，一定要遠離人群生活在偏遠之處？例如一七〇〇年法國女哲學家嘉柏麗．許敻在著作《自願獨身》中指出，身為女

74

瑪喬麗．希麗絲：《喜愛獨居》

西元一九三六年

人，應該要有機會決定自己是否要單獨生活，不必一定要進修道院。只是，當時她對「單身」生活權利的呼籲並未得到太多回響。

兩個世紀以後，瑪喬麗．希麗絲在附圖這本可愛的書提出與許夐類似的意見，成了暢銷書：《喜愛獨居。給獨特女人的指南》是一九三六年法國蓬勃發展的指南書籍中，最成功的一本人生指南。甚至連羅斯福總統都在夏天度假時讀了這本書，至今還有一張流傳甚廣的照片，是總統對著希麗絲及她別開生面的人生建議開懷大笑。這本書的確很有趣。當時正處在第一波和第二波女性主義浪潮之間，女性參政運動者及女男孩慢慢退出世界舞台，一九二九年經濟大蕭條打擊所有信仰，也造成極端保守主義思想復甦。就在這樣的時代背景下，一位四十七歲的女人，《時尚》雜誌的編輯，站出來愉快地告訴女人不要再傷春悲秋，不要再癡癡地等著假想的王子出現，應該要為自己創造美好人生。她的書並不是在提倡獨處比兩個人好，這只是個人決定，她要告訴讀者的是，身為女人未必非有男人才能幸福。比起與錯誤的男人一起生活，獨居可能更完美。這種說法顯然與時代的脈動產生共鳴，這本書賣出數十萬冊，作者也被邀請到美國各地巡迴講述獨居的優點。

她的論點如下：第一點、獨居者無須配合他人：「從早到晚你都可以做自己想做的事，這點在這個老是要人配合的世界裡，是一件好事。」隨時都可以閱讀、睡覺、喝酒、跳舞，只要你想。而且浴室是你一個人的，「這無疑是最大的恩賜」。第二點、學會自己慶祝。不要只是被動等別人開口，應該學會自己和自己慶祝。例如，打扮漂漂亮亮來一頓與自己約會的晚餐。若要打掃，記得穿褲裝，這樣會顯得特別性感；睡覺時應該穿著漂亮但舒服的睡衣，至於不可或缺的在床上吃早餐（再一個恩賜！），可以加件晨袍。絕對不可以因為身邊沒人看，就隨便起來，希麗絲這麼認為：不是為了別人，更不是為了男人；這些全是為了自己。這聽起來是否有點像現在的「自我照顧」（Self-Care）？的確有點像，但別忘記，當時可是一九三六年，女人可以照顧自己，而非只是照顧別人，這種想法在當時不是一種生活風格，根本接近顛覆傳統了。

比起今日許多婦女雜誌上稍顯鬱悶的人生建議，希麗絲的建議聽起來愉快且自信多了。例如，在她的指南裡，從未提到女人（她從不稱她們是「單身」，而是「獨居」）怎麼做可以找到男人。為何要呢？獨自生活就夠有趣了：可以舉辦有趣的晚宴，成為調酒高手，可以在床上吃早餐，可以走遍紐約，只做讓自己快樂的事。希麗絲以略似陶樂絲・派克口吻所描述的女人，聽起來像《第凡內早餐》女主角荷莉・葛萊特利，及《慾望城市》裡的凱莉・布雷蕭。只是，該如何處理性方面的問題，就不甚清楚了。字裡行間可以讀出作者認為可以有些韻事，但不要拿來說嘴，從書中〈單人床的樂趣〉這篇章節名稱，可嗅出一些端倪。二十年後，《柯夢波丹》當時的主編海倫・葛利・布朗，在一九六二年以《性與單身女郎》一書，承繼《喜愛獨居》的精神，並直面後者含糊帶過的性問題。這本書大受歡迎，接著陸陸續續有其他的書推出，之後也出現像《慾望城市》及《女孩我最大》等影集。但其實早在這些之前，單身女人便在歷史上首度受到真正的關注，並且以正面的形象出現：就在附圖這本有趣的一九三〇年代人生指南裡。

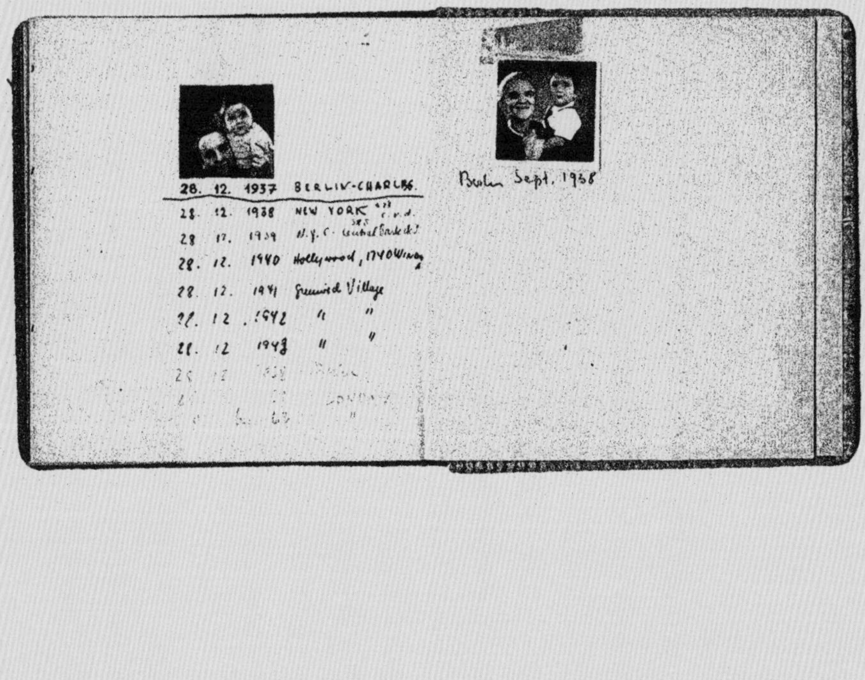

28. 12. 1937   BERLIN-CHARLBG.
28. 12. 1938   NEW YORK
28. 12. 1939   N.Y.C. Central Park West
28. 12. 1940   Hollywood, 1740 Winona
28. 12. 1941   Greenwich Village
28. 12. 1942   "   "
28. 12. 1943   "   "

Berlin Sept. 1938

75 瑪莎．卡列科的流亡日記

西元一九四一年至一九四四年

從前當人們提到難民時，指的通常是男人，年輕力壯的傢伙，為了逃離戰爭、迫害或貧困，尋求一個更好更安全的生活而離鄉背井。某種程度上，流亡的確是男性，但我們也不是直到二〇二二年二月，也就是烏克蘭戰爭爆發後，才知道有許多女人走上流亡之路。這條路上，一直都有女人。她們走在路上也坐在船裡，單獨一人或抱著孩子，不知道自己會去到哪裡，也不知道在陌生之地會遭遇什麼事。她們走上危險的旅途，或派她們的丈夫或兄弟走上流亡之路，但即使留在家裡，她們通常也是推動及組織逃亡的人。

至少在納粹德國是如此。一九三三年新政府上台後，女人也是第一批親身感受社會丕變的人。同年七月通過的強制絕育法案便規定，想幫德國生小孩可以，但不是所有人都行。在一九三三年至一九三九年之間，約有十五萬名女人、猶太人、羅姆婦女，以及一些遭判定具精神或身體障礙者，以及所有不管什麼原因被視為「不潔」的女人遭受強制絕育。這種對待女人身體的方式，預示了接下來可能發生的事。從此身為猶太女性，在街上遇到朋友只能裝做不認識，也不再參加朋友間的茶會，以避免危及其他朋友。身為母親，只能眼睜睜看著自己的孩子在學校受人辱罵，可能也才知道自己有猶太血統。而猶太女人也是最早被解雇的職員。這可能也是為什麼她們比男人更早看清現實，並且催促大家及早離開。或許就像當時多特蒙德拉比的妻子瑪塔．亞培爾曾說過的：「比起無意義地堅持忍受納粹意識形態的迫害，難道我們孩子的未來沒有更重要嗎？所有女人，沒有任何例外，大家都是同樣的想法（……）而男人多半強烈反對。女人比男人還有行動力及冒險精神，是常見的事。」她們本來就沒什麼可失去的，亞培爾認為，社會地位低，較沒錢，也因此較不會巴著一份希望不放，夢想著一切都會變好，以為這陣子的瘋狂過去就會再度平靜下來。

但就附圖這本日記而言，我們無法確定是誰先要求離開的，很可能兩人一起。這是德裔波蘭詩人瑪莎・卡列科為她年幼的兒子亞維塔保留的紀錄，閱讀時必須從最後一頁開始往前翻。附圖展示的這兩頁在最後，也就是紀錄的開始。右邊的照片亞維塔被一位年長的女人抱在手上，下面標註「柏林，一九三八年九月」，這應該是他們在柏林夏洛登堡區家裡最後的照片。就在同一個月，卡列科便帶著兩歲的兒子——她口中的「小移民」——與丈夫謝米歐・維納瓦乘坐一艘生鏽的老船，經漢堡、巴黎、利哈佛逃往紐約。謝米歐是指揮家，在美國很快便重回舞台而有了知名度。而身處異鄉的詩人，在陌生的語言中想繼續寫作發表是件困難的事：「我被迫從柏林來到美國／猶太歷史中的一段／如今我坐在陌生的美國紐約／在那裡寫——德文詩。」比起她丈夫，卡列科失去的更多。在一九二〇年代的柏林，在有「羅曼咖啡館」的柏林，她曾是文壇明星，是這座充滿活力之首都的生活紀錄者。如今，在世界的另一端，她只是「謝米歐・維納瓦的太太」。許多曾經獨立自主的女人，在逃亡的路上及流亡的生活，或者戰爭之下，常常會回到舊有傳統的性別角色分配。這本日記除了節錄了兒子亞維塔生活中幾個階段，例如改名成史蒂芬，因這名字對美國人比較簡單，卻也顯示出流亡生活巨大的絕望與孤獨：「情況愈來愈糟，我們沒有錢，沒有朋友，沒有社會關係，沒有希望。有錢並不代表事事美好，但沒錢非常可怕。沒錢坐車，沒錢買鞋，沒錢買史蒂芬需要的藥。若我們繳不出學費，學校也不會繼續收他。」在一篇名為〈鄉愁〉的詩，卡列科寫道：「我曾擁有美麗的祖國／流亡者唱著這樣的歌。╱他的在萊茵河畔╱我的在布蘭登堡的沙灘上。╱我們大家都曾有過（見上文！）╱它被瘟疫吞噬了╱忽然崩裂成碎片。╱噢，荒地上的野玫瑰╱帶給你的是「力量來自歡樂」＊。╱夜鶯不啼╱四處尋找安身之處╱只剩禿鷹嚎叫╱在成列的墳墓上方。╱再不可能回到過去╱就算將來改變了。╱就算，敲響和平的鐘聲╱就算再無刀光劍影。╱有時我感覺，似乎╱我的心碎了。╱有時我想念故鄉╱只是我不知道自己想念的是什麼。」

這本日記引人玩味也令人感傷，因它將突然被連根拔起的人，從可能永遠失去的家鄉，到奠基於失落上的新生活，此一過程所經過的每一站與日期記錄下來，試圖使得這一切變得稍微可以想像，稍微不那麼殘酷。彷彿為她兒子在德國與美國中間拉起一條細線，試圖保留路途中可能失去的根源感。在逃亡或流亡時，往往是女人維繫著與過去家鄉的連結：家鄉的故事、家鄉的食物、歌曲以及風俗習慣，她們經常是逝去世界的守護者。漢娜・鄂蘭在〈我們這群難民〉一文中曾說，想要重新開始新生活，心態必須非常樂觀。顯然女人就是如此，才會鼓動家人走上流亡之路。一九四〇年瑪莎・卡列科已開始為德國流亡報紙《建設》工作，該報對當時舉辦「移民婦女」會議之報導如下：「移民家庭所承受的負擔（……）很平均，最沉重的擔子經常是女人擔起（……）移民家庭的命運，常常掌握在女人而非男人的手中。」

＊ Krafdurchfreude，轉自納粹勞工組織 Kraft durch Freude，專門負責組織及安排工人的休閒活動。

Ständige Ausstellung

☛ Das NAZI-PARADIES ☚

Krieg Hunger Lüge Gestapo

Wie lange noch?

一九三三年春天，住在柏林的貝蒂・碩勒姆寫信給移居巴勒斯坦的兒子德裔猶太思想家葛申・碩勒姆：「我無法理解，竟然找不到上萬，不然上千也好的正直基督徒，不會跟著納粹起舞並且起來抗議。」可惜我們都知道，反抗納粹政權的聲音非常微弱，特別是在剛開始幾年，就連原來希望「恐怖時代很快就會過去」的人，也在極短時間內屈服於現狀。即使如此，仍然還是有人寧願冒著生命危險，也不願意拋棄自己的原則。這些人有基督徒、共產黨員、社會民主黨或保守派人士，他們來自社會各個角落及階層，而且，不只是男人，也有女人。

德國自一九五〇年代中葉起，開始承認反抗運動的歷史意義後，每年都會特別紀念一九四四年七月二十日這個暗殺希特勒失敗的日子。大家都知道克勞斯・申克・施陶芬貝格伯爵的名字，這次的暗殺行動便是由他主導。我們或許還聽過赫爾穆特・毛奇伯爵、彼得・瓦爾騰堡約克伯爵，以及克萊紹集團裡一些男人的名字。涉及此事件的二百多名男人，在事件發生後的幾週或幾個月內都因叛國罪被處以死刑。而他們妻子的名字，幾乎沒人記得。她們是瑪麗恩、芙萊雅、妮娜、克萊麗塔、伊莉莎白、安娜、蘿絲瑪麗、安妮多樂。她們或許好幾十人，也或許好幾百人，全都知道這個行動，有些還直接參與。她們清楚知道可能會失去丈夫，自己則會進監獄，遭受審問及刑求，也知道將會與孩子分開，她們的孩子幾乎全都移送至巴特薩克薩育幼院。

提起反抗運動，通常——至少從前很長一段時間——總是與拿著武器的男人聯想

76 反抗組織「紅色交響樂隊」的宣傳紙條

西元一九四二年

在一起。我們通常不會想到反抗有許多形式，包括提供反抗者聚會場所，還有傳單的設計、印刷、散發，收留及幫忙隱藏通緝者，提供旅行文件給他們，維繫聯絡網，幫忙翻譯，或者收集資料及食物等等。這些事女人都做了，只是很少人記得。基本上人們不太提反抗女鬥士，頂多提到蘇菲・修爾*。直到前幾年，也就是二〇一九年基民黨（CDU）／基社黨（CSU）和社民黨（SPD）才在議會共同提案「紀念反抗納粹的女鬥士」：「參與德國抵抗運動的，不僅只有那些我們知道名字的男人，也包括女人。她們的名字及影響至今仍無人知曉，這不公平。」發起這項提案的聯邦議員伊莉莎白・莫奇曼這麼說，況且：「都已經過了七十五年，她們仍然活在陰影之下，這完全無法理解，她們是被遺忘的歷史女英雄。」

黎安娜・貝克維茲就是這樣的女英雄。一九四三年八月五日，也是她二十歲生日的前兩天，在柏林普勒岑湖刑場上斷頭台。五個月前她在監獄裡生下小女兒，帝國軍事法庭曾建議釋放這名孕婦，卻被希特勒親自駁回。包含黎安娜在內的一百多位反抗團體「紅色樂隊」成員被指控的罪名是「幫助叛亂並圖利敵人」，事實經過則是黎安娜在一九四二年五月十七至十八日的深夜，夥同該團體約一百人，在行駛於選帝侯大街到烏蘭德大道之間的地鐵車廂裡，貼上附圖這張紙條，上面寫著：「常態展—納粹天堂—戰爭—飢荒—謊言—蓋世太保—還要持續多久？」這個抗議標語是針對當時在柏林休閒公園舉辦的政治宣傳展覽「蘇維埃天堂」而來，在這個政治宣傳展覽中特別強調蘇聯的悲慘與窮困，使敵人形象更加尖銳。幾個月後，黎安娜及團體其他成員在九月被捕。這個團體可能是柏林最重要的反抗組織，創辦人麗伯塔斯・舒爾茲—博伊森與她丈夫哈洛・舒爾茲—博伊森，以及阿維德・哈納克三人已在一九四二年十二月遭納粹謀殺；阿維德的妻子是美國人，也在隔年二月被處決。當黎安娜最終於八月五日死在柏林普勒岑湖刑場，一同赴義的婦女還有三十四歲希爾德・科皮，二十二歲的凱托・邦切斯・范・貝克，三十八歲的雕塑家歐達・紹特穆勒，以及三十三歲的瑪麗亞・特維爾等人。

希爾德・科皮是這個組織的核心成員，也在獄中產下一子。在這場行動中，她為傳單找來紙張，並在同天晚上在柏林另一個角落的地鐵車廂黏貼紙條。凱托・邦切斯・范・貝克則被視為寫下傳單「廣大民眾對德國未來感到憂心」的人，傳單上說：「所有具有正當價值觀的人，驚恐地看著德國之名如何在納粹彎鉤十字的標誌下日益毀壞。今日每個國家每天都有成百上千的人遭受處決，以及恣意射殺或絞死，但這些人除了忠於自己國家之外，沒有什麼罪行足以指控。」還有：「用鄙夷譴責黨衛軍！讓他們知道，人民打從心底看不起這群謀殺犯。」活躍在這個組織及其他組織裡的女人，還有單獨一人行動的女人，我們都要記得她們的名字。她們散發類似上文提到的傳單，為了喚醒身邊民眾的良知，她們從容就義。她們人數不多，絕非多數，而且一點都不沉默，但她們真實存在過。在屈服與視而不見的氛圍下，她們的勇氣更顯可貴。

* Sophie Scholl，納粹德國時期的德國反抗組織白玫瑰的成員。

319TH.

就在瑪莎．卡列科和其他移民在紐約想辦法適應新生活時，美國開始加入大戰，空軍也才驚恐地發現，儘管有足夠的轟炸機，但很快可能就沒有足夠的飛行員來駕駛這些戰機了。如果所有男人都上前線打仗，誰還能在國內將飛機從甲地送往乙地，也就是從工廠送至機場？誰能進行試飛，誰來做安全檢查，駕駛飛機飛往前線基地，並教導飛行員熟悉新型飛機？

男人為這些問題傷透腦筋，找不到可行的解決方案時，兩位知名的女飛行員賈桂琳．科克倫和南希．洛夫便提出就當時的眼光來看相當瘋狂的建議：何不訓練女人駕駛軍機？當時能上飛機甚至還能自己駕駛的女人並不常見，但也不是什麼新鮮事，像美國人愛蜜莉亞．艾爾哈特就相當知名。一九二八年她成為第一個飛越大西洋的女性，以乘客的身分，或者像她自己形容的，像「一袋馬鈴薯」那樣被人運送。一九三二年，她以飛行員的身分獨自飛過同一條航線。她出書，也寫專欄，在美國各地巡迴演講。她在學校對著年輕女孩演講時，她會鼓勵她們之後上大學主修像工程學之類的「男性」科目，並應該晚一點再結婚。她在自己的婚禮上，寫了一句誠實的話給丈夫，這裡不能不引用：「或許，我得有個地方，一個偶爾能讓我獨處的地方。因我無法保證，是否能忍受如此狹小的牢籠，儘管它如此迷人。」一九三七年，她再度飛離這座「迷人的牢籠」——她的婚姻，最後一次登上她的洛克希德–伊萊克特拉駕駛座，她希望能成為第一位繞著赤道飛行一圈的人，可惜並未成功，同年七月二日她及飛機消失在太

77 「女子航空勤務飛行隊」刺繡徽章

西元一九四三年至一九四四年

平洋的某個角落。那時候起，她也成為許多年輕女性心目中的傳奇與榜樣，她們不再只是追求一個牢籠，無論這個牢籠有多迷人。或許因為她的緣故，也或許時機已然成熟，也可能單純是時局艱難，無論如何，第一屆女子空軍訓練營於一九四二年開辦。二萬五千美國婦女提出申請，近一千人成功地完成訓練課程。

人們稱她們為「女子航空勤務飛行隊」，縮寫為WASP，附圖這個由華特・迪士尼繪製的卡通人物是她們的吉祥物，名叫飛飛妮拉，簡稱飛飛，出自羅德・達爾故事書《飛機小精靈》。當時達爾也是英國皇家空軍的飛行員，小精靈葛蘭林則是專門製造機械問題的小搗蛋，只想找飛行員麻煩。但飛飛妮拉不一樣，她更像是仙女，一眼就可以看出她是天使、女超人、女飛行員的混合體。身為帶來幸運的吉祥物，她不僅被用於裝飾女飛行員的外套，還是第一屆在德州舉辦的訓練營的屋頂裝飾。當時一篇關於女子航空勤務飛行員報導的標題就是：「讓她們飛吧，飛飛妮拉！」裡面提到她們「進入男人的世界，因為男人需要她們。」她們「進去時是單純的女孩，出來時已是美國空軍女飛行員。」絕對不要對她們說，飛行不是女人能勝任的工作：「她們不相信！」招募廣告上這麼說，的確，為何要相信？明明不是事實。在這場獨特實驗進行的兩年間，別著飛飛妮拉胸章的女子航空勤務飛行員在美國境內共飛了六十萬公里。她們駕駛著當時所有可用，超過七十多種不同類型的軍機，將它們運送到美國各個角落的軍事基地，進行各種測試及訓練飛行。有時甚至必須擔負起連男人都不敢接受的任務，例如駕駛B-29超級堡壘轟炸機。當時這種遠程轟炸機（戰場上最沉重也是最有效的轟炸機）才剛問世，還有許多未知的風險。首批試飛的飛行員喪生後，人們稱這款新機為「寡婦製造機」，也因此沒人願意再坐進駕駛艙中試飛。直到軍方動起女子航空勤務飛行員的念頭，由她們來測試這架具有四顆引擎的大怪物。這種做法傳達出來的訊息非常明確：如果連女人都能駕駛了，你們這些男人更該做得到！這種荒謬的理由顯然相當對男人的胃口，在兩位女飛行員駕駛轟炸機到各個基地後，B-29轟炸機一九四四年五月開始正式服役，之後更因在廣島與長崎投下原子彈使它的名聲蒙上一層陰影。

一九四五年夏天，在兩顆原子彈落下時，女子航空勤務飛行隊早已被世人遺忘：一九四四年第一批男人從海外戰場回到國內，赫然發現他們從前的職位竟然被女人所占，便迅速且默不作聲地將這批年輕的女飛行員掃地出門。有朝一日將她們正式納入軍隊編制的承諾從未兌現，當她們嘗試向航空公司應徵飛行員職位，卻被告知應該應徵空服員，比較適合女性。曾有位將軍說過，美國若是沒有女子航空勤務飛行隊及飛飛妮拉，不可能打贏二次大戰，但這也沒人知道了。人們將她們從歷史上刪去，直到一九七〇年代美國空軍正式接受女性加入行列，報導宣稱她們是「首批駕駛軍機的女性」時，飛飛妮拉姐妹會的成員們無法再忍受了：「我們才是第一批，而且早在三十年前。」她們鄭重對社會宣告，從此漸漸重回大眾的集體記憶，並在二〇一〇年獲頒美國平民最高榮譽的國會金質獎章。這雖然很好也很重要，但對許多女性來說，不該只是如此。或者就像一位秉持著愛蜜莉亞·艾爾哈特精神與崇尚自由的女子航空勤務退役飛行員所說：「我不在乎榮譽，只要他們給我飛機飛就好。」

78

羅伯特・卡帕攝影作品〈沙特爾剃光頭的女人〉

西元一九四四年

或許，這裡應該呈現的是另一個故事。或許應該是關於數千名在拉文斯布呂克集中營裡被謀殺的女人，關於數百萬受害的猶太人；也或許應該是倖存者的故事，那些藏匿起來得以生存的女人；而我們也漸漸知道，提供她們藏身處的人，常常不只是單純抱著對人的善意。不過，這裡想講的不是戰爭，而是戰爭結束之後，不是毫無爭議的受害者，而是同時背負加害者身分的女人。是那些以她們的身體展現出自我撕裂的女人，這是戰後四處可見的情景，但在法國尤為激烈，特別是在一九四四年夏天「解放」(Libération)*後的幾個月，如野火四處蔓延。附圖這張羅伯特・卡帕的照片，記錄下這樣的場景。

一九四四年夏天拍攝這張照片時，卡帕身分是「解放」專屬攝影師。六月六日他跟著盟軍在諾曼第登陸，拍下士兵如何冒著納粹的槍林彈雨中匍匐爬出登陸快艇，全副武裝涉過淺灘。解放巴黎時他也在場，坐在一輛車子威風凜凜地駛過香榭麗舍大道。從巴黎這一天的照片，我們可以看到人們在這樣的一刻的表現：湧上大街的人群，或站在陽台揮著旗子；人們高舉雙手、歡呼、大笑、彼此擁抱；還有親吻士兵的護士，以及站在美國坦克前挖鼻孔的小男孩。全都是幸福的影像，如釋重負。但同樣在這個八月，在進入巴黎的前幾天，卡帕還拍下「解放」的另一種影像，也就是附圖這張照片。有意思的是，一方面我們看到「幸福的解放」，湧上街頭的警察、士兵、英雄，多半是男人；另一方面則是可恥，必須接受懲罰的人，也就是通敵者，懦弱的大多數。儘管有違戴高樂將軍當時的宣稱及接下來數十年的堅持，但多數法國人事實上並未參與抵抗。這些人在這張照片中，是以一位女人作為代表，而且還是一位母親。

這張照片是一九四四年八月十六日，在沙特爾拍攝。主角是二十三歲的西蒙・圖索及她三個月大的嬰兒，西蒙頂著「一九四四髮型」——光頭，抱在手上的嬰兒是個女孩，有一頭黑髮，與母親的光頭成為強烈對比，女孩的父親是一位名叫埃里希・戈茲的德國士兵。西蒙・圖索在這一天是所謂的「野蠻整肅」（épuration sauvage）的受害者，也就是不經審判程序直接懲罰那些據稱與敵人合作或支持敵人的叛國者。若是男人便直接帶到某處圍牆後祕密射殺，女人則會被打上印記：剃光頭，有時甚至連陰毛都剃光，並且公開遊街示眾。這種剪髮形式在當時也不算新鮮。頭髮一直是女性特質的一部分，而女性特質長久以來又是女人唯一的身分象徵。剃掉她們的頭髮，等於是奪走她們的身分。早在希羅古典時期，不貞的女人就會被剃光頭，中古時期也是。在獵殺女巫的時代，人們會剃光女人的陰毛，以便尋找「惡魔的印記」，或藉此羞辱，逼迫自白。德國在第一次大戰期間，若有女人被舉發與法國人有染，也會被剃光頭；而在丹麥及瑞典被稱為「德國人的女孩」（Tyskertøs），也在一九四〇年後有同樣的命運。只是這種現象在法國發展出前所未見的規模：在解放前及特別是解放後的幾個月內，也就是上述一九四四年的夏天，大約有二萬名婦女——甚至更多——遭受這種野蠻儀式的對待。

她們被拖出家門，在附近居民的圍觀之下剪掉頭髮，再用剃刀剃成光頭，大家搶著幫她們拍照，或跟她們合照，把她們當成人形布偶。人們還在她們的額頭畫上紅色的納粹彎鉤十字，驅趕她們登上卡車，車身寫著「納粹妓女」，展示在憤怒的群眾面前。圍觀的群眾怒罵、嘲笑她們，對著她們吐口水，並朝她們身上丟東西。結束後她們必須離開居住的地方，找地方躲起來幾個月，直到頭髮重新長出來，像瑪格麗特．莒哈絲在《廣島之戀》所描述的。人們說，這些被稱為Tondues，意即剃光頭的女人，最大的錯誤就是愛情，或稱之為「橫向通敵」。香頌歌手喬治．巴頌曾唱道：「與普魯士國王睡覺的美人。」但實際上並不是每個人都跟「普魯士人」睡覺，不管動機是愛情或是投機。這些女人不過就像大部分的男人一樣：不是英雄，有時甚至勢利到殘忍；但絕大多數就只不過是懦弱，以及想著自己如何活下去而已。不尋常的是，人們這麼快就特別將這些女人揪出來，特意在公眾面前懲罰她們，並將她們當成通敵的具體象徵——特別是想到有這麼多真正的加害者，都能毫髮無傷地躲過所有懲戒。

解放所造成的各種情緒都表現在這些女人的頭上：一九四〇年投降的羞辱，維琪政權通敵的恥辱，過去幾年來的恐懼及屈辱，也可能無法面對自己的膽小或者曾做過的事。處罰女人，是男子氣概受傷後得以重振雄風的方式：必須給抵抗一張男性的臉，通敵則是女性的臉。卡帕在《生活》雜誌上跨頁發表這張照片幾週後，法國詩人保爾．艾呂雅為這些女人寫下一首優美的詩：「有人願意理解／我的悔恨／不幸的人／站在馬路上／明智的受害者／被撕裂的衣服／孩童般徬徨迷惘的眼神／奪去后冠／如死人一般／因為被愛所以該死。」

＊ 指第二次世界大戰盟軍從德國人手中奪回對巴黎控制權的戰鬥。

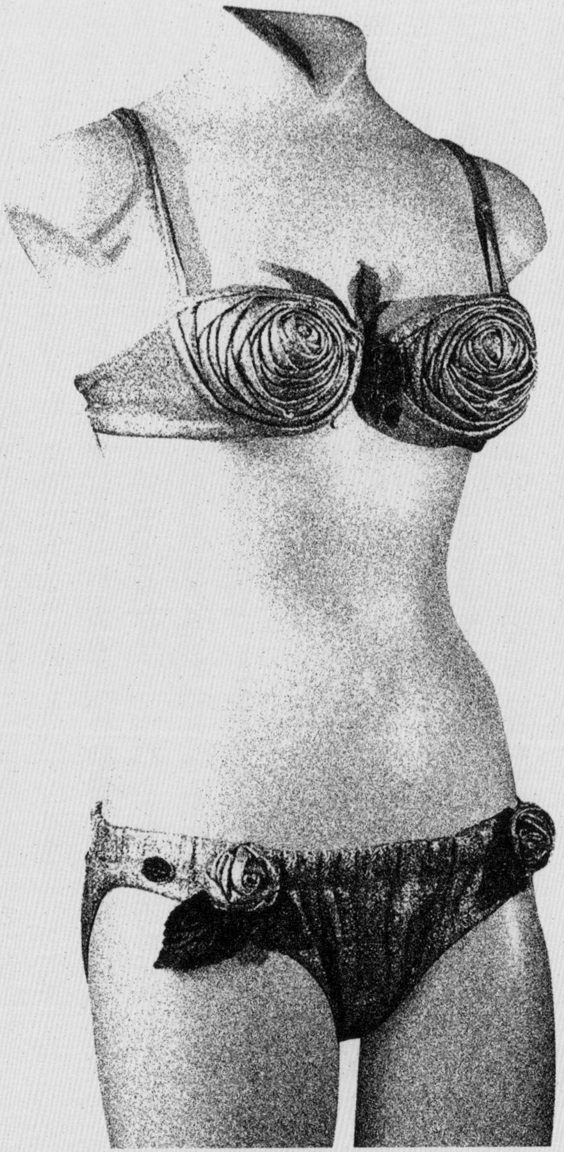

79

比基尼

西元一九四七年

基本上每年都一樣。從十月開始到，我們就說六月好了，沒人理會女人的身體。但只要日照時間開始多了幾小時，氣溫開始升高，女人就會被各種自我美化的建議淹沒。即使已經進入所謂的身體自愛（body positivity）年代，許多女性雜誌仍然無法不刊出類似「打造比基尼身材四步驟」的文章，就連那些已經不打著這類標題的文章，都免不了在最後說出類似的話：為了向「比基尼」致敬，夏天就還是勉強自己節食一下吧。

一九四六年七月，兩件式泳衣首度登台。地點是在巴黎莫利托游泳池，歌舞女郎米榭蓮．貝爾納迪尼穿著現代比基尼發明人路易斯．雷德所設計的款式亮相，幾乎不費什麼布料，只有三片三角形，引得當時社會大眾一片譁然。而此事發生的數十年前，還有游泳選手安妮特．凱勒曼因為連身泳衣過於緊身，妨害社會善良風俗被捕。幾十年過後，人們的性觀念雖然不再那麼保守，而且自從一九二〇年代興起「夏日度假」的風氣之後，愈來愈多女人穿著泳衣在海灘上漫步，但比基尼仍屬大膽之舉，或者也可以說具有「爆炸性」，至少設計師雷德這麼認為。就在莫利托泳池那場秀之前幾天，美國在比基尼環礁進行核子試爆，新推出泳裝的名字，便是對這項「進步」致敬。貝爾納迪尼身上的那款比基尼，甚至還印有核爆新聞頭條。它應是現代性的象徵，也是女性解放的一環，畢竟穿著比基尼的女郎雖然遭人側目，但至少沒被逮捕。不過仍然有許多人反對，像西班牙和義大利便禁止穿著比基尼，教皇則因女人露出肚臍大為震怒，美國《摩登女孩》雜誌認為無需為這塊破布發表任何文字，因為「根本無法想像，懂一點什麼叫禮貌與體面的年輕女孩，會把這玩意穿在身上。」不過，顯然有些人很樂意用禮貌與體面交換陽光曬在肚子上的感覺，就像碧姬．芭杜、瑪麗蓮．夢露、「龐德女郎」烏蘇拉．安德絲等等眾多明星。正是她們使得小巧玲瓏的比基尼登上大雅之堂，或者確切一點，能在海灘招搖，而且還讓連身泳衣在接下來的數十年間顯得老土。

附圖這款金色比基尼，是一九四七年為「雷德小姐」選美比賽冠軍所縫製，同時也標示著比基尼歷史邁入第二篇章。因為儘管這款異想天開的泳裝時尚有段時間被認為是解放的象徵，人們很快便發現它也能運用在完全不同的方向，也就是拿來性化及物化女人的身體。例如一九五〇年代，在男人將自己的老婆裹在醜陋的烹飪圍裙裡，一面幻想著極其肉欲的畫報女郎，比基尼就是這些女郎的制服。而在差不多時間出現的選美比賽中，穿著比基尼也成了整場比賽的關鍵環節。就看到參賽的女人，半裸著走到幾乎是全是男人的評審前展示自己的身體，戰戰兢兢地等著男人對她的評斷：我夠美嗎？夠，不夠？一九五一年首屆的世界小姐甚至穿著比基尼登上台領獎，後來雖然廢除這項規矩，參賽者獲頒榮譽肩帶時可以穿著正常衣服，但仍然必須穿著三角泳褲展現自己臀部，這種狀況到了一九六〇年代中期，更是惱怒女性主義者。儘管她們至今仍讓人津津樂道的抗議行動並非針對比基尼本身，但強烈反對女人因比基尼變成「供人挑揀的牛隻」。

至少在一九六八年紐澤西「美國小姐」選美比賽前，人們可以在街上看到抗議海報，上面寫著反對此地公然舉行的「牛隻拍賣」。參與抗議遊行的女人近三百位，據說其中一位還帶著一隻羊，脖子上綁著美國小姐的榮譽肩帶穿過人群。其他女人則高舉抗議海報，上面的女性胴體，像是肉舖裡的牛肉分門別類地展示：肋骨、脖子、腰部等等，上面寫著：「停止選牛排肉！」至於傳說中焚燒胸罩的橋段，似乎只是傳說而非事實：女人將胸罩丟進垃圾桶，但除了熊熊怒火之外並未燃燒什麼。更出名的抗議活動則發生在一九七〇年十一月二十日，當時在倫敦皇家阿爾伯特音樂廳舉行「世界小姐」選美決賽，幾位女性主義者盛裝打扮混進觀眾，時髦的手提袋裡裝著不尋常的配件：水槍、麵粉炸彈，以及用來作為行動開始信號的手搖鈴。原本她們計畫在進行比基尼項目時，動手打斷這種羞辱女人的表演。只是當天晚上主持人講了一個又一個侮辱女性的笑話，惹得幾位女士怒不可遏，提前揚起手搖鈴。霎時間舞台瀰漫著麵粉及臭氣彈，觀眾席響起「我們不美！我們不醜！我們很憤怒！」的喊叫聲。這些年輕女性很快就被逮捕，那一晚在皇家阿爾伯特音樂廳首度由有色族裔當選世界小姐。有趣的是，二〇一四年的選美比賽取消比基尼項目，大會宣稱人們應該多注意女人的腦袋而不是屁股。如今因觀眾人數下降，比基尼又重新出現在選拔項目裡。

關於女性泳裝時尚以及女人身體的辯論，仍然持續進行。從前人們曾經因比基尼布料太少而震怒，二〇一八年八月占據法國報紙頭條的則是「太多」一詞：那一年因為「布基尼」(burkini)的流行成為一樁夏季醜聞。布基尼是一種覆蓋全身的泳裝，符合伊斯蘭教中保守的服裝規定。有人因此被捕，還有游泳池貼出「禁止布基尼」的標誌，引起了諸多討論，但許多討論只有男人參與，最後也沒得出令人滿意的結果。畢竟，女人在海灘或游泳池裡到底該怎麼穿著，答案只能有一個：穿多穿少，隨她高興。

80 肖像雕塑：阿爾貝托·賈科梅蒂的〈西蒙·德·波娃〉

西元一九四六年左右

以下這段話也與兩性平權有關：「我看著眼前的白紙，指尖有著想寫的衝動，舌頭上都是文字的味道，我卻不知道該從哪裡，以及該如何開始。」法國哲學暨文學家西蒙·德·波娃在她回憶錄系列第三部《事物之流變》如此寫道。場景是一九四八年一個下午的雙叟咖啡館，波娃的朋友阿爾貝托·賈科梅蒂坐在她對面說：「妳看起來怎麼這麼焦躁？」「因為我想寫，可是不知道要寫什麼。」聽到波娃這麼說，賈科梅蒂說：「寫什麼都好。」就在那一刻，波娃後來寫道，她知道她想寫自己，寫她身為女人的生活。這段藝術家與作家之間短暫的交流，影響了隔年《第二性》的出版。

賈科梅蒂和波娃相識於二戰前一九三〇年代。他的一頭亂髮，以及看起來如「磐石般堅毅」，比「精靈還要自由」的樣子，就跟他的思想一樣令她著迷。她曾說過，賈科梅蒂面對事物總能直指核心，且以無比的耐心毅力與無窮無盡的好奇心探索究竟。而這種特質，多少也表現在他一九四六年左右完成的一尊小雕像上。這尊雕型展現出模特兒最重要的本質，至今人們仍然稱羨不已，也就是波娃的頭像：五官細緻但顯得有些嚴肅，以及梳高盤在腦後的經典波娃髮型。當時波娃發表了三本小說，已在特定的圈子裡成名，但距離揚名全球還有些許距離，還差一篇革命性的文章，不過很快就會出現。雖然幾年後她才會變成全球文青的偶像，她朋友顯然在當時就已視她為偶像。他作品中所展現的她，就像現在人們眼中的她：是腦袋，不是身體；出色的思想家，有些嚴肅，一個看起來比實際年齡蒼老的女人。一個會被塑造頭像，總是從高處冷靜地俯視分析，鮮少真情流露的人。有時人們會指責波娃沒有感情，太過理智，有點高高在上。但同時人們又會被她在性方面坦率的發言所激怒，就像是《第二性》出版後，弗朗索瓦・莫里亞克在雜誌《摩登時代》所寫道：「現在我對這雜誌老闆的陰道瞭若指掌。」*在此之前，沒有哪位女哲學家著書觸及女人初經、首次性經驗及其身體等議題，這是驚世駭俗的革命性創舉。

不過，現實生活中的波娃似乎刻意跟書裡所述相反，總是維持著一個冷淡自持的知識分子形象。沒有身體的女人總是能得到他人較多重視，這點波娃可能非常清楚。至少在她童年好友扎扎**追求愛情以至萬劫不復後，她就知道身為女人最好與萬事都保持一定的距離，生活處世多用腦，別太放任心之所向。當人們談及她的感情生活，首先提到的，一定是尚—保羅・沙特——既是她的伴侶又是她的同事。沙特，這個精明古怪的傢伙，她自大學認識他之後就再也沒離開過他。沙特，她與這位哲學家終生維持著精神契合的伴侶關係，但彼此之間從未出現激情。假使她真的「只」體會過這樣的關係，這種「只是」深厚的友誼，只需要頭腦，不需身體其他部位的契合，她對身為女人這件事的思考可能大不相同。畢竟，《第二性》首先處理的問題，就是「女人」在我們的社會裡是透過與「男人」的關係定義，是另一種，也是第二種性別。因此對女人而言，只要與男人建立這樣的關係就非常危險，常在不知不覺中，便順理成章地扮演起舊式女性角色。與波娃同時代的女人可以工作、上大學、開車，或騎著腳踏車在巴黎穿梭，她們可以獨立自主，可以談戀愛。只是一旦進入與男人的關係，一段緊密穩定的關係，又會發生什麼事？在這樣的關係裡，她還可能自由自在嗎，或者又悄悄地一步一步被推回臣屬者及自我犧牲的角色？難道女人還是與男人不同，依舊必須做出選擇：愛情或是企圖心？

波娃在寫《第二性》時，很可能也拿這些問題問自己。因為當時也許是她人生中第一次如此這般神魂顛倒，愛上美國作家納爾遜．艾格林。一九四七年，也就是波娃當賈科梅蒂模特兒一年後，到美國旅行時認識艾格林，立即墮入愛河。她告訴自己的回憶錄作者，和他在一起，她經歷了第一次高潮，成了一個完全不一樣的女人。所有認為波娃是沙特身邊大方瀟灑的帥氣情人的人，在看到她寫給艾格林的情書一定驚訝地發現，這根本是另一個波娃：熱情、滿腔愛意、感情用事，敏感脆弱。有時甚至俗氣，夢想著家庭主婦的生活，這實在令人難以想像。突然之間，波娃這麼一個反對婚姻的人，竟要想要當他的「小妻子」（wifey），站在爐子邊幫他燒飯，為他做一切事情。或許，這當然也只是猜測，但也並非毫無根據，她在這段感情關係裡（與她跟沙特的關係完全不一樣）第一次真正親身體驗到，角色規範是多麼根植於內心深處，要將幾百年女性的自我犧牲趕出腦袋是多麼困難，就連像她這樣善於反思的女人，也很容易就陷入一種其實與她生活期望完全相反且陌生的模式裡。或許，在這段關係裡她也體驗到，與她同時代的女人，儘管社會再進步，有時還是得面臨困難的抉擇：我，還是他。一個真正自由且平等的「我們」暫時還不可能存在。至於波娃的抉擇，大家都知道了。完成《第二性》一年後，她離開艾格林：「我給你我的心，但不是我的一生。」她這麼寫，接著又補充：「因此，我的感情生活永遠結束了，這種想法讓人不太舒服，特別是當這個人還有顆溫熱的心及活生生的肉體。」幸好她錯了。不久之後，當波娃遇到小她十七歲的克勞德．朗茲曼，既沒捨棄自己的心，也沒丟棄自己的身體。不過，她還是說對了：男人、愛情、性欲都只是一時，永久留下來的，是她那顆堅毅的頭顱。賈科梅蒂根據這顆頭顱塑造的版本，直到去世前都放在她的桌上。

* 《摩登時代》為波娃與沙特於一九四五所創的文學雜誌。

** *Zaza*，全名為 Élisabeth Lacoin，前者為波娃對她的暱稱。

GRUNDGESETZ
FÜR DIE
BUNDESREPUBLIK
DEUTSCHLAND

81 德意志聯邦共和國基本法

西元一九四九年

一九四八年九月一日，所謂的「立法會議」在波昂的柯尼希博物館*舉行儀式，正式開始為新成立的德意志聯邦共和國起草基本法。舉行儀式當時，有名不尋常的客人站在角落旁觀：一隻長頸鹿。據說這隻通常跟一堆動物標本站在這個中庭的長頸鹿，在這場儀式中，站在布幕後探出頭來，聆聽巴哈《D大調第三號管弦樂組曲序曲》、貝多芬《蕾奧諾拉序曲》，以及勉勵與會六十五位握有投票權的議員盡其職責的演講。面對眼前一群都是男人的畫面，這隻長頸鹿可能會問自己：「女人到底都到哪裡去了？」

若只看當天以及接下來幾個月在波昂開會時的照片，很容易就會產生只有男人在場的印象。看來又是一群穿西裝打領帶的人，為「新德國」撰寫基本法律條文。但實際上也有女人，確切來說是四位女人，她們的名字是芙蕾達．娜迪西、伊莉莎白．塞貝爾特、海蓮娜．韋伯、海蓮娜．韋瑟爾，她們就是所謂的「基本法之母」。我們知道她們，雖然照片裡幾乎從未出現她們的身影。我們之所以知道，是因為基本法開宗明義，緊接著「人之尊嚴不可侵犯」、「人人享有自由發展其人格之權利」、「法律之前人人平等」之後，第三條第二項就是：「男女平等」**多麼簡單明瞭的一句話！但就連這樣的句子都是經過一番抗爭。原始版本此處的句子不一樣，是採用威瑪共和國的句子：「男人和女人擁有相同的公民權利和義務。」聽起來差不多，但意義不一樣。原始版的句子規範的是人與國家之間的關係，但不涉及男女之間的權力關係。這個句子絲毫未撼動到自德意志帝國以來以法律訂下的基本原則，即男人是一家之主，對生活中所有重要的問題擁有最終的決定權。身為法律專家的伊莉莎白・塞貝爾特，特別想改變這個完全過時的觀念，基本法中這個影響深遠的句子也是出自她的手筆。在威瑪共和時期，塞貝爾特以兩子之母的身分，通過高中畢業會考，進大學研讀法律。一九三四年她是最後一批取得律師資格的女性之一，之後納粹便禁止女人成為律師。她常為受到政治迫害的人辯護，也經常為被迫離婚的女人爭取權益。工作中她總是發現：「根據民法規定，女人必須幫丈夫經營的公司工作，但她們的付出及參與卻不能分享任何收益與財產，離婚時必須兩手空空，淨身出戶，對她們來說簡直是晴天霹靂。」

因此，塞貝爾特認為，這個新國家的基礎必須奠基在兩性平等上，並允許女人有機會獲得一定程度的獨立。不出所料，她的意見引起一陣不滿的憤怒聲浪。人們指責她用這個提案阻礙甚至危害整部《基本法》的制定，人民最想要的是穩定，選在這樣的時刻來撼動家庭這個神聖的社會制度是最糟糕的；特別是，真的有必要讓原來就缺乏安全感的男人更沒安全感嗎？就連芙蕾達・娜迪西也覺得她這位社民黨姊妹的提議不切實際。身為親屬法專家，娜迪西知道這個法條看起來可能一點都不起眼，但會造成一系列法條都要重新修改。剩下的兩位女議員一開始也不贊成，海蓮娜・韋瑟爾尤其反對。另一位海蓮娜・韋伯是威瑪時期第一位中央機關女性處長，一九三三年納粹上台後因政治問題而被解聘。首次提案以十一票對九票遭否決，第二次也仍然未過。情況看起來對我們的兩性平等非常不利，但塞貝爾特的決心毫無動搖。既然同事不願接受，她直接訴諸大眾：她在工廠和婦女團體演講，接受電台訪問，並在報章雜誌撰寫文章，告訴全國婦女她們所面臨的利害關係，直到立法會議被信件淹沒。女性（其中甚至也有少數男性）強烈支持新起草的第三條第二項。一九四九年一月，議員最終不得不通過：兩性平等原則被視為不可剝奪的權利納入基本法，為隨後的一切奠定基礎。

實質的平等還需要很長一段時間，事實上，直到今日都還未達成。直到今日，德國女性的薪水仍然比男性低了百分之十八左右。直到今日，家務或照護工作還是多半由女性承擔。或許，「基本法之母」雖然為平權而奮鬥，但一開始根本沒人想落實執行。在聯邦共和國剛成立的最初幾年，對大多數的人——包含大多數的女人——而言，經濟起飛比女權重要多了。一直要到一九五七年，法律才明文規定，女人可以在未經丈夫同意或違反丈夫的意願下工作。一九九〇年兩德統一後，又成立一個委員會再次修訂這部基本法，並在第三條第二項增加一句話，可惜至今尚未完全實現：「國家應促進男女平等之實際貫徹，並致力消除現存之歧視。」

* 柯尼希博物館為自然科學博物館。

** 本篇基本法之中譯出自司法院印行《德國聯邦憲法法院裁判選輯（十五）》附錄〈德意志聯邦共和國基本法〉。

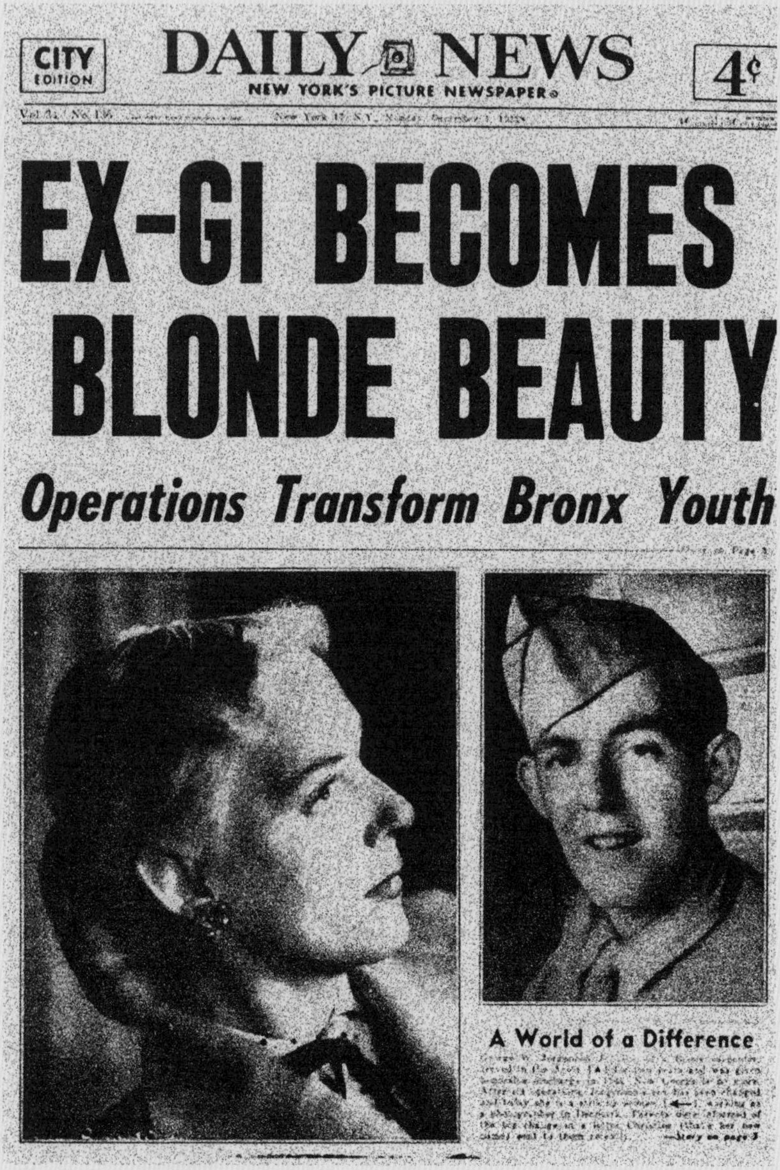

CITY EDITION

DAILY NEWS

NEW YORK'S PICTURE NEWSPAPER

4¢

EX-GI BECOMES BLONDE BEAUTY

Operations Transform Bronx Youth

A World of a Difference

—Story on page 3

一九五二年約根森夫婦收到一封來自丹麥令他們大吃一驚的信。信中寫道：「大自然犯了一個錯誤，我已將它修正過來。現在，我是你們的女兒。」信末署名為「克莉絲汀」。約根森夫婦花了幾分鐘才明白這封信在說什麼。當時，這對來自布朗克斯的夫婦有一個女兒和一個兒子，分別叫做朵莉及喬治。前一年喬治到哥本哈根旅行，說要拜訪住在那裡的姑媽，並想在那裡成為攝影師。現在，這對夫婦終於知道兒子這趟旅行的真正目的，還有，他不會再以喬治的身分回來：現在喬治變成克莉絲汀，兒子變女兒。小時候，喬治曾問過媽媽，為何他不能像朵莉一樣，為何他不能也是個女生？經過二十多年的自我懷疑與憤怒，克莉絲汀終於認清自己一直都是女孩，出錯的不是她的感覺，而是她的身體，修正這項錯誤的時候到了。

這在當時一九五〇年代初，正值戰後男性賀爾蒙高張的英雄崇拜時期，是一件相當新奇的事。雖然性學研究，特別是德國醫生馬格努斯·赫希菲爾德的研究，確定了「中間性別」的存在，或者像醫生所稱的「第三性」。他在柏林的性學研究所，在一九二〇年代為所有感覺「不對勁」的人提供一個避風港，像是同性戀者、變性人、雙性戀者。此時變性手術還在實驗階段，風險很高，因此鮮少進行。一九三〇年，赫希菲爾德的同事庫爾特·瓦內克洛斯在丹麥為畫家莉莉·艾爾伯*進行變性手術，最終患者死於併發症。除此之外還有其他一些案例，但一般民眾對此仍然毫無知覺。特別是在美國，當時金賽性學研究仍只在起步階段，人們並不願意提到這些事。在這種背景下，克莉絲汀·約根

82

《每日新聞》報紙版面

西元一九五二年十二月一日

森的信必會引起一陣騷動，不可能只在私領域造成問題。她還未回到家，消息便已經傳播開來。在凱特琳．詹納**登上《浮華世界》封面約七十年前，這位年輕女子就已成為所有報章雜誌的焦點新聞：一九五二年十二月一日紐約《每日新聞》的標題就像附圖所展示：「前美國大兵變成金髮美女」。幾頁之後則登出克莉絲汀寄給雙親的信（記者告訴約根森夫婦，刊出第一手資料對他們的女兒有利）。除了這封信及報導文章，還有前後對比的照片：喬治，美國大兵；克莉絲汀，優雅端莊的美女。

很明顯的，這個新聞標題使用兩種刻板印象，使性別之間的「過渡」更加戲劇化：「美國大兵」，戰後男人氣概的象徵，對比「金髮美女」，好萊塢及海報上最典型的美女。按照這種描述，克莉絲汀是從「男人」這個封閉的性別範疇，轉換到完全相反的另一個範疇，「女人」。當時人們還不明白，這兩個範疇的界線並非涇渭分明，而是流動的。克莉絲汀曾被問過：「妳現在是真正的女人嗎？」一九五七年的訪問她這麼回答：「我們總以為每個人不是男生就是女生，而不願接受其實我們每個人都既是男生又是女生。」而想當然耳報導中的描述，例如從軍一事，完全扭曲事實，彷彿克莉絲汀有一天以美國大兵的身分去拯救歐洲，勝利後以女人的身分回家。實際上完全不是這麼一回事。首先，她從未上過前線，而且手術是在戰爭結束後才開始的。不過，報紙的說法對比更強，也更有意思。其他報紙，像是《波士頓美國人》的標題「紐約夫婦快樂的兒子現在變女兒」雖然不那麼聳動，但不無諷刺意味，報導中說，得到一個這麼健康，又迷人的金髮二十六歲女兒，約根森夫婦必定非常高興。

當克莉絲汀幾週後終於回到紐約，機場已有一大群人等著她。好奇的旁觀者，記者，還有粉絲，「金髮美女」轟動一時。人們硬要她在毫無準備的狀況下召開臨時記者會，若這位年輕女子曾幻想自己要過「正常」的生活，到了一九五三年二月的這一天，便明白暫時是不可能了：「一開始我很訝異，人們竟然對我的生活這麼有興趣……過了一段時間，我才醒悟這對世界來說，是很重要的一步。」許多年後，她終於接受自己的名氣，應接不暇的採訪，個人經歷被搬上大螢幕，她自己的演出，還有百老匯及好萊塢等等，自己的經歷突然就再也不是她個人的，而是屬於大家的。關於私密的問題，以及性器官等細節，她多半輕鬆以對：「我的情況就像子宮切除後的女人一樣，性生活不受影響，但無法生育。」若看當時的訪問，看到人們竟對她身體最私密的部位提出如此直接的問題，不禁覺得不堪。但另一方面，提出這些問題顯然也不是要為難她，或者出於偷窺的心理，而是想利用機會好好解釋，讓當時多數無知的人了解這是怎麼一回事。克莉絲汀成了代言人。她利用各種機會解釋給大家聽，一九六七年她在《克莉絲汀．約根森：個人自傳》一書中再一次敘述自己的經歷，並透過她在媒體的表現，對當時尚未能以文字表達的感覺、身體感受、自我認知創造出一種新語言。有人說，大受歡迎的她不僅幫助許多人接受自己，而且還促進研究發展，像是美國跨性別研究先行者哈利．班傑明的研究。到了一九七〇年代，社會性別（gender）漸漸成為議題之後，克莉絲汀在一場於加州大學洛杉磯分校的演講時說：「雖然性革命不是我們發起的，但我相信，我們給了它臨門一腳。」

* 即電影《丹麥女孩》（*The Danish Girl*）的人物原型。

** 凱特琳．詹納（Caitlyn Jenner），原名為布魯斯．詹納（Bruce Jenner），曾為美國田徑奧運金牌選手，於二〇一五年公開出櫃自己的跨性別身分。

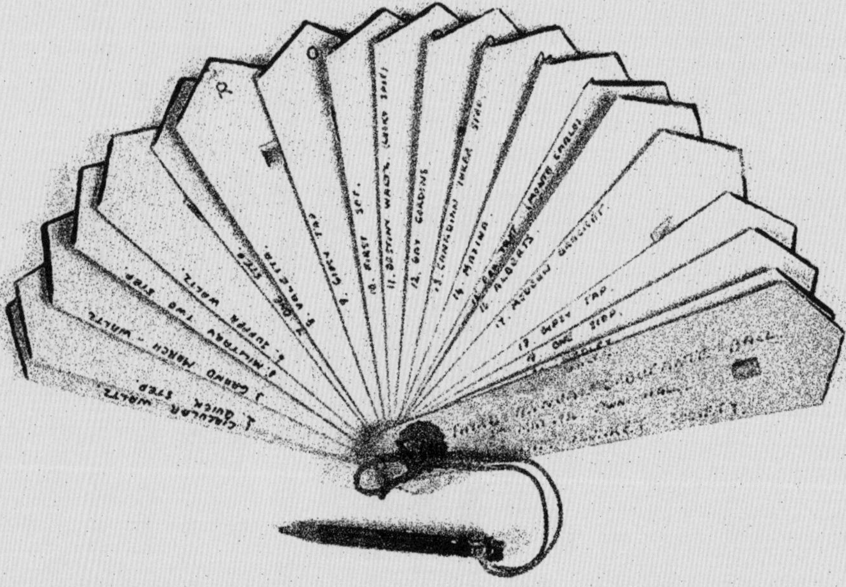
CIRCULAR WALTZ.
QUICK STEP.
GRAND MARCH - WALTZ
MILITARY TWO STEP
SUPPER WALTZ.
ONE STEP
VALETTA.
GIPSY TAP
10. FIRST SET.
11. DESTINY WALTZ. (LUCKY SPOT)
12. GAY GORDONS
13. CANADIAN THREE STEP
14. MAXINA

83

做成扇子的舞伴卡

西元一九五〇年代

一九三九年，英國作家兼畫家莉奧諾拉．卡林頓寫了一篇短篇小說，既詭異又滑稽，值得簡述一下。這個故事叫做《初入社交舞會的女孩》，內容大致如下：某天晚上一位年輕女孩就要去參加個人首次社交舞會，白天她先到動物園，站在朋友——一隻鬣狗——的籠子前抱怨：「真是太糟了，晚上我必須出席我的舞會。」鬣狗很驚訝，牠自己很想去舞會：「我不會跳舞，可是我可以跟人聊天。」於是他們達成協議，由鬣狗代替女孩去參加舞會。鬣狗勉強擠進女孩的舞會禮服，學習怎麼穿高跟鞋走路，牠的爪子藏在手套裡，但是，臉孔怎麼辦？就連這個問題他們都找到解決方法：鬣狗殺死一位女僕（反正牠本來就餓了）然後「借」用女僕的臉孔。一切都很順利，直到鬣狗在晚宴上出糗。女孩躲在自己房間安靜讀著《格列佛遊記》時，鬣狗在舞會上突然莫名地說：「我聞起來體味很重吧？呃，我從不吃蛋糕。」接著就把借來的臉孔撕下來，一口吃掉，然後一躍從窗戶跳出去。

卡林頓這個故事有些驚悚，卻以一種誇張的形式，表達出許多女人對這種自十八世紀就已存在的舞會傳統真正感受：就像故事裡女孩要她的鬣狗朋友梳妝打扮，母親也強迫女兒扮演一個可能根本不合適的角色——完美女性。裝扮一定要完美，至於完美表面之下如何，只要女孩別像鬣狗做出怪事，傷害完美表象就好。一定有那麼一兩位女孩想展現自己「真正的面目」，或者偷偷從窗戶溜出去。但大部分的女孩保持安靜，默默接受一切安排。附圖這把扇子其實也是舞伴卡，訴說了年輕女孩在生命中的「過渡儀式」（rite de passage），像動物園動物一樣任人觀賞的故事。附圖這把扇子出自紐西蘭一九五〇年代，這類扇子在十九世紀就已出現，通常華麗精美，材質則是象牙甚或黃金；有時舞伴卡也會做成小冊子，有時甚至像是珠寶配飾。功能是用來記下每一支舞，她答應與之共舞的男伴名字，好讓她與母親在舞會結束之後，還能藉由舞伴卡記起每一位曾與她優美地跳著狐步舞或華爾滋的年輕男子的名字。

這種女孩初入社交舞會的傳統是英國宗教改革後興起的，當時年輕女子無法繼承家產，因此必須確保她愛上的是高尚紳士，而不是可愛的馬僮。為了達成目的，當季適婚的年輕女孩便會被安排與眾紳士共處一室，並希望他們能在共舞時彼此看對眼。就像是一種以跳舞進行的「快速約會」（Speed Dating）：認識對方的時間不到五分鐘，而且身邊還是一群年輕、漂亮、有錢的女孩，必須用盡心思才可能讓自己脫穎而出，找到適合的人選，將他們的名字記錄在舞伴卡上。這也就是為何母親必須花費巨資，並拿禮儀規則及各種如何吸引男人的建議轟炸女兒幾個星期。與婚禮走向聖壇不一樣，在舞會上引導女兒登場的是母親。男人當然是單獨前來，他們不必像擦得亮晶晶的銀器打扮得閃閃發光，也不必討好任何人，只是進場看看當季貨色，做出選擇，或者誰都不選。身為男人可以盡情在這些初亮相的女孩舞會上流連，但年輕女人若不想有「過期」的感覺，不想被貼上「老處女」的標籤，最好一季結束後就找到男人定下來。

最初這種舞會是貴族的習俗，但在貴族沒落之後仍然繼續存在，特別是在美國，二十世紀的富豪階層特別喜歡這種儀式，但對大多數的年輕女孩這是一種折磨，且因此承受極大的壓力。例如愛蓮娜．羅斯福，一九〇二年她在紐約華爾道夫飯店完成她的「亮相」儀式，便對此深惡痛絕：她覺得自己像個笨蛋，於是提早回家。伊迪絲．華頓則認為那是「褪去羞怯之痛苦且漫長的垂死掙扎」。之後這類舞會給了野心勃勃的家庭一個機會，藉由女兒大出風頭。例如布蘭達．弗雷澤是史上首位因初入社交舞會享譽全球的女子，也就是所謂的「社交名媛」。她可以說是一九三〇年代末期的芭黎絲．希爾頓，很富有，精確而言是暴發戶，且因出名而更出名。母親為她舉辦的舞會華麗壯觀，而她也因此登上《生活》雜誌的封面。不幸的是，這並未為她帶來幸福。她沉迷於酒精及毒品，患有厭食症，年紀輕輕便香消玉殞。關於初入社交界的舞會，她曾這麼說過：「大致來說，女孩的舞會初亮相是一門生意……並非享樂。」但這其實一點都不重要，在一九四〇及五〇年代，人們對這種新娘秀的興致日益高昂，在一些圈子裡這種傳統甚至持續至今日，近來據說甚至有更勝一籌的趨勢。不過附圖這把扇子很有意思，每支舞蹈旁標註的不是男人的名字，而是女人的。或許，擁有這把扇子的女孩內心住著一個莉奧諾拉．卡林頓，又或者，住著一隻反對這種儀式的叛逆鬣狗，誰知道呢！

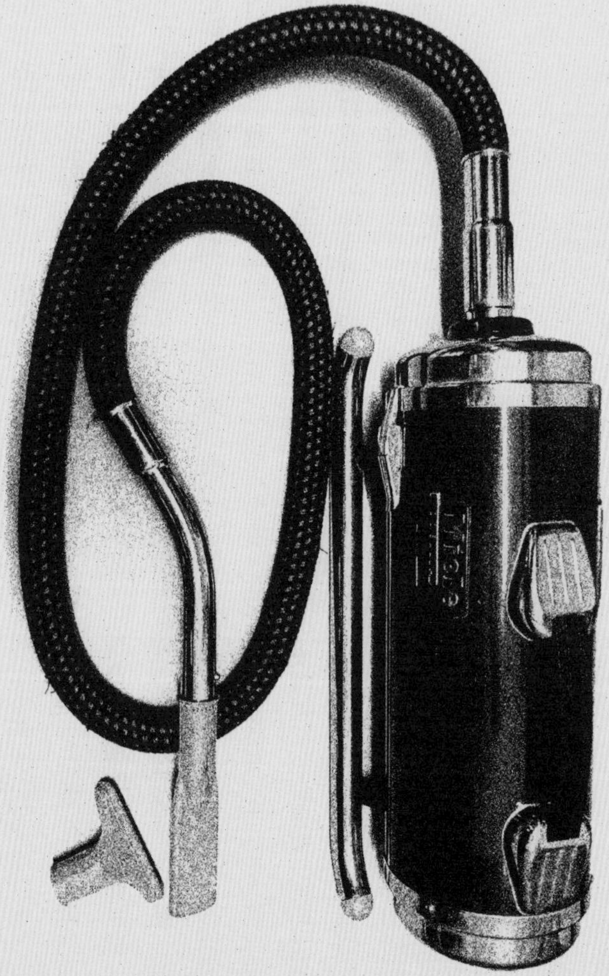

在嘲仿一九五〇年代給美國女性看的人生指南時，總會特別建議婦女應以下面所述的場景結束她的一天：當男人晚上回家時，就像從前獵人回到洞穴一樣，她應為他化好妝，打扮漂漂亮亮地站在門邊歡迎他，微笑送上一杯調酒，問他這一天過得如何。注意千萬不要拿自己微不足道的煩惱及想法打擾他，畢竟，他工作了一整天，而她沒有。

這樣的場景當然是誇大，但實際上可能也沒有太大差別。所有對家庭主婦日常生活刻板迂腐的想像，最符合現實的時期莫過於一九五〇年代，尤其是在德國及美國，特別是在中產階級的生活環境。大多數的女人大部分的時間精力都花在家務、孩子及服待丈夫上。大戰期間女人活躍在世界的每一個角落，戰爭一結束，人們便友善但堅定地要她們回家，並創造出一個讓她們從此乖乖待在家裡的社會框架。就連讀大學的女人，最遲畢業後也得穿上廚房圍裙。一方面是因為無論如何她們都很難找到有意思的工作，而且稅制上的夫妻分開計稅的設計也使得女人工作反而帶來更重的稅，家庭收益不如支出。另一方面人們重新塑造十九世紀家庭主婦的理想典型，賦予她新潮的樣貌。人們開始宣稱，「可以」在家不出門工作是一種「進步」，並且同情那些在二十世紀初年力爭獨立的女人：有什麼比當家庭主婦更奢侈的事？這種說法很容易懂，聽起來甚至還滿合理，因此直到今日還有許多年輕女孩支持這種說法。這些堅持傳統男女角色分配的女孩，在社群媒體上以「傳統妻子」（Tradwives）的名號引人注目。她們認為，女人一直都在工作，就連出身富裕的女人也必須對著一屋子的僕從發號施令；現在，女人終於可以做她最喜歡的事：據說就是遊手好閒。

84 米勒吸塵器型號A

西元一九五一年至一九六一年

人們總是頑固地認為，家務勞動不是工作，其中一個原因便是附圖這款型號A的米勒吸塵器，它最有名的廣告詞是：「母親用米勒做家事」。從前操持家務的困難，大家都知道那是體力勞動：洗衣服擰乾衣服，將全家地板掃一遍，或清洗各種東西，不用打蛋器打發蛋白，每一項都像做了一場皮拉提斯運動。但現在不一樣，多虧著名的「家務幫手」，打掃、拖地、洗衣、做飯全都迎刃而解。家務變成打發時間的好方式，不，比這個更棒，做家事充滿樂趣。廣告鋪天蓋地都是女人抱著吸塵器、全新冰箱、洗衣機等等類似家電用品像抱著情人似的，顯然沒什麼人會想到，人要有多傷心寂寞，才會與吸塵器相依偎；人們看到，女人現在有像好朋友一樣的機器幫她們完成所有家務，多麼幸福。

這種將女人與家用電器連在一起的現代圖像在當時已不是什麼新鮮事。回溯一九二〇年代，當「女男孩」在巴黎街頭開快車時，另一群女人則站在剛成立的家務商展上，聆聽新推出的卡洛牌熨斗的使用方式。當時有一張廣告海報，是德國AEG公司製造，史上第一款吸塵器「吸血鬼」，上面的廣告詞：「家庭主婦，仍是完美淑女」。海報上女星愛德蒙．居伊頂著時髦的短髮，穿著金色的家居睡衣，披著紅色披肩，手裡拿著上述的吸塵器，看起來像隻金屬貘。這廣告想傳達的訊息大約是說，吸塵器與女性解放是一體的。直到今日還有這種說法，認為電器用品解放女性，使她們有更多時間做自己的事。雖然部分是對的，但也正是這些電器用品使得婦女的家務勞動不只變得一文不值，而且還訂定了更高的新標準。如今完美是必須的，或者用另外一種方式來說：女人有這麼多「幫助」還無法展現一個一塵不染、亮晶晶的家，無法打扮得光鮮亮麗，只可能因為懶惰。西蒙．德．波娃曾說：「很少有工作像家庭主婦一樣具有薛西弗斯的特徵。」的確如此。如果還有人對薛西弗斯說，他這樣滾石頭實在不算什麼，小事一樁，他大概也會難過或生氣，或者兩者兼之。

當時家庭主婦的處境大約如此。一九五〇年代末，一項國際調查發現，西方世界的婦女非常不快樂，其中德國婦女甚至是最不快樂的。人們對此感到訝異，這怎麼可能？她們什麼都有，華服、可愛的孩子、丈夫、房子、前庭花園，還有一堆這麼棒的電器用品，女人還想要什麼？人們無視她們的答案，或是貶抑為無病呻吟。這些女性表示，她們感到寂寞空虛，覺得自己一無是處，彷彿根本不存在。在名為《女性的奧祕》一書中，貝蒂・傅瑞丹描述了美國郊區家庭主婦一群一群地湧向精神科醫生，因為她們一直有不舒服、無精打采、憂鬱的感覺，卻找不出原因。她們也覺得自己什麼都有，擁有一切「普通」女人想要的東西，因此對自己的不滿足感到羞愧。當時，傅瑞丹稱其為「沒有名字的問題」，而她如今看來備受爭議的論述為即將出現的第二波女性主義奠定基礎。其他人則以不同的方式面對這個問題，例如一九七二年「家務勞動工資」運動中的義大利女性主義者便主張家庭勞動必須支薪。她們認為，女人基本上並不排斥家務或照護工作，畢竟這些事總是要有人做。真正的問題是，人們並不將這些任務當成工作，因為有工資才叫工作。所以必須要有工資。沒有工資，人們就會認為這些勞務與照護，對社會生活及經濟進步不重要，彷彿沒有它們也行。然而事實很明顯，或者至少應該很明顯，若沒有家庭主婦拿著吸塵器免費清掃房子，大肆宣揚的經濟奇蹟可能根本不會發生。

85 特百惠

西元一九五〇年代

根據德國食品公司歐特家一九五〇年代的廣告，女人生活上兩大問題：「該穿什麼衣服？以及：該做什麼菜？」。在這則廣告裡，人們可以看到一位還算年輕的女人，不到三十歲，提著整袋的食物衝進廚房。廣告中的主角穿著長裙，深棕色的頭髮長及下巴，梳理得整整齊齊，剛剛達成據說是所有女人的人生目標：終於成功嫁掉自己，太棒了！不過，廣告發出警告：「任何以為從此可以高枕無憂的女人，可就大錯特錯：男人期待每天都能再被降服。」知道怎麼做嗎？用自己親手烤的蛋糕：「蛋糕使男人變得柔順，新買的衣服就算比預算多一百馬克也無所謂了。」

大家都知道，一九五〇及六〇年代初的家庭主婦，生活枯燥單調，鬱鬱寡歡（而且通常還有酗酒問題），就連美國女權運動家貝蒂·傅瑞丹或是抗焦慮藥贊安諾都沒什麼幫助。而特百惠這東西，乍看之下似乎又是一個剝奪女人自由的物品，將女人釘死在廚房裡，只為了女人生活上第三個問題而存在：「沒吃完的食物怎麼辦？」從小我們就看慣這些粉色的塑膠保鮮盒，在祖母或者勤勞母親的廚房，才剛吃完早餐，身上還穿著晨褸就已經忙著準備午餐。特百惠是家庭主婦的必備配件，從這個角度來看，首先它並未大聲吶喊著女性自主或解放，但其實它與吸塵器這種偽裝進步的箝制機器不同，是個外觀極不顯眼的解放元素。

至少對一九五〇年代住在美國郊區的女性來說是如此。讓我們倒轉一下，故事得從頭說起，比較容易想像：二次大戰結束後，來自麻薩諸塞州的塑膠製品公司老闆厄爾・特伯買下所有戰後剩下的塑料，並認為必定能派得上用場。經過幾個月的嘗試及各方試驗，果然有了結果：特伯先生拿出他第一個「特百惠」製品。那是一個輕如羽毛的碗狀容器，有蓋子，蓋上時會先發出打嗝一樣的聲音，被稱為「特百惠嗝聲」(Tupperware Burp)，擠出多餘空氣的聲音，產品全以粉彩色塑料製成。特伯為他的發明申請專利，並設計了一系列名為「百萬富翁系列」的產品，於一九四九年推出上市。特伯年輕時曾發誓三十歲要成為百萬富翁，這個夢想當時還未實現，最初也看不出實現的可能。雖然就設計角度來說，特百惠還蠻有意思，而且摩登，實用，符合時代潮流。人們雖然喜歡它簡單俐落的線條以及鮮嫩的顏色，但沒人想將它放在廚房裡。這些碗狀容器放在貨品架上積滿灰塵，直到布朗妮・懷斯登場，將這個失敗的產品變成一個令人難以置信的成功故事。布朗妮——據說因其棕色大眼像布朗尼蛋糕得此名——是個三十多歲的單親媽媽，當時已是一位成功的家用產品登門推銷員，在她手上，幾乎沒有什麼東西賣不出去。在特伯的產品上，她將自己天生的行銷本領發展成為一套系統，也就是眾所皆知的「特百惠派對」：專為家庭主婦舉辦，提供雞尾酒及派對點心的聚會，向她們展示特百惠的優點。聚會上大家喝點小酒，聊點是非，渡過一個美妙的下午，一天下來總會出現一份長長的特百惠訂單，甚至帶幾個展示品回家。據說今日成人玩具也有類似的行銷系統，無論如何，這個絕妙的行銷方法是布朗妮・懷斯特別為特百惠發展出來的，大獲成功。

懷斯在短短時間內所賣出的量，大到工廠來不及生產。特伯自己雖然不是行銷高手，但明顯具有識人慧眼，他先提拔懷斯為「家庭派對」總經理，並接受她的提議，完全取消門市銷售，將所有精力投注在「派對」上。而這也終於搭上女性解放觀點：布朗妮・懷斯不只成為一位成功的商界女士，第一位登上《商業週刊》封面的女性，也帶動了許多女人走入商界。所有來自美國各地，坐在廚房裡無聊且懷疑人生的女人，紛紛成為自雇形式的「特百惠派對」主辦人。她們開始賺錢，賺得比大部分她們能從事的工作還多，而且能兼顧工作與家庭。這種情況為即將產生的革命鋪好一條康莊大道，靜悄悄地，而且完全符合她們身分所能做的事，因此沒有任何丈夫出來反對。有些男人甚至辭掉自己的工作，在家幫忙太太經營特百惠事業，原因很簡單，因為獲利甚豐。

如此一來，布朗妮・懷斯及她的特百惠娘子軍雖然乍看之下一點都不符合女性主義者的夢想，她們所販賣的東西，繼續將女性與家庭和廚房綁在一起，但懷斯給了她們職位、金錢，以及隨之而來嶄新的自我價值感，使得女性空間出現了新的意義。特百惠的娘子軍不必為了新衣服幫丈夫烤蛋糕，無須安撫也不必央求男人。真想要新衣，自己就可以掏錢買。

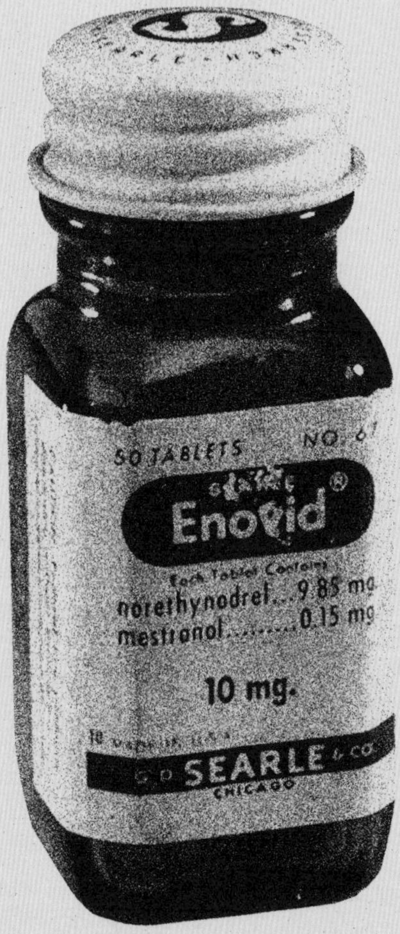
50 TABLETS
Enovid®
norethynodrel....9.85 mg
mestranol..........0.15 mg
10 mg.
SEARLE
CHICAGO

86 「恩諾維德」避孕藥

西元一九五七年

附圖是一九六〇年八月十八日正式在美國市面上販售的避孕藥，這個史上第一款避孕藥出自西爾製藥公司，要追溯其發展可以從兩個時間點說起。一個是一九五一年在紐約舉辦的晚宴，計畫生育聯盟創始人瑪格麗特·桑格——也是威廉·莫爾頓·馬斯頓筆下《神力女超人》的原型——在吃完主菜等待甜點的空檔，突然問生物學家格雷戈里·平克斯：「你認為研發一款能夠避孕的藥丸，要花多少錢？」這句提問推動研究，最終成品得以上市。

另一個時間點則要再往前推約四十年：一九一四年出版的八頁宣傳小冊，有個優美的標題《女人的叛逆》。當時桑格深知，投票權雖然很重要，但女人要獲得真正的自由，就必須要能完全主掌自己的身體，特別是生育能力。因此，她寫這本小冊子，就是要對抗社會利用無知來壓制年輕女孩的手段，並倡導對年輕女孩進行性啟蒙。據說，「生育控制」(birth control)的概念最早便是出現在這本抗議小冊裡。可惜這本小冊子沒出幾版就成為「康斯托克法」的受害者，這項法律禁止所有關於避孕議題的傳播。不久後，桑格在布魯克林開設第一家避孕診所，不僅提供婦女具體建議，還給她們避孕隔膜（又稱子宮帽），因而遭受起訴，成了一場轟動一時的訴訟案。不過到了一九五一年的那場晚宴，這些都成了遙遠的往事。當時計劃生育聯盟在美國已經合法提供婦女諮詢數年，隔年該組織更是將計畫生育的概念推向國際舞台。儘管如此，桑格仍然一直希望能發明一種能讓女人安心，不會意外懷孕的避孕藥物，並在這個晚上遊說平克斯加入她的計畫，平克斯再邀請婦科醫生約翰．洛克合作，就這樣，一款名為「恩諾維德」(Enovid)的口服避孕藥於一九五七年正式上市。

不過當時並不被當作避孕藥。一開始，這個藥物是為了治療俗稱「青春痘」的痤瘡，以及經期間各種不適，避孕只是它的副作用。即使最後終於公開表明其真正作用，在德國直接稱為「反嬰兒藥丸」——對一些人來說，這已是個「違反公序良俗」的詞彙——但一開始還是限制只能給已婚婦女服用，而且還是已經有小孩的婦女。人們不可能這麼簡單就免除女人的「天職」，避孕藥對當時的嬰兒潮影響要晚一些才會發生，也就是一九六〇年代末期所謂的「避孕藥急轉折」(Pille-Knick)現象。儘管如此，一九六一年西德藥房首度出現「安諾輔拉」(Anovlar)這個德國版口服避孕藥時，德國《明星》週刊仍然宣稱這是「歷史性的一天」。實際上也確實。這是女性革命，可能也是史上最重要的一場革命。在此之前，如果女人只想做愛不想要小孩，她只能選擇禁欲，或將沾滿鱷魚糞便的海綿塞進陰道，或配戴避孕護身符。再不，可以使用之前提到的坐浴桶沖洗，或者向男人解釋，戴保險套與「閹割」毫無關係，更不會傷害他的男性雄風，然後希望他接受這種說法。又或，她可以半蹲用力打噴嚏，或者拖到以後再說，然後為了這個忘我的剎那，以可能賠上自己性命的代價非法墮胎。

現在多虧這顆小藥丸，與男人發生關係不再具有潛在的致命風險。不只是男人，女人也可以毫無顧忌地享受性愛，輕鬆，無憂無慮。在人類歷史上，性與生育首度脫鉤，可能發生無可挽回後果的恐懼不復存在。今日的我們難以想像，但當時這種解脫的自由感受必定深刻，當然也因為身體終於不再是女人的敵人。正如法國作家安妮．艾諾曾經說過的，身體不再「拖慢妳的速度」，不再是妨礙妳前進的障礙。「享受性愛」與「遠大的志向」不再對立。「恩諾維德」推出第一年便在藥房櫃台賣出四十萬瓶，一九六三年降價後，購買人次高達二百三十萬，到西元二〇〇〇年後也還持續增加。這也使教會苦惱。數百年來人們——尤其是女人——總是被教導性是一種罪，只有在想生小孩的期待下才可以犯戒。如今這瓶小藥丸摧毀了諄諄告誡。一九六八年教宗保祿六世在題名為《人類生命》的通諭中譴責人們透過避孕工具控制生育，根據他的說法，這會鼓勵婚外性行為，加速「道德紀律的腐化」。真的如此？當然了。但這可是件好事，去他的道德紀律，根本只拿來限制女人。

不幸的是，避孕藥的歷史也有黑暗的一面。在桑格與朋友生物學家凱薩琳．麥柯密克推動平克斯及洛克研究避孕問題後，研究人員很快得到結論，人們必須以假懷孕來「欺騙」身體，以防止「再次」懷孕。這也導致人造懷孕荷爾蒙黃體素的出現。而這些物質必須找人做人體試驗，從這裡開始，事情變得醜陋。一九五〇年代的美國沒人想要避孕，也不可能要美國人當試驗品，但到別的國家找人當白老鼠就沒問題。當時美國海外屬地波多黎各正好為了生育率飆升傷透腦筋，就連祭出強制結紮的手段也在所不惜，比較起來，進行藥物試驗顯然溫和許多。或許正因如此，當時許多婦女自願參與，為的就是避免結紮。只是，她們並不知道自己接受的是什麼樣的實驗：沒人告訴她們這是一項人體試驗，也沒人告訴她們可能會出現未知的副作用。三名婦女死於當時的高劑量，許多人則出現憂鬱、嘔吐和其他各種人們樂於沉默不提的「副作用」。雖然這些不影響避孕藥的意義，但這段歷史提醒我們：一群婦女的解放，可能以犧牲另一群婦女為代價。

87

漢娜・鄂蘭的胸針

年代不詳

幾年前在美國《紐約客》雜誌上可以讀到一則有趣的軼聞，是關於哲學家漢娜・鄂蘭及她對女性主義的看法。文章作者提到，一位教授曾告訴她一個發生在一九七〇年芝加哥的故事，當時鄂蘭在大學裡教授政治理論，那位教授是她的學生。一天兩人一起搭電梯，兩個人眼睛都望著地板，一言不發，就像一般人在電梯裡的狀態。直到鄂蘭發現學生外套上別著一枚芝加哥婦女解放運動組織的胸章，鄂蘭眉頭皺了起來，指著胸章帶著濃厚的德國口音宣告：「這一點都不認真！」

附圖是一枚由黃金、珍珠、三顆鑽石打造而成的胸針，與任何社會運動都沒關係，更與身為思想家的鄂蘭瞧不上眼的女性主義運動無關，只與鄂蘭本人有關。誇張一點，我們可以說這是女性哲學史上最負盛名的一枚胸針。據說它是鄂蘭最喜歡的飾品，一九六四年十月二十八日，她上君特・高斯主持的節目《此人》（*Zur Person*）便別著它，那是一場著名的公開亮相，長達一個多小時的錄影節目，多年後在YouTube上有超過百萬人次的觀看紀錄，沒有哪位知識分子的訪談能達如此驚人的數字。在鄂蘭上節目之前，這個訪談系列已經存在一年多，在她之前坐在受訪位子的，是一九七一年獲得諾貝爾和平獎的德國前總理威利・勃蘭特。而她，將是當時此系列唯一的女性受訪者。一開場，主持人這麼說：「漢娜・鄂蘭女士，您是第一位上這個節目的女性。第一位女性，儘管您的專業領域，對一般大眾而言非常男性。您是一位女哲學家。」接著單刀直入，丟出第一個問題：「您在哲學界裡已獲得足夠的認可及尊重，請問您是否仍然覺得自己的角色很特別？或者這麼說，這裡指的是關於女性解放的問題，而這對您來說根本不存在？」

若對鄂蘭的認識只停留在老菸槍，滿腦子「極權主義」和「自由」等複雜概念，以及她提出的「邪惡的平庸」（又譯「平庸的邪惡」），我們會在這場訪談中發現她是如此鮮活的人：她有著無比的權威感，同時帶著難以抗拒的魅力說自己不是女哲學家。她先澄清自己的專業領域是政治理論，接著說：「您說一般認為這是男人的領域，看吧，這並非一定。一位女性也可能成為女哲學家。」她自己在十四歲時就知道哲學是她的領域，閱讀康德使她明瞭這一生最想達成的目標就是理解（Verstehen）。透過思考，透過書寫理解萬事萬物：「對我來說，這問題……有點像是……要不研讀哲學，要不，這麼說吧，死了算了。」而且，即便她「老派」——她自己也知道——並且認為女人如果想繼續保有「女性特質」，有些事情實在不適合做，例如「發號施令」，但她自己對這些典型的行為從未特別深究：「我只是做我想做的事，從未想過這些事一般是男人在做，現在是一位女人在做。我從來不覺得這是個問題。」她在節目中如此說道。整場訪談，她衣領上的別針不斷閃閃發亮，呈現出來的漢娜．鄂蘭，是思想家之餘，也是時代女性。不只因為那枚胸針，也因為她有趣的身體語言：說話時一邊端詳指甲，彷彿坐在美甲沙龍裡。一眼就可看出她不是那種知識分子，認為必須抹去或隱瞞自己的女性特質，盡可能表現得跟男人一樣才能獲得尊重。但同時，與西蒙．波娃相比，她也不是個以女人的角度理解及思考世界的知識分子。對鄂蘭來說，性別是個事實，不是問題。

而她在攝影機前的表現，某程度上也恰好凸顯出這場訪談節目的特色：她是整個系列唯一受邀的女性，但不只是被當成女人訪問。她不該只講「女性問題」，只談解放、平權或避孕，而該談論她對當時最重要、最困難，且最複雜的問題所做的思考，也就是如何面對納粹大屠殺。鄂蘭那天出現在那裡，是因為她是第一批試圖理解她的故鄉——德國——為何發生種族清洗，事件背後機制為何的人。她在那裡，是因為這一年——一九六四年——她的書《艾希曼在耶路撒冷：一份關於邪惡平庸性的報導》*德文版上市，是她飽受爭議的艾希曼大審系列報導集結之書。這些報導最初在《紐約客》雜誌發表時，飽受批評以及各種對她個人的指責，一些或許有道理，但無論如何（或者也正因這些爭議），正是她的想法才推動了對種族滅絕（Shoah），對奧斯威辛及毒氣室的種種思辯。在高斯與她的訪談中，她也提及自己在一九四三年得知奧斯威辛集中營時的反應：「真的就像萬丈深淵突然出現在眼前。人們總想，無論其他什麼事，不管如何總有辦法且也真能夠彌補。但這不行。這件事根本不該發生（……）但依然發生了，我們都不知該如何接受這事實。」接受，不可能，但試圖理解它如何發生，有可能。她的文章及其引發的爭議，就像這場訪談節目，奠定出一套語言基礎，用文字讓不可想像的事變得稍微可以想像。從此以後，人們再不能轉頭無視，繼續沉溺在緘默之中。

＊ 此為德文直譯，繁體中文譯本名為《平凡的邪惡：艾希曼耶路撒冷大審紀實》（二〇一三，玉山社）。

88 迷你裙

西元一九六六年

十九世紀下半葉，美國華盛頓流行一種說法：據說，人們可以從兩件事看出春天來了。一是首都國會又開始召開議會，二是街上又出現蘇珊・B・安東尼的紅領巾。紅色領巾是這位女士的標誌，也是第一波女權運動的象徵。而一九六〇年代的英國，從傳統解放出來的女人，則將充滿女人味的披肩、老式蓬蓬襯裙，還有髮捲一起扔到角落，穿上另一種服裝顯示自己獲得解放：一種特別短的裙子，也就是迷你裙。這種節省布料的服裝到底是誰發明的，是法國的未來主義時尚設計師安德烈・庫雷勒，還是英國的瑪莉・官，至今仍然爭論不休。兩人幾乎同時發表裙長不到膝蓋的洋裝系列，兩者都令大眾既興奮又震驚。不過瑪莉・官的設計比安德烈・庫雷勒的「太空時代」造型更有名氣，因此她也成了時尚史中，那位幫朋友設計出迷你裙的女人。

或許，就像官說的，也是因為英國女人的腿比較漂亮。法國女人雖然在其他方面全都勝出，她們有漂亮的胸部、細腰、翹臀，但英國女人的腿最完美：「雀兒喜女孩（Chelsea Girl）擁有全世界最美麗的雙腿。」一九六〇年代可以說是腿的年代。當瑪麗蓮・夢露、蘇菲亞・羅蘭、碧姬・芭杜等一九五〇年代的女星，還是以美胸、細腰、翹臀聲名大噪時，搖擺六〇年代（Swinging Sixties）已摒棄這種誇大的女性特質及沙漏型體態的性吸引力，轉而追求一種中性的外表。新的典型代表是被稱為「崔姬」（Twiggy），年僅十六歲的萊斯利・霍恩比。她年輕、瘦削、手長腳長，動作甚至有些笨拙，毫無女人味；她一點都不神祕，反而非常大膽；沒有懾人的魅力，卻有趣、親切、開朗活潑，還有最重要的一點：自由自在。剛好適合穿迷你裙，因為穿這種裙子，沒人還能一本正經昂首闊步。臀上掛著這種裙子就是要跳舞、蹦蹦跳跳，或者奔跑之類的，總之不能拿來裝淑女就是了，絕對不是。就在崔姬以史上第一位少女當選「一九六六年度臉孔」代表時，瑪莉·官也在一場巴黎時裝秀上展示愈來愈迷你的裙子。從當時的照片可以看到會場稀疏的觀眾，以及不安困惑的臉孔。隨後在著名的美心餐廳晚宴上，當瑪莉·官團隊全體穿著迷你裙出現時，全場陷入靜默。一位她的同行曾說過：「我無法確定他們到底是受到驚嚇，覺得噁心，還是受到震撼。」如果問可可·香奈兒，她可能會給出明確的答案：徹底的噁心。

或許巴黎人這麼認為，但倫敦人卻愛上這種服裝，也愛上瑪莉·官。當法國人在這場服裝秀之後，大肆批評英國人不懂優雅而且「品味低劣」，瑪莉·官在同一年獲頒女王授予的大英帝國勳章。在接受勳章時，二十三歲的瑪莉·官穿上迷你裙，在一群全黑打扮，西裝筆挺的紳士及頭戴小帽披著皮草的女士之間，特別顯眼。只是沒人說什麼，也沒人因此震怒。或許是因為人們知道，這是引領未來潮流的造型。瑪莉·官擁有美術教師資格，一九五五年在倫敦國王街開設她第一家時裝店「芭札爾」（Bazaar），很快便發現她想賣的時裝不存在，於是開始自己動手設計，贏得「雀兒喜文化圈」（Chelsea set）人士的喜愛，並征服當時在倫敦興起的青少年次文化圈。瑪莉·官使用別人不用的新布料，如針織布及PVC塑膠布，鮮豔搶眼的顏色如紅、黃、紫等等。她的時裝店提供的不只是時裝，而是一種生活方式：有其他地方聽不到的音樂，整間店看起來也與眾不同。她的第三家精品店由泰倫斯·康藍設計裝潢，整間店看起來像間客廳，晚上可以過來喝一杯，大夥聊聊天，一切看起來如此新鮮、年輕、時髦，適合「摩登人士」，當然也適合年輕女孩，那些不想假裝一本正經的大人。如今，多虧避孕藥的發明，女人不必二十歲就生小孩，自然也就可以繼續保持年輕，繼續自由自在，並隨自己的意思穿著打扮：更年輕、更短、更休閒、更醒目。迷你裙是革命的代表性服裝。

不幸的是，迷你裙就像它之前及之後許多衣物的命運，先是給了女人全新的自由感受，即年輕和充滿樂趣，隨後就被男人的眼光貶低成完全相反的意義。例如，在最初幾年，報章雜誌總愛報導男人開車撞上前車，原因是他看到一位穿迷你裙的女人正在下車：「警察先生，您一定理解吧，不是我的錯，是迷你裙的問題。」然後愈來愈多的騷擾甚至強暴案件，都把迷你裙當成罪魁禍首：「為什麼晚上要穿那麼短的裙子到亂跑？這難道沒有『一丁點』挑逗的意味嗎？」西元二〇〇〇年代初期，國際特赦組織發現，有四分之一穿迷你裙的性侵受害者被判定需負部分罪責。理由很簡單，布料太少、露出太多皮膚等同於性邀請。原本迷你裙代表的是積極樂觀的生活態度，竟然產生這種令人惋惜的轉向，其發明者又是怎麼想呢？我們不知道，她從未對此發表過意見。

ARETHA FRANKLIN
RESPECT
Dr. Feelgood
ATLANTIC

89

唱片：艾瑞莎・弗蘭克林《尊重》

西元一九六七年

女權運動者暨作家吉曼・基爾曾被瑪麗・麥卡錫在一封給漢娜・鄂蘭的信中嘲笑為「荒誕的澳洲女巨人」，有一次在關於女性主義與音樂的訪談中表示：「每個世代都應重新發現妮娜・西蒙，她的存在證明女人之中也有天才。」每一場社會運動都需要自己的聲音，從女性參政運動開始就是如此：一九二〇年代，女工遊行時會一邊唱著〈麵包與玫瑰〉；一九六〇年代非裔美國人民權運動特別是黑豹黨遊行時，總是伴隨著快速的琴音及妮娜・西蒙憤怒的聲音。一九六四年，她在〈天殺的密西西比〉一曲中唱道：「你不必住我隔壁，只要給我平等就好。」在這首曲子中，她也同時譴責謀殺非裔美國民權活動人士以及馬丁・路德・金恩的非暴力抗議行動。

一九九三年獲諾貝爾文學獎的美國非裔女作家童妮・摩里森曾說過，妮娜・西蒙拯救了他們所有人的性命，激發他們無比的鬥志，因為她本身就有強烈的戰鬥欲望。小她十歲左右的艾瑞莎・弗蘭克林（附圖唱片封面就是她的肖像）她的歌曲給人感受完全不一樣，是一種共同體的感受。至少，社運鬥士安吉拉・戴維斯在弗蘭克林去世後是這麼描述她的：「在黑人女性主義尚未出現時，她就以〈尊重〉這首歌提出這個倡議，鼓舞大家追求自由。艾瑞莎・弗蘭克林是靈魂樂的代表，她的音樂使人感覺置身於一個更大的群體之間。」事實上也的確如此，一九六〇年末期，每個支持自由平權或是靈魂樂及黑人民權的人，家裡櫃子上或唱盤裡都有《尊重》這張唱片。單是這首曲子的歷史就十分有意思：最初唱這首歌的不是弗蘭克林，而是靈魂樂歌手奧提斯・

雷丁，他在一九六五年錄製這首歌。當初的版本是一個被動攻擊型的丈夫告訴妻子，當他不在時，她大可出軌偷情；但當他回到家，她就該表現出一點尊重之意。「我在廣播中聽到這首歌，非常喜歡，想要自己唱。」弗蘭克林曾在訪問中這麼說：「當時我妹妹卡羅琳在旁邊，我們坐在我在底特律的小公寓鋼琴旁，看著窗外街景，突然間，今日無人不知的歌詞『給我給我給我』（Sock it to me）浮現在我們的腦袋裡，其他部分就自然而然出現了。」或許，讀者應該找出這首歌來聽，才能明瞭其真正的意義。她使用這個當時街上黑人女孩常掛在嘴吧的口頭禪，改動幾句原來的歌詞，再加上一個字母一個字母拼唱出來的尊重一詞「R-E-S-P-E-C-T／找出它對我的意義」，將這首原來毫無女性主義意味的歌，變成一首堅毅女子的頌歌。

在她的版本中，不是男人告訴妻子他要她給什麼，而是她自己就知道丈夫要什麼：「你要什麼／寶貝，我知道」。而且也不是他拿錢回家，而是她：「我會給你我所有的錢」。她想要的，不是他容許她「可以」出軌偷情，她要的尊重，「只要一點點」。一九六七年，大西洋唱片公司發行這首歌後，迅速成為排行榜熱門歌曲。一夕之間，艾瑞莎．弗蘭克林享譽全球，這首歌不僅鼓舞人產生力量，更重要的是也給了她自己力量：她第一首成功的單曲〈我從未愛過一個男人像我愛你那樣〉，內容是關於一段充滿暴力的親密關係，而她就像許多女人（包括妮娜．西蒙）一樣，無能逃開。因為她就是愛這傢伙——她丈夫泰德．懷特，或者至少她認為自己愛他。現在，她與幫她和音的姊妹卡羅琳及艾爾瑪唱的，是每個女人都應提出的要求：尊重。同時，這首歌也明顯與「性趣」有關，一如弗蘭克林許多歌曲都跟權力、身體、性相關。不過，這在這裡不是重點。因為一開始，這首歌並不被視為女性主義的吶喊，而是〈天殺的密西西比〉傳承者：作為非裔美國人民權運動的頌歌，明確提出尊重此一族群的要求。而這也有原因，艾瑞莎·弗蘭克林自小就認識馬丁·路德·金恩博士，他是她父親的好友。她很年輕就跟隨他參加活動，為他演唱。儘管她曾說，〈尊重〉一曲的意義比「男女之間」再多一些，不只是回應性別議題的爭論。不過，人權與女權之間並不互斥。

這首歌被廣泛運用在各種政治運動，以及新興的黑人女性主義，而兩者艾瑞莎·弗蘭克林皆參與其中。雖然可能不如妮娜·西蒙張揚，但同樣密切。一九七〇年黑豹黨領袖安吉拉·戴維斯被捕時，東德的小孩寄給她玫瑰圖案的明信片，妮娜·西蒙帶著一顆巨大的紅氣球到監獄探望她，艾瑞莎·弗蘭克林則在記者會上公開表示要幫戴維斯繳交保證金，無論金額多高：「我父親說我不知道自己在做什麼，我尊重他的看法，但也堅持我的信念。必須釋放安吉拉·戴維斯，黑人將會自由。我自己也因破壞和平在底特律被捕過，我深知，得不到和平的人必須破壞和平。」兩年後，弗蘭克林在專輯《年輕、有天分且是黑人》收錄了一首妮娜·西蒙為一位早逝的女友劇作家蘿琳·漢司白瑞所寫的歌，比〈尊重〉更進一步。因為它告訴年輕的非裔美國人，不必等待別人尊重你，未來是你的，你自己可以爭取：「你年輕，有天分且是黑人／我們必須開始對我們的年輕人這樣說／有個世界在等著你，你！」因此，在二〇〇八年在美國首位非裔總統巴拉克·歐巴馬就職典禮上，艾瑞莎·弗蘭克林站上舞台獻唱，便顯得合情合理。幾年後，她又讓當時的總統歐巴馬含著淚跟著唱〈你讓我覺得像個真女人〉。不過，這已是另外的故事了。

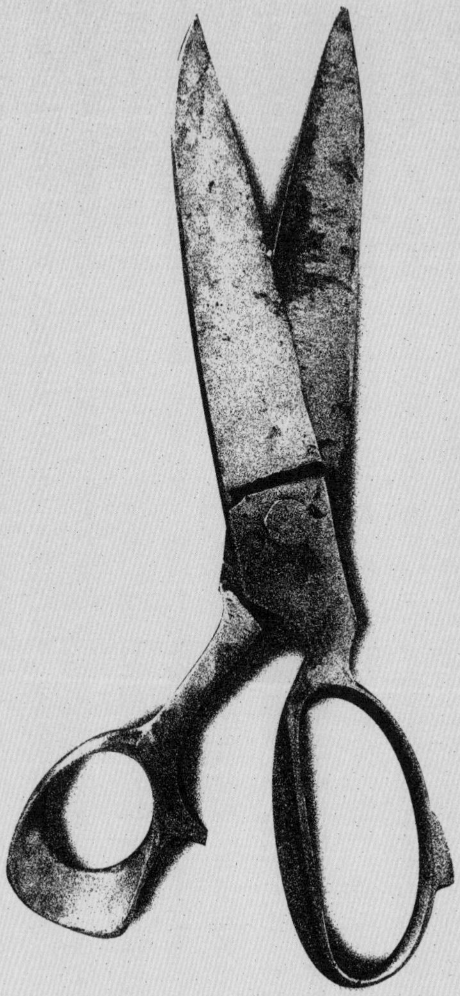

90

剪刀

西元一九七〇年代

在女人的歷史裡，剪刀就像縫紉針及紡錘一樣，始終占有一席之地。我們可以說，從希羅古典時期直到二十世紀下半葉，女人生活離不開剪刀，而且隨時可拿出使用。例如在十九世紀的維多利亞時期，女人都會將一把精美的裝飾用小剪刀，配戴在所謂的腰鏈上隨身攜帶，就像女人版本的多工瑞士刀。之後她們乾脆把剪刀直接戴在脖子上，以便在縫紉、剪割、修理物品時使用。

這樣看來，這個物件並無法象徵女性解放，它代表的是家居生活及沉默謹慎，是背景裡的女人，沒人看得到她們。雖然沒有她們，一切都會走樣。這種情形一直維持到一九六〇年代，特別是在一九七〇年代，剪刀才慢慢淡出居家婦女生活的脈絡，在身體及行為藝術中大放異彩。之前女人在其他任何藝術風潮，都不像在身體及行為藝術上，能有如此多的發言權。這是關於角色圖像，關於身體，以及關於是誰在看誰，這樣的眼神會帶來什麼影響，觀看下又該如何自處，還有對觀看者的反應說明了什麼等等提問。在這場新藝術風潮中，女性扭轉劣勢，既然所謂的男性凝視（male gaze）將女人的身體當成客體，她們也可以用同樣的方式看待這具身體，將它當成布幕，當成材料。她們展示身體，暴露身體，傷害它，讓它受傷，將女人本來在公共空間便不斷受到的威脅，搶先展現出來，從而打亂社會角色之秩序。她們撕開所有遮掩，打破美麗、純淨、安靜的女性氣質，粉碎只會坐在那裡，等著別人對她做些什麼的刻板形象。現在，女人也開始對自己做些什麼，而且經常不是什麼愉快的事。她們的身體不再是繆斯女神的身體，而是一個行動者的身體，一個要求她的觀眾面對自我的行動者。

使用剪刀為道具最著名的表演之一，是一九六四年在京都一家小劇院的演出。一位三十一歲的年輕女子，身穿黑色戲服坐在舞台上，面前擺著一把剪刀，觀眾已被告知規則：觀眾可以一一上台，依序剪下衣服一小塊布料帶走，一直到這位藝術家，也就是小野洋子，決定表演結束為止。從現場錄影中我們可以看到一開始觀眾都很不安：面面相覷尷尬微笑，小心翼翼地剪下衣服一小塊布料。但慢慢地大家習慣了，原先的尷尬變成興奮，剪下來的布料愈來愈大塊，笑聲消失了，觀眾愈來愈有自信，有些甚至圍繞在僵硬坐在舞台中間的洋子，彷彿圍捕獵物。最後，一位顯然有些猖狂的年輕人一刀剪掉整件內衣，順便也剪斷胸罩肩帶，洋子抬起手護著胸部坐在那裡，顯然情緒已被挑起，感覺如此脆弱，眼淚似乎就要掉落。她看起來像是受到傷害，只是她既是受害者又是加害者，畢竟是她自己鼓動大家玩這個遊戲，是她指揮大家這麼做，並決定讓自己陷入這樣的困境。

十年後，一九七四年，類似的戲碼重演一遍，只是更加粗暴，更為失控。表演者是當時二十三歲的瑪麗娜·阿布拉莫維奇，邀請觀眾參與為時六小時，名為〈節奏0〉的演出，當時對觀眾介紹如下：「桌上有七十二件物品，你可以隨意將它們使用在我身上。我是物品。所有責任，都由我一人承擔。」這些東西除了水、葡萄酒、麵包、玫瑰、刀子、鞋子、手銬、刮鬍刀、橄欖油、葡萄、一把裝有一顆子彈的槍，還有各式各樣的剪刀。如同小野洋子的表演，一開始觀眾的表現都溫和且遲疑，給她水與玫瑰，但突然之間氣氛就改變了，參與者像瘋了一樣，事後阿布拉莫維奇經常重複敘述這件事：他們割破她的衣服，將玫瑰的刺壓在她肚子上，一個男人割傷她的脖子，喝下流出來的血；人們將她放倒在桌上，將一把刀子刺在兩腿中間，其中一個人甚至拿起手槍，直到畫廊老闆上前搶走武器，場面混亂到差點打起群架。六個小時過後，藝術家終於結束她如同玩偶般的狀態，重新站起來走向觀眾時，大家紛紛跑開。他們逃開，因為無法忍受她的目光，也因她刺激他們表現出自己從來不知道的一面，或者，至少從未表現在他人面前的一面。

阿布拉莫維奇與小野洋子在兩人迥然不同的表演中，都使用剪刀及其他鋒利的物品，討論社會如何對待女性的身體：假使讓他們隨意，甚且挑起他們通常避免提及、潛伏於內心中對暴力的欲望。一九七四年，巴西藝術家安娜．麥奧利諾也將這個避而不談的議題作為攝影展的主題，在一系列的照片，人們看到她拿著一把大剪刀做勢剪掉舌頭。這樣的例子還有許多，這些女藝術家當中一些拿著真的剪刀，例如一九八五年不明原因從三十四樓紐約公寓墜樓而死的藝術家安娜．蒙迪埃塔及她一九七二年的作品〈植鬚〉；一些女藝術家的作品中，剪刀或是切口則以隱喻的方式存在，就像漢娜．威爾克的作品〈S.O.S — 被凝視的對象系列〉，或者卡羅莉．史尼曼的〈內在卷軸〉，還是奧地利藝術家瓦莉．艾克絲波特，這些作品都以衣服破損缺角的方式暗示剪刀的存在：一九六九年伊科斯波特在作品〈生殖器恐慌〉裡雙腿大開地坐在鏡頭前，從剪掉的牛仔褲褲檔，她（毛茸茸）的陰部暴露在人們眼前，一覽無遺。伊科斯波特曾就她的剪刀雕塑〈分身〉說過，剪刀代表脆弱與侵略。對藝術家露意絲．布爾喬亞來說，剪刀是女性特質的象徵，同時也是剪斷所有傷害她事物的工具，一種能解放自己的工具。

But can she type?

91 梅爾夫人海報

西元一九七〇年左右

一九七九年，瑪格麗特・柴契爾在英國首相選舉前幾天接受訪問，被問及她的性別是否會影響勝選機率時，她並未提出伊麗莎白一世、當時的英國女王或者其他有名有勢的英國女人作為例證，而是提出另一位同樣得到「鐵娘子」封號且形塑出二十世紀女性政治家形象的女人：當時已去世一年的以色列前總理戈爾達・梅爾。柴契爾夫人表示，梅爾夫人帶領她的國家渡過近來年最大的危機，她「卓越非凡」，是一個非常了不起的女總理，也是後世所有女政治家的榜樣；在她之後，女人要登上這樣的權力地位都不會再有問題。

今日我們都知道，事情並非如此。而附圖這張海報，顯示當時的女人也知道並非如此：或許會有像梅爾夫人及柴契爾夫人等一些女人登上權力的頂峰，但這真的能改變「女人」的處境嗎？人們難道不會把握有權力的女人當成例外，然後繼續認為一般女人只適合從事低等工作，無論她們多有能力？人們難道不會一再重複：「好吧，妳有這麼多證書且想法也不錯。不過，妳會打字嗎？」附圖這張海報是一位名叫琳達・B・米勒的人，為美國「全國婦女組織」製作的，在當時的女權運動圈顯然大受歡迎，數千張海報出現在美國各地，特別是在大學校園。這張海報上的梅爾夫人，當時是全世界最有權勢的女人之一，是歷史上繼斯里蘭卡總理西麗瑪沃・班德拉娜及印度總理英迪拉・甘地之後，第三位民主國家的女性政府元首，也是以色列建國元老之一。海報上她雙手抓著手提包，戴著項鍊，別著胸針，表情溫和慈祥，乍看之下像一位和藹可親的老奶奶，這也是為何人們稱她為「以色列祖母」。比起許多有權有勢的女性，如她之後的柴契爾夫人，梅爾夫人並未被塑造成怪物，或當成反常的現象，反而讓人產生好感，至少在「贖罪日戰爭」之前是如此。這場發生在附圖海報出現後第三年的戰爭，也令她失去總理之位。不過當然海報出現時尚無人知曉，一九七〇年的調查顯示，梅爾夫人是美國最受歡迎的女性。而且不是因為她和藹可親，如同這張海報上所顯示，是因為她是位強硬的女政治家，有明確的目標與方向。例如，美國前總統尼克森便曾說，在一次兩人聯合記者會後，梅爾夫人坐下來一派輕鬆地蹺起腳，點起一根菸問他：「說吧，關於以色列需要的飛機，你打算怎麼處理？」她與奧地利前總理布魯諾・克賴斯基之間激烈的角力，是人盡皆知的事實；身為外交部長的她迫使約翰・甘迺迪向她保證，美國與以色列的關係「非比尋常」，只有英國能與之相比。「我不過想在自己去世前看到我國人民不必再仰賴他人的善意而生。」並非整個世界都反猶，只是在猶太人遭受迫害時，大家都會袖手旁觀，這在最近的歷史上已獲得明證，因此猶太人需要一個自己的國家。以色列國父大衛・本－古里昂曾說過：「有一天，人們寫下這段歷史時會說，曾有位猶太女人籌募到足夠的資金，使這個國家得以建立。」這段話指的是一九四八年梅爾夫人的募資之旅，她在短短數星期便籌募到五千萬美元，足夠讓以色列對抗阿拉伯國家的侵犯。一九四八年五月十四日星期五，本－古里昂在羅斯柴爾德大道上的特拉維夫博物館宣讀〈以色列國獨立宣言〉，並一一點名在場二十五位人民議會代表的名字，簽署這份新國家建國文件，梅爾夫人是其中一員。她簽下自己的名字時，激動地淚流滿面。

當全國婦女組織將這張海報寄給梅爾夫人時，據說她覺得非常有趣。她很高興被當成模範，雖然她對女性主義毫無興趣。有一次，義大利女記者奧里亞娜·法拉奇問她關於婦女運動的問題時，梅爾夫人狐疑地回問：「妳是指那些燒掉胸罩，憎恨男人的瘋女人嗎？」如同許多有權勢的女人，多少是靠自己的力量登上頂峰，對女權運動沒什麼概念，不過她也承認，女人通常要比男人倍加優秀才能成功。特別是她經常提到一個當時還鮮少人提的私人問題：身為母親，她想要的生活，超過社會分配給母親這個角色的範圍。她說，她常良心不安，因為她就是那種「沒辦法只是待在家裡」的女人；也因她想做大事，所以無法當個好太太和好媽媽。要有「過人的意志力」才能抵抗孩子「充滿責難的眼光」，離開家庭出門上班。或許，梅爾夫人所提到的，也是女人生活中最困難的一部分：對抗大男人主義及男人意圖貶抑她們成為女秘書，最終總能找到方法達成目標；而最困難的抗爭，是面對自己的內心，直至今日仍有許多女人內心交戰不已：總有聲音告訴她們，其實她們的位置不在外面，不在頂峰，而是另有所屬。

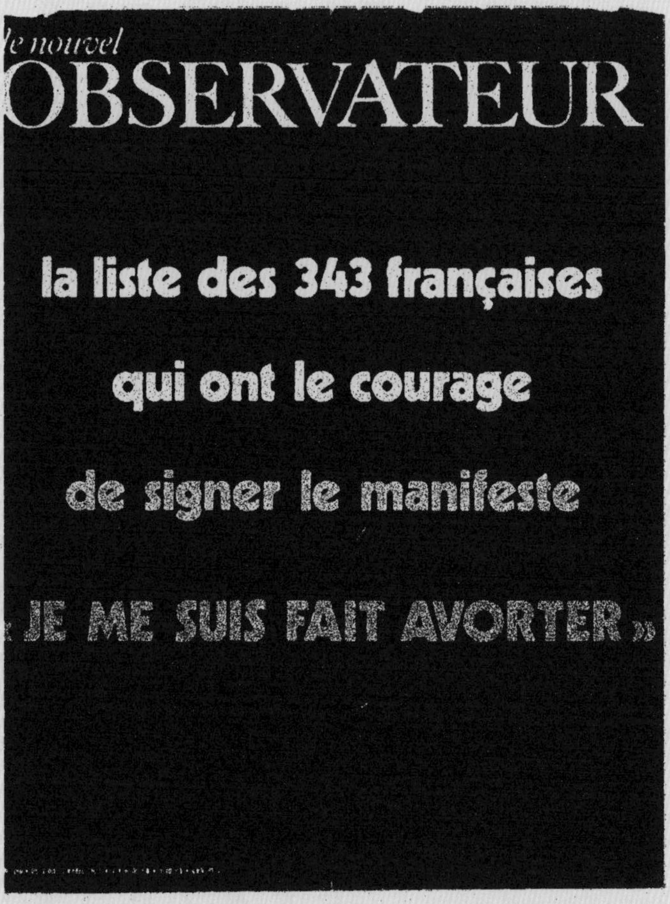

le nouvel
OBSERVATEUR

la liste des 343 françaises

qui ont le courage

de signer le manifeste

« JE ME SUIS FAIT AVORTER »

一九七一年四月五日早上站在法國雜貨小攤前的人，必定會瞪大眼睛。當《世界報》還一板正經地報導經濟成長持續停滯的新聞，旁邊的《新觀察家》卻給人們帶來一個極為私密的話題：「我墮過胎」，或者更精確地說：「三百四十三位鼓起勇氣簽署『我墮過胎』宣言的法國女人名單」。這份名單上的名人如下：作家法蘭絲瓦・莎岡、瑪格麗特・莒哈絲、薇奧麗・賴朵絲、莫妮克・維蒂希，演員凱薩琳・丹妮芙、珍妮・摩露、布樂・歐吉爾、黛芬・賽麗格、安娜・維亞珊絲姬；導演安妮・華達及她劇場同事亞莉安・莫虛金；哲學家西蒙・德・波娃及妹妹伊蓮娜，律師吉賽兒・艾里米，歌星碧姬・方丹等等。除了享有盛名的女人之外，人們在這三百四十三人的「現身」名單中可能也會發現隔壁鄰居、孩子的老師、丈夫的秘書、女同事、女麵包師，以及清潔婦。就像吉賽兒・艾里米在訪談中所言：「所有女人都墮過胎，包括議員妻子及部長情人，所有。只是沒人會說出口，所以現在由我們來說。」

她們在《新觀察家》上所講的話，是雜誌社及女權團體「女性解放運動」（ＭＬＦ）委託西蒙・德・波娃寫下的文字。全文如下：「在法國每年有一百萬名婦女墮胎，她們冒著極大的風險，因為人們逼迫她們必須祕密進行。其實，若在醫生監控下進行，這是極為簡單的手術。人們不談這一百萬名女人的事。我在此宣布，我是她們其中的一人。我承認，我墮過胎。就像我們要求政府提供免費避孕用品，我們同樣也要求免費墮胎。」有些類似今日的 MeToo 運動，這份宣言同樣是要求社會停止迴避問題：對

92 《新觀察家》雜誌封面：〈三百四十三位蕩婦宣言〉

西元一九七一年四月五日

簽署這項宣言的人來說，這個問題不是個人的，而是整個社會的。透過這個方式，她們把原來只是竊竊私語的話題攤開在中產階級家庭的早餐桌上，要求他們：別再假道學了！不要再視而不見，現在已經是一九七一年，政府必須有所作為。不能再讓這些婦女冒著生命危險，拿著勾針、衣架，或者像在東德以博世公司製造的聲波洗衣器*私自墮胎。當時必須非常勇敢，才能說出這些話。除了因為名譽受損，例如藝術家可能會因此不受歡迎，失去工作機會，還得冒著被起訴的風險。她們所承認的事，在當時的法國、西德和其他許多西方國家都是非法行為，會遭受罰鍰或甚至監禁。別忘了直到一九四三年，還有最後一位女人因協助墮胎被處以極刑。

只是比起墮胎時的恐懼、無助、孤獨，法律懲戒又算什麼？比起非法墮胎，或者一個不想要的孩子對年輕女孩所造成的問題，罰鍰與起訴又算什麼？安妮．艾諾在一九六三年意外懷孕時，她感覺身體就像在告訴她：完了，妳再如何努力也無法向前一步。在《記憶無非徹底看透的一切》她描述造成自己心理創傷的墮胎經驗，差點死於失血過多，以及被自己身體出賣的恐怖感受。而此「宣言」正是要解決這種狀況：「我們的肚子屬於我們。」在刊登宣言的版面之後幾頁，MLF這麼說，並使得「生孩子，要我想要，等我想要」成為響亮的口號，很快就在巴黎及柏林街頭出現：在《新觀察家》刊出此宣言兩個月後，德國雜誌《明星》就在愛莉絲．史瓦澤倡議之下，於一九七一年六月六日以《我們墮過胎！》為名出刊，列出三百七十四位女人的名字：羅密．施奈德、珊塔．柏格、薇露希卡．馮．倫道夫等等。她們也承認自己觸犯刑法第二百一十八條，要求取消墮胎禁止法令。

很少有像一期雜誌像這期對女人的生活產生如此巨大的影響。在法國，身體自主權從此排入政治議程：〈三百四十三位蕩婦宣言〉發表三年後，當時的衛生部長西蒙．韋伊在一九七四年十一月二十六日站在國民議會，提出她的墮胎合法化草案。面對一群幾乎都是男人的議員，她首先為這個現象表示遺憾，接著對在座的眾男士解釋：「沒有哪個女人會輕易決定墮胎，這永遠都會是個人的悲劇。」只是，實在不能在忽視每年因非法墮胎遭受身體摧殘的數十萬女性。有人指控她這種做法是把胎兒送進「毒氣室」，在她家大門塗上納粹彎鉤十字，而她本人就是奧斯威辛集中營的倖存者。然而韋伊沒有屈服，繼續堅持下去直到所謂的「韋伊法案」通過為止。這條法律規定，法國婦女在懷孕十二週內可以合法墮胎。同一年，德國法令也朝同一方向修改，但直到今日，刑法第二百一十八條仍未被廢止：理論上中止懷孕仍然違法，但法律會對經過諮詢、懷孕十二週內的中止手術「寬容以待」。

這份「宣言」喚醒社會已過了五十多年，但墮胎的權利卻未真正穩固下來，仍然經常受到挑戰，特別是在動盪不安的時刻：在波蘭，原來就已嚴格的墮胎法幾年前又修訂得更為嚴苛，幾乎等同禁止墮胎；在美國德州及俄克拉荷馬州，中古世紀的「心跳法」（Heartbeat Act）於前一段時間再度復活，規定只有在胎兒未有心跳前（而這通常是在婦女知道自己懷孕之前）才能墮胎。二〇二二年，美國最高法院推翻自一九七三年以來最具標誌性意義的「羅訴韋德案」，撤銷每位婦女都享有憲法保障的墮胎權。不過，最近在一些天主教國家，如愛爾蘭與阿根廷首度通過了墮胎合法化。就像愛莉絲．史瓦澤在「宣言」五十週年時說的：「無論在昨日或在今日，解放的戰役都在我們的身體上進行。」

* 電動洗衣機發明前的電器產品，可參見：https://muvs.org/en/abortion/instruments/schallwaescher-id2021/

MAGAZIN-COVER, *LE NOUVEL OBSERVATEUR*,
»MANIFEST DER 343 SCHLAMPEN«, 5. APRIL 1971

DEEP THROAT
STARRING
LINDA LOVELACE
HARRY REEMS
DIRECTED BY
GERARD DAMIANO
RATED X
DEEP THROAT

93

VHS錄影帶：《深喉嚨》

西元一九七二年

或許，就是因為這部一九七二年的傳奇色情片《深喉嚨》，許多男人到今天還不知道女人的陰蒂在哪裡，甚至還會懷疑或許在喉嚨某處。這也是大部分色情片所暗示的，在色情片的世界裡，口交、吮陽，或經常以這部經典片命名的深喉嚨，是性交的核心焦點，是做愛的開始與結束。根據這些影片，人們可以忽略一切，像是舔陰、接吻、插入，甚至愛撫，但吮陽是必須的。不是因為男人喜歡，不，女人也會因此高潮。

這話雖然不能說全錯，但也不算對。據推測，這種說法出自這部色情片，號稱史上最賺錢的影片（成本為二萬五千美元，賺入六億美元，《鐵達尼號》都贏不過它）。至少它宣告了口交的勝利，並給了「將陰莖用力塞進女人喉嚨深處直到她哭泣」一個名字——深喉嚨。劇情很簡單：琳達·拉芙蕾絲這位在當時色情片裡不算突出的年輕女孩有煩惱，她喜歡做愛，用她的話說，她可以「被幹一輩子」，只是她一直達不到高潮，至少沒有那種「鈴聲大作、水壩潰堤、炸彈爆炸」式的高潮。拉芙蕾絲小姐不甘於此，因此非常煩惱。為了幫她找出答案，她的朋友海倫為她舉辦一場雜交派對，但試過之後仍然搔不到癢處。她再也無法忍受，直接去找醫生，一位姓楊的醫生。在做過身體檢查後，醫生問她是否曾有過可能造成創傷的經歷，導致她做愛時無法達到高潮，接著又詳細詢問她的敏感帶，最後發現一件驚人的事實：拉芙蕾絲的陰蒂不是長在她的雙腿之間，而是在喉嚨！接下來答案很簡單：想高潮的話，她需要「深喉嚨」，找一個可以把陰莖插進她喉嚨碰到陰蒂的男人就行了。最後她這麼做，終於達到夢寐以求的「鈴聲大作、水壩潰堤、炸彈爆炸」高潮。色情片的完美結局。

或許有讀者覺得這聽起來還更像笑鬧劇，而不是真槍實彈的色情片，沒錯，相較於今日的色情片，這部片的劇情確實惹人發笑。例如，當男人將頭伸進海倫兩腿之間，海倫問他：「你介意我在你舔的時候抽菸嗎？」又或者拉芙蕾絲問大笑的楊醫生：「如果您的蛋蛋長在耳朵裡，您又會有甚麼感覺？」他答道：「我就會聽到高潮！」或許正因這種輕鬆的態度，讓口交在一九七〇年代初期突然變成一種時興的文化現象。任何一九七二年在美國想跟上潮流的人，都必須上色情電影院看這齣一小時長的片子。除了幾乎在同一時間爆發的「水門案」，這部電影也是當時美國知識分子之間主要的話題，就連嚴肅正經的大報如《紐約時報》也以「色情時尚」為標題報導此一現象。那段期間在電影院裡碰到的不再是穿著漆皮大衣的猥瑣人，而是年長的太太、女大學生、電影明星、政治人物或電視節目主持人，甚至還有人在《深喉嚨》放映散場的人群中，看到賈桂琳．甘迺迪。就像作家艾瑞卡．鍾會說的：「性愛出櫃了。」這部電影是性革命的一部分，是解放的象徵，不只是解放男人，也解放女人。畢竟，電影中的拉芙蕾絲是為了尋找自己的快感；畢竟，當年就已提到陰蒂的意義，雖然後來好長一段時間又被遺忘了；畢竟，這部電影說，女人可以有完美的性愛，無須勉強自己接受不完美。不過，這部電影同時也說，臻至完美的關鍵所在，恰好像是為男人量身訂做：在她喉嚨深處。

當時不只是國家採取法律手段抵制這部電影，保守派人士也為此走上街頭。就連女性主義者如凱瑟琳．麥金儂及葛洛利雅．史坦能等人，以及「女性反色情組織」，都認為《深喉嚨》及其引發的色情熱潮對女人是一種危害。特別是在《深喉嚨》之後，色情片內容更加粗俗不堪，而這也與不久後新發明的ＶＨＳ錄影帶（即附圖之物件）有關：從此，想看這些「骯髒的影片」不必再跟其他人坐在電影院，而是獨自在家，遠離所有審查制度，想看什麼，就拍什麼，愈直接愈激烈愈好。有人說，若沒有色情片，錄影帶這種傳播媒介可能根本無法流行起來，在一九七〇及八〇年代，一半以上的錄影帶都是色情片。在《深喉嚨》和ＶＨＳ色情熱潮之前，人們雖然偶爾也會談及色情片，例如蘇珊．桑塔格曾在一九六〇年代寫過一篇關於色情片的文章；但是一直要到這部片成功引起一陣旋風後，才真正成為社會政治及——更重要的——女性主義的命題：女人在色情片裡是否總是受害者，以及這些影像對性在現實日常生活的影響；還有，身為女性主義者，是否也能享受屈服的樂趣，或者根本不應該。直到今日這些問題仍然無定論，人人爭論不休，也提出許多的不同答案。例如，以深喉嚨及群交場面聞名的二〇〇〇年代色情片女星莎夏．葛蕾就認為，真槍實彈的色情片是提供自我賦權一個好機會。許多情色書寫女作家，例如法國作家維吉妮．德斯彭特也抱持同樣的看法。而對形塑此藝術類型有重大影響的琳達．拉芙蕾絲，則在電影大賣幾年之後，站在像史坦能這樣的女性主義者這一邊，聲稱她在電影裡所作所為都是被強迫的，整部片其實是一場漫長的強暴。但之後不久，當她回到色情片工業，又宣稱自己是被女性主義者洗腦，她們強迫她說出那番話。無論立場為何，無論你是否喜歡像艾莉卡．盧斯特的「女性主義色情片」，還是根本不看色情片，或者更喜歡真槍實彈的版本，總之必須為這個在色情泡泡世界之外的世界澄清一項基本事實：女人的陰蒂不在喉嚨裡。

94 玻璃盅

西元一九七七年

一九三七年十月，《新英格蘭醫學期刊》宣告：「培養皿中受孕：阿道斯・赫胥黎的《美麗新世界》可能近了。」當時，兩位研究人員取出母兔的卵子，在「玻璃之中」*受精，再把受精卵重新植入母體，成功令母兔懷孕。根據期刊報導，如果將這個在哺乳動物上的成功實驗轉移到人——也就是女人——身上，我們很快就能在女人身體之外製造胚胎了。經過四十年無數次的失敗，這個當時聽來像科幻小說的場景終於實現了：一九七八年七月二十五日晚間十一點四十七分，在羅伯特・愛德華茲和派屈克・斯特布托兩位生殖技術研究先驅的監控下，世界上第一個試管嬰兒在英國曼徹斯特附近誕生。嬰兒名叫露薏絲・喬伊・布朗，出生體重二千六百克，據說當她被抱到母親懷裡時手指上有黑墨，因為醫生在她出生後馬上印了她的指紋，以便研究這個奇蹟。

一如一九三〇年代，一九七〇年代的人們依然聯想到阿道斯・赫胥黎。例如《紐約時報》就聲稱，雖然還不到赫胥黎反烏托邦裡人類農場的境地，但也不遠了；文中還稱，自從原子彈發明後，沒有哪項學術發展像試管嬰兒誕生那樣，社會意見如此分歧。事實也的確如此，有些認為這是瑪麗・雪萊科學怪人的真實版本，其他像《泰晤士報》則認為此嬰的誕生「可能是過去二千年來最令人期待」的，是第二個耶穌，只是這回是個女孩。以色列首席拉比認為這「不道德」，伊斯蘭宗教領袖則認為這沒問題，畢竟孩子的雙親已結婚。而原本最該支持無罪受孕的梵蒂岡，卻完全不敢苟同，因為這個過程取代了「男人與女人之間自然的結合」。對於像布朗夫婦這樣多年來試著以

「自然」方式懷孕未果的人，這不啻是個福音：對於這些人而言，就像當時《晚報》頭條所說，露薏絲．布朗是「超人寶寶」，嬰兒版的超級英雄。她的超能力就是重新定義生育及其不公平規則，同時也預示著根絕不孕恐懼的可能性。由於避孕問題在女性解放史上非常重要，以至於人們經常忘記，對女人來說，不孕和非自願懷孕數百年來都一樣糟糕：從前如果妻子不能「送」小孩給丈夫，丈夫可以合法休掉妻子。當夫妻沒有孩子時，人們總懷疑問題出在女人身上。最糟糕的是，人們還會因此否定她女人的身分，並因此剝奪她的生存權利：不能成為母親，算什麼女人？不孕充滿恥辱及痛苦，露薏絲．布朗出生，昭示一個新時代的開始，是男人，也是女人的新時代。

這個瘋狂研究，最早是在附圖這個不起眼的玻璃容器裡發展的。它看起來像果醬罐，可能出現在家裡的櫥櫃裡，但露薏絲母親的卵子與父親的精子，真的就是在這個「玻璃盅」中結合的。胚胎在試管中發育後，很快（連同其他兩個胚胎）被植入萊斯利．布朗的子宮裡，時間快轉九個月，露薏絲從媽媽的肚子裡生出來。露薏絲長大後經常拿著這個玻璃盅，或站在它旁邊照相，就像在拍一張全家福。當這位世界上首位試管嬰兒三十歲，合照上不只有這個玻璃盅，還有賜給她生命的羅伯特．愛德華茲醫生（可惜當時斯特布托已去世），如同一全新的家庭形式：在這樣的家庭裡，生育是卵子、精子、玻璃盅、醫生之間團體合作的結果，重新定義了「家庭」與「根源」的意義。在愛德華茲醫生以二人之名在二〇一〇年拿到諾貝爾醫學獎時，據說愛德華茲和斯特布托已是超過四百萬名嬰兒的父親，當然是象徵意義上。

他們在研究上的突破實現許多人的夢想，自然也產生生物倫理的疑問：那些未植回母體的胚胎呢？可以拿來做實驗嗎？如果可以，能做多久？這些問題與其他類似問題的答案，一直被拿出來討論與協商，我們對這些事情的觀感，也隨著時間不斷改變。如今，再沒有人會因有人在培養皿裡合成胚胎而興奮或憤怒；每天都有卵子在這樣的玻璃器皿中受精，無論是使用伴侶或捐贈者的精子；有些地方甚至允許代理孕母，讓沒有子宮的人也能有自己的小孩。在中國，據說研究人員正在研究，如何讓胎兒在人工智慧機器人的人工胎盤中孕育生長。這聽起來很瘋狂，但對「女人」這個概念來說特別值得注意：男人可以跟女人一樣當個好「母親」，在今日已是（但願！）不爭的事實，但是，當人們不再一定需要女人的身體當作「世界的起源」後，會產生什麼變化？長久以來，生育一直是女性的定義，且影響她們生活甚鉅，若從此生育不再取決於女人的身體，會產生什麼改變？女人終於自由了嗎？一九九〇年代，人們開始幻想如果把玻璃器皿中的胚胎植入男人的身體，讓男人懷胎九個月，就像有點瘋狂的電影《魔鬼二世》阿諾·史瓦辛格扮演的角色，那麼，一切都會變得不一樣嗎？原來的性別角色分配是否會因此互換？唯一可以確定的是，露薏絲·布朗及她的玻璃盅使得新型態的家庭成為可能。儘管有許多預警，但至今倫理道德及人性尚未遭受損傷，恰恰相反：人工受孕的可能性，使得許多人的生活變美好。

＊ 拉丁文*in vitro*，即在「玻璃之中」之意，後用於指非生物體內，亦非大自然的人工環境。

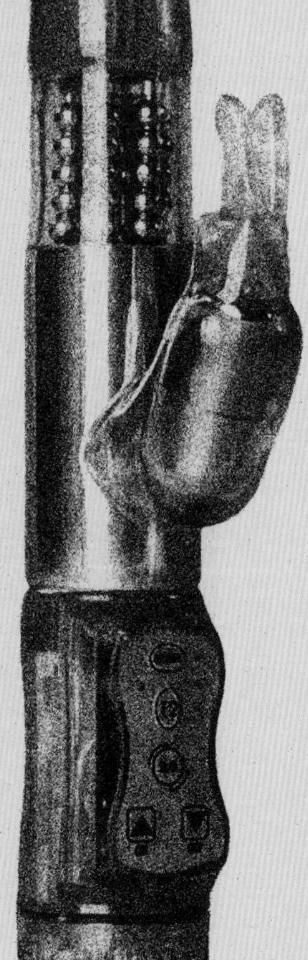

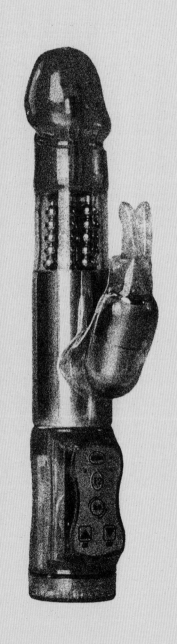

95

兔子按摩棒

西元一九八四年

附圖這漂亮小東西也使許多女人的生活變美好，不過以完全不同的方式：兔子按摩棒，可能是有史以來最著名的情趣玩具。這小東西一舉成名是在一九九八年，它問世十年後。當時熱門影集《慾望城市》製作人打電話給製造商Vibratex，詢問是否能在劇中使用「兔子」（當然是以有品味的方式），當時莎伊・馬汀其實不清楚《慾望城市》在幹嘛，但仍然答應了，也決定了這個情趣玩具的命運。在〈龜兔賽跑〉一集中，米蘭達在朋友夏綠蒂面前對「兔子」的能力讚不絕口，於是夏綠蒂跑去情趣商店買一支。結果她也迷上了，幾天都沒踏出公寓一步。成天只想抱著她的玩具躺在床上，高潮的滋味如此美，以至於她完全不想做其他事，直到朋友介入，從她手中拿走這個粉紅色的小東西為止。

這也難怪播出之後每個人都想要一支兔子按摩棒，一個有兩端還有旋轉珠子的奇蹟。本來這個產品銷售表現平平，播出第二天銷量馬上飆升。據說賣出數百萬支，並被仿冒成各種樣式十多次，女星如伊娃・隆格莉亞就曾在一次訪談中說她願意送所有女性友人一支兔子按摩棒，就連歐普拉都盛讚這支兔子是「情趣玩具中的勞斯萊斯」。但這份關注不僅對Vibratex有利，同時也使得女性自慰終於不再是個禁忌話題。女人可以大方承認自己使用情趣用品，而不會顯得怪異或甚至令人作嘔。為何會覺得自慰噁心？主要是從以前到現在一直有個傳說，認為電動按摩棒的發明，跟女性歇斯底里這種疾病有直接的關係。根據傳說，史上首支電動按摩棒外表一點都不像附圖這支「兔子」般可愛，而是看起來相當恐怖，像吹風機、電鑽、攪拌器的混合體，由十九世紀末的醫生發明。按照這個傳說，當時的神經科醫生治療女性病患的方式是讓她們達到高潮，不過他們實在沒興趣或者也沒力氣用手取悅這些女人，於是設計出陰蒂按摩器這種電動裝置。這故事很有意思，也有幾部電影提及，只是大半都是想像出來的，至少專門研究情趣玩具史的專家哈莉．李伯曼這麼說。

正確的部分是，第一支按摩棒的確不是拿來自慰的，而是用來解決身體各種毛病的按摩器具，包括腹痛、頭痛、肌肉痠痛等等。人們可以拿它安撫嬰兒，在理髮廳則會用來幫顧客按摩頭皮，很長一段時間沒人認為它與性事或自慰有關，更不用說是女性自慰了。這個器具長得也不像應該（或者令人想要）將它放在生殖器附近，感覺像工具，小型拋光機之類的。它有各種可以搭配選購的按摩頭，大部分是扁平的塑膠板，想要的話，是可以拿來刺激陰蒂。直到終於有設計師想到，女人自慰時也需要工具，長得讓人聯想到陽具的東西。或者更精確地說，一支陰莖的複製品，有青筋、淡粉紅色的龜頭等等。許多情趣玩具製造商顯然是看著自己的下體，認為玩具就是要長這樣，不然女人怎麼會高潮？當時——這裡指一九六〇至七〇年代——人們太在意商品看起來是否逼真，完全忽略品質問題。再加上這種外型實際上也嚇阻了有女權意識的客群，這些女性的戰鬥口號大約是：暴力就是男性，男性等於陰莖。在這種情況下，無法想像一位白天大聲對抗父權體制的女性主義者，晚上會拿著一支維妙維肖的塑膠陽具取樂。假陽具及情趣玩具等於反女性主義，是父權體制的特洛伊木馬，這種想法要到一位名叫高斯奈．鄧肯的人出現，歷史才展開新的一頁。對於他的貢獻，我們必得加以讚揚，特別是因為他的故事始於一場悲劇：三十七歲時，一場事故導致他肚臍以下完全癱瘓，但他不想妻子從此過著無性的悲慘生活，便開始研究情趣玩具，這也才震驚地發現，當時製造這些東西的材質及衛生條件有多低劣。為了解決這個問題，他發明了矽膠假陽具。

當他拿著新發明到當時紐約唯一一家抱持女權意識的情趣商品店「夏娃花園」推銷時，據說老闆黛兒．威廉斯的反應是：好吧，我們可以試試，不過別再拿出那種逼真的爛東西，沒有哪個女人會想要一支講究細節的肉色假陽具，她們要求的是功能齊備。第一支「具女權意識的」假陽具是矽膠材質，名叫「維納斯」，看起來不像陰莖，比較像彎曲的手指；後來新款不再是肉色及棕色（鄧肯來自加勒比海地區，無法理解為何陰莖應該只有白膚色），而是粉紅色、綠色、藍色。在某種程度上，威廉斯與鄧肯幫兔子按摩棒的發明鋪好了路，一點一點地解除女性自慰的禁忌。至於按摩棒上用來刺激陰蒂的兔子耳朵，不是因為認為女人在性事上喜歡可愛一點（雖然夏綠蒂在影集中尖叫：「噢，好可愛！」）。這種設計是為了規避生產地日本的道德盤查。在日本，要生產按摩棒沒問題，但拜託外型千萬不要跟陽具一樣逼真。

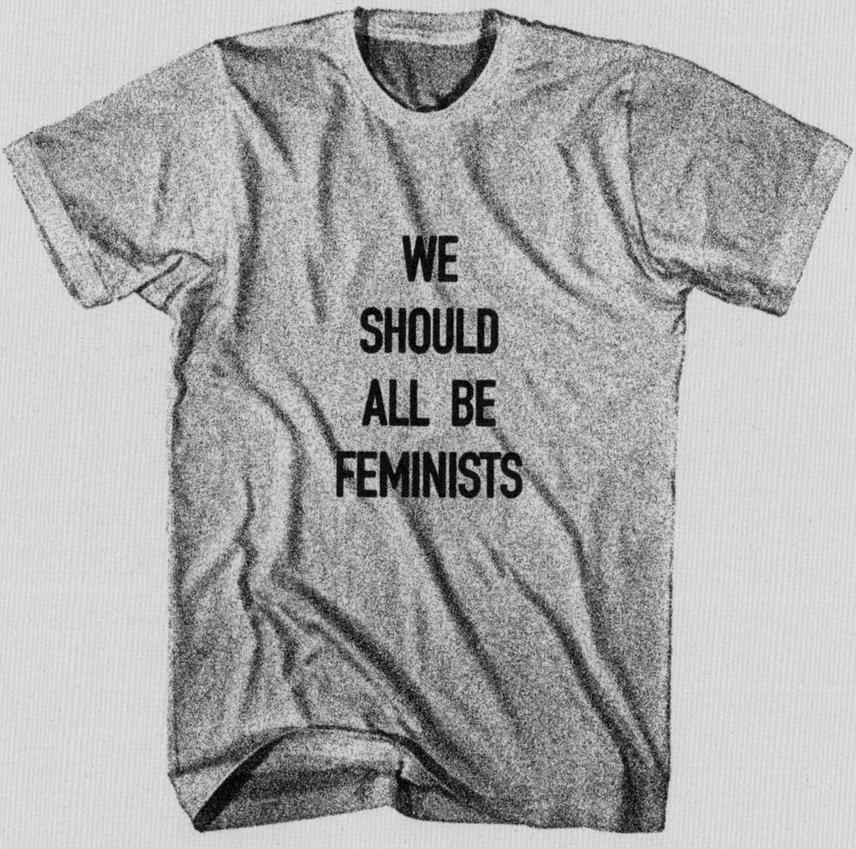
WE
SHOULD
ALL BE
FEMINISTS

96 迪奧T恤「我們都該是女性主義者」

西元二〇一六年

若說一九六〇及七〇年代掀起女權運動第二波浪潮，一九八〇年代則是將改變帶進一般日常生活，實踐及鞏固時期；一九九〇年代則是處於革命之後，人們開始反問：現在真的比較好嗎？精確而言，是媒體開始這樣問。當時報章雜誌不約而同地宣稱，現在女人擁有她們曾經想得到的一切：參政權、性解放、避孕丸、墮胎、能在職場上大顯身手，跟男人一模一樣。只是，擁有一切並未使女人更快樂，恰恰相反，她們緊張、憂鬱，操勞過度且力有未逮，感情生活不是一團糟就是完全沒有，總是找不到男人且面臨生育危機；她們寂寞孤單，為了事業，使得女人一生中最美好的事情——也就是成為母親，擁有可愛的寶寶——變得不重要，不，甚至犧牲掉，多麼悲慘啊。

或許每個生活在一九八〇年代末期及九〇年代初期的女性，走過書報雜誌攤時，都不免被二、三個封面人物嘲弄地問道：自由的滋味如何？不是全都那麼棒，對不對？美國作家蘇珊・法露迪在她《反挫》一書中，分析了當時這種奇怪的現象。她認為這是一種惡劣的手段，試圖將女人所發生的所有問題，全歸咎於女權運動，並將女性主義者塑造成可怕的形象，這麼做很可能只是為了說服女人，希望她們不要提出更多要求。雖然從今天的角度來看非常荒謬，但這種洗腦方式顯然頗具成效。當一九九〇年代告終，從女權運動的角度來看相當成功的二十世紀邁向終點時，雖然劇場上有《陰道獨白》登上舞台，流行歌曲中稱頌新女力（Girl Power），神經質女角——如《艾莉的異想世界》的艾莉或《BJ單身日記》的布莉琪・瓊斯——成為不再追求完美的新式女性偶像，但是，不再有人對女性主義感興趣。女性主義者？

我？呸，我才不是。「女性主義者」聽起就是硬梆梆，不修邊幅，很吵，意見特多且粗魯，很難相處，就是那種不懂放鬆，會在派對上潑大家冷水的人；一個明明已經擁有許多，而且只要再努力一點，多付出一點，就可以擁有一切的人；一個成天將「隱形天花板」或「性別薪資差距」掛在嘴上，洗點碗就抱怨不停的人；聽起來就像一個厭男的女人，穿著邋遢，髮型醜陋，指甲骯髒，超無趣地工作，而且非常可能性冷感，或者至少乏善可陳，因她們太過緊繃，根本不知道如何「放鬆」自己。

這種有著古化石般形象的「女性主義者」，為所有人著想最好是汰換掉，換成像是親切多了的「女力」，或者簡單點，一個較平和的女人形象（獨立，沒什麼要求）。這種想法維持了很久，非常非常久。直到二〇一〇年代，一份英國研究調查顯示，雖然過半的受訪者認為平權尚未完全落實於生活（與一九九〇年代的說法背道而馳），但仍然沒人自認為是女性主義者。這個詞及其所有聯想，聽起來都帶著一股難以形容，既不光鮮又不性感的味道。直到法國時裝品牌迪奧將它安置在T恤上，成為「時髦」的表態，從此搖身一變成為「時尚」。那是二〇一六年秋天的巴黎，時裝週第四天，傳統時尚品牌迪奧新聘一位義大利首席設計師，她第一場時裝秀伸展台上出現的是飄逸的裙子，大量黑色、白色、紅色的透明薄紗，馬甲式的緊身上衣，以及低領口，然後，整場秀最受人矚目的明星出現了：一件T恤，附圖這件。一件平凡毫不出色的白色T恤，上面印著「我們都該是女性主義者」（WE SHOULD ALL BE FEMINISTS）。在這之後，這位名叫瑪麗亞．格拉齊亞．基烏里的設計師還將其他女性主義口號印在上衣，像是琳達．諾克琳的「為何沒有偉大的女性藝術家」（Why Have There Been no Great Women Artists）。此舉若發生在十年前，設計師可能會被開除，不是因為T恤的樣式，而是因為印在上面的字。不過，對女權運動來說，現在時機已然成熟，或者應該說，至少又能再重回市場：若想將自己的信念以迪奧版本展現在胸前，得付出六百五十歐元的代價。

印在迪奧T恤上的口號，出自奈及利亞作家奇瑪曼達．恩格茲．阿迪契的一場TED演講。二○一二年，女權運動仍然飽受詬病與誤解，作者試圖透過「我們都該是女性主義者」的口號，傳達出一個迥異的形象：女權運動的重點不在跟男人爭奪他們的社會地位，而是承認女人有同樣平等的地位，並且不要再要求女孩為了不嚇跑男孩而裝笨，我們追求的是男女彼此尊重免於恐懼的共存生活。我們可以說，正是阿迪契這個簡單明瞭的說法，使得女性主義又成為時興的話題：二○一四年，碧昂絲將阿迪契對女性主義的定義，放入她的歌曲〈完美無瑕〉：「女性主義者：相信在政治、社會、經濟上，兩性皆平等的人。」兩年後，T恤登上伸展台，緊接著一波「女性主義」商品上市。如今所有企業，只要和女人沾上一點邊，便無法不做出與女性主義同一陣線的表態，或者不做點「漂粉」（pinkwashing）及「女性廣告」（femvertising，女性主義商品化的廣告）之類的事。不只是面霜、洗髮精、鞋子、衣服，甚至連明星、電影、連續劇、書籍都搭上這波女性主義浪潮，因為女性主義不再令人作嘔，而是時尚。至於這樣的時尚到底對事情有何幫助，還很難說。一方面時尚刷新了陳舊的形象，使得女權再度成為討論議題；但另一方面，它也給人一種印象，女性的解放很容易就能達成。只要拿出幾張鈔票丟在桌上，就可以買到「賦權」。若要消除這種錯覺，或許下一件T恤上，應該印上美國記者暨女性主義者葛洛利雅．史坦能的句子：「革命不是公關活動」。

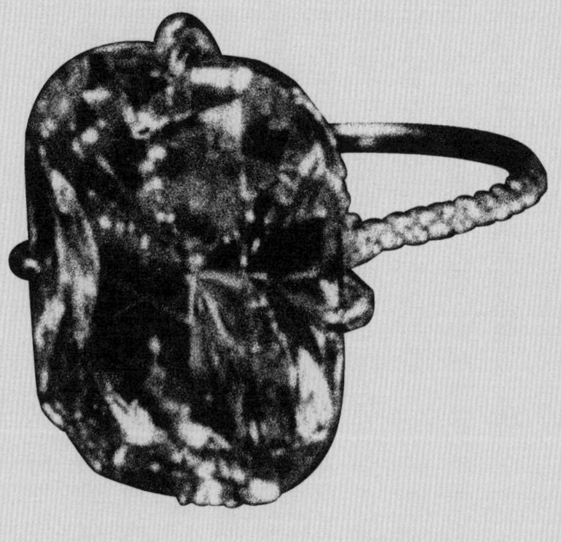

97

金·卡戴珊的戒指

西元二〇一六年

從流行文化及女性史的角度來看，二〇一六年十月二十三日星期日是個相當熱鬧的日子。這天一早打開序幕的新聞：以筆名發表，且多年來堅持匿名立場的暢銷書作家艾琳娜·斐蘭德*，遭人揭露真實身分。這天的最後，則是以深夜三點，實境秀網紅金·卡戴珊遭劫落幕。事發之時，卡戴珊正為了時裝週活動前往巴黎，獨自一人待在協和廣場的旅館房間裡，突然出現幾位蒙面男子闖進房間，拿槍指著她，用蹩腳的英文對著她直喊：「戒指！戒指！」劫匪口中的戒指是一枚十五克拉的鑽戒，是卡戴珊的前夫肯伊·威斯特當時送她的第二枚訂婚戒。搶案發生前幾個小時，卡戴珊才在Instagram自拍照中秀出這枚戒指的特寫。

兩則新聞都很轟動，前者引來的批評，大多聚焦在披露手法：如果有人不想曝光，就應該尊重。後者則引來許多幸災樂禍的嘲弄：喜歡炫耀，活該。不過，兩起事件分別顯示出兩個問題，首先，大眾容許女人不必付出任何代價，享受個人成功的空間有多大？其二，一位活在二十一世紀的女人，必須展現多少自我，又可以擁有多少私人空間，或者，說的更明白一點：她能自主決定的空間有多大？兩件新聞的主角至今仍相當成功，兩者在面對曝光這件事上各自選擇了極端的方式：全都露或一絲不露。這議題一直存在，不只是在時尚手法上，而且充滿爭議：畢竟在還不太久以前，也就是十九世紀，一個女人現身在自家窗前讓別人看到（請注意是穿得整整齊齊，可不是像奧地利作家阿圖爾·施尼茨勒筆下脫光光的伊瑟小姐），就會被懷疑有暴露狂的傾向。

時至今日，儘管我們指責熱中追求他人目光的人是病態自戀狂，卻同時喜歡揪出躲藏起來的人，強迫他們現身。在斐蘭德事件中，揭露作家真實身分的記者所持的理由是，這麼成功的作家沒有權利保持匿名，公眾有權知道是誰寫出如此受歡迎的書。所以，雜誌社認為揭開她的面具「無法避免」。至於卡戴珊事件，很多人認為她身為女性還如此高調，活該被搶。酸民還說，對於一個如此熱中展示自己生活與財富的女人，在Instagram上炫耀價值數百萬的戒指，被搶不訝異。最惡劣的是還有人認為，這樁搶案是她自導自演，為了搶鋒頭搏版面。總之，這兩位女性的行為都被懷疑不是出自個人偏好，不像有人內向有人外向，而是出自公關策略，都在博取注意，藉此獲得更多利益。

對斐蘭德來說，很難計算她的匿名能引起多少關注，也很難說她的名聲及財富，有多少不是因為她的寫作能力，而是個人神祕感製造出來的。不過就算真是如此，又如何？至於卡戴珊，就更不必批評了。沒錯，她的工作就是展示自身，以及出賣個人隱私，或是能滿足他人窺視欲望的東西，換取財富。你可以認為這種賺錢方式愚蠢或者毫無深度，但它的確奏效，如今卡戴珊名下多家公司「總價值」高達近十億美金。她之所以在十月那個晚上戴上那枚戒指自拍，並非毫無道理，她很清楚自我展示會帶來風險，但同時也會帶來更多的權力。最遲到了十七世紀，出現描繪女人早上起床梳洗整裝的圖畫後，人們就已知道大眾有多渴望一窺女人私密的生活空間。長期以來女人生活空間總被隔開，人們無法知曉她們在「女性空間」裡做什麼，更是激起大眾透過鑰匙孔一窺究竟的興趣，而卡戴珊只不過將這種古老的窺視欲望轉為己用：數十年來，明星——特別是女星——總是盡量藏身在樹叢後，戴帽子和大太陽眼鏡遮臉，從餐廳緊急出口匆匆離開，以擺脫媒體擾人的跟拍。而卡戴珊則讓偷窺變得毫無可能，大大方方展示所有一切，甚至搶在他人偷窺欲望發生之前。二〇〇六年卡戴珊性愛影片外流時，她沒有像一般人一樣窩在沙發一角懊悔啜泣，而是正面迎戰，將難堪反轉成對自己有利的局面：她的家人利用這個機會推出《與卡戴珊一家同行》實境秀，自成品牌，很快就從電視實境秀擴展至社交媒體管道上，變成自家產品的廣告頻道。

或許這一切純粹是暴露狂，但或許也只是一種另類的現代敘述形式。至少，在這樣一個自我展示的空間裡，女人首度有權決定，以何種方式，在何時，展現什麼給他人觀看，依照自己的意願塑造個人形象，並且透過這種方式賺錢。搶劫事件發生前幾個月，卡戴珊在二〇一六年夏天登上《富比士》雜誌封面，因她憑藉販賣個人隱私，搖身一變成為成功的女企業家。針對說她只會自我展示，不具任何才華的網路酸民，她在推特上發了一則推文：「就沒才華的女生來說還不賴嘛。」文章附的系列照片中，她戴在手上的，就是那只戒指。

* Elena Ferrante，最知名的代表作為「那不勒斯四部曲」。

09:41
100 %
Mail
Calendrier
Photos
Appareil photo
Plans
Horloge
Météo
Wallet
Notes
Rappels
Bourse
Vidéos
iBooks
iTunes Store
App Store
Domicile
Santé
Réglages
Téléphone
Safari
Messages
Musique

98

手機

二十一世紀

獨立自信的女人與電話，不，是與手機的關係密可不分。這種想法不是在卡戴珊及某些女人靠手機賺進巨額財富後才出現。還記得一九九〇年代的《獨領風騷》嗎？這部改編自珍・奧斯汀《艾瑪》的青春校園片，片中艾莉西亞・席薇史東所飾演的雪兒在兩位手帕交的簇擁下，威風凜凜地走下豪宅樓梯。三人各持著一把手機壓在耳邊，三把當時最新，如今看來老舊不堪且巨大無比的手機。無須理會三人對著手機講的話有多瑣碎無聊，重點是：年輕女子拿著手機看起來超酷，超有分量，人生勝利組，或者至少朝著勝利的方向邁進。

說來也真一直如此。遠在一八七〇年代，手機尚未問世，它的前身——電話——才剛被發明出來，最先熱情接納這種新科技的，就是女人。通常大半是男人發明這些科技工具，但通常也是男人，一開始對這些新工具充滿疑慮。或許他們只是不想跟接線生發生衝突，當時打電話非得經過接線生之手；或許他們只是覺得通話時太多雜音，且電話機體既笨重又不伏手。無論如何，男人不像他們的妻子很快就接納這種新潮機器。造成這種情況一個可能原因，是他們不像女人那樣需要它。男人可以出門，與別人「實體」會面；女人則多半待在家裡，在還沒有手機的年代，電話對她們而言，就是一扇通往世界的窗戶，追求獨立的工具。有了電話，女人在必要時就可以採取主動，可以打電話給水電工，可以訂東西，緊急時還可以求救：孩子生病可以打給醫生，丈夫出現暴力行為時打給警察。今日在「厭女謀殺」(femicide，也就是親密伴侶殺害女性的案件）的防治上，手機是重要的武器。當時的電話正是這一切的開端，因為它使得「無路可逃」（*Huis Clos*）*的家庭裂開一條縫隙，讓封閉在裡面的女人不再孤單無助。電話給了她們力量以及勇氣。

除了上述驚險的情況，電話在日常生活中還能提供與他人交流的機會，而不僅是侷限於生活伴侶及父母。人們可以在兩人四耳的狀態下交換祕密，不會有另一隻耳朵偷聽。就像今日印度某些地方的人認為，手機會引誘婦女發生婚外情，因此必須禁止，當時的男人也有類似的恐懼。當時電話通常設在廚房，女人的領地，她們的丈夫害怕這機器會帶給她們嶄新的自由空間。很可能真是如此。畢竟與情人通電話比寫信還要隱蔽，傳簡訊到手機上自然更是如此。不管怎麼說，早在手機以及tinder之類交友軟體出現之前，電話的出現已經使人們的感情生活產生翻天覆地的變化，女人的聲音也有了新的意義。大家開始不再寫長長的情書，也不再躲在一杯冰淇淋後靦腆地打量對方，而是直接打電話，因為打電話更安全、輕鬆，不那麼讓人緊張。更重要的，女人的外表不再是唯一的關注焦點。一九一一年《生活》雜誌便暗示男性讀者，不要跟可能成為妻子的女人直接見面，而是應該跟她們講電話：「從女人的聲音，你可以聽出她的個性：自私、善良、膚淺、有無文化、謹慎、堅毅、自制，是否讓人覺得無聊等等。」據說在英國甚至推出專門給年輕女生的口語訓練課程，因為「好聲音」突然變成女性吸引力中，不可或缺的一部分。當時最理想的聲音聽起來是柔和、明亮且不失清晰，但漸漸產生了變化。但或許女人並不太在意用聲音討好他人，根據一項研究顯示，二十世紀女人的聲音愈來愈低沉。

不過，這種一開始對女聲的著迷及對聲調嶄新的興趣漸漸式微。只是，說的誇張一點，在那之前人們巴不得女人不講話，現在至少她們也可以開口勾引他人。就像一開始的女性接線生，簡直招架不住男人各種閒聊、開玩笑的花招。在法國新浪潮導演楚浮一九七〇年代的電影《痴男怨女》中，男主角有很多女人，但其中較為重要的，是他與女接線生之間的關係。提到女接線生不得不提，今日的智慧手機使女人能獨立創業，在自己的房間設立公司，當時電話的發明也帶來新的工作機會：一開始在交換中心擔任接線工作的年輕男子既粗魯又沒耐心，人們開始改為雇用年輕女子。在接下來的數十年間，女接線生每天對著話筒說上數百次的「請報號碼。」儘管這種工作一點都不充實，薪水微薄，工時又長，仍然是一條通往獨立的新道路，而且真要比較，比當工廠女工好些。如今的女強人或生活在大都會的正妹老闆（Girl Boss），哪一個身上不是帶著二、三支手機，螢幕不斷閃爍，發出鈴聲且振動？而在世界的另一邊，手機則是男人的物品，不少團體仍然致力於消弭「行動上網的性別差距」（Mobile Gender Gap），因為從過去到現在，智慧型手機都能推動女性更獨立自主，有自信，更容易成功，因此也就更自由。

* 此處作者應是引沙特劇作來形容此情況。

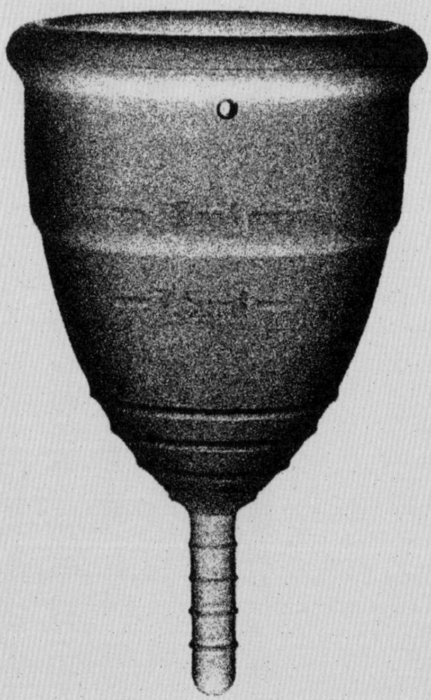

99

月亮杯

西元二〇一〇年代

一九七〇年代的電影《魔女嘉莉》，改編自史蒂芬．金第一本既恐怖又充滿創意的暢銷著作，關鍵的一幕便跟月經有關：嘉莉第一次月經來潮是在體育課後在淋浴間發現，但她完全不知道自己發生什麼事，顯然從未聽過女人會有經血，以為自己快要死掉，向同學求助。不幸的是，同學只是譏笑她，拿衛生棉及棉條丟到她身上，接著她宗教狂熱的母親又賞她耳光並把她關進儲藏間（因為經血不可能不帶有女人的原罪），從此嘉莉展開她悲劇的一生，充滿覺醒力量、羞恥以及女性的憤怒。

要是史蒂芬．金晚個數十年寫這個故事，嘉莉可能不會被人譏笑，也就不會發生什麼恐怖的事。或許女同學不會令她覺得羞恥，來經不是骯髒或令人作嘔的事，而是告訴她，這很正常，雖然可能不太舒服，但不需要覺得丟臉或是壞事，更不是什麼不能講的祕密。她們不該拿東西丟她，而是應該給她棉條，或者勸她不要用這種落伍的東西，去買一個符合環保價值的現代月經用品——月亮杯。

近幾年來月亮杯大受女性歡迎，至少在西方世界。在過去幾年的廣告中，這東西像是剛上市的新產品，但實際上它在一九三〇年代就已經出現在市場上。當時，一位名叫雷歐娜．查爾摩斯的美國女演員，為一種以橡膠製成、可塞進陰道裡收受血液的小杯子申請專利。那個時代的女人沒有什麼選擇：不然就隨它流出，自己想辦法承接，或者使用繃帶，以一種不太美觀的「衛生腰帶」（sanitary belts）固定。查爾摩斯小姐顯然不想在經期中放棄她的白色絲綢洋裝，但裡面再戴著「衛生腰帶」也不太好看，又不想外出時漏出，染紅屁股部位，因此她將這個幾十年前別人發明的小杯子推上市場，只可惜沒什麼人買。或許是因為不久後市場上就出現衛生棉條，使用起來方便多了。也或許使用月亮杯時，女人必須面對她們仍然懼怕、厭惡且覺得羞恥的東西：每個月都要從身體裡流出一次的血液。

西蒙·波娃曾說，女孩發現初經來潮時，心底總會湧起一股駭人的厭惡之情。厭惡血液中那股香堇菜枯萎後的氣味（啊哈！），厭惡它的顏色，以及正在產生變化的身體：「她開始覺得自己變得陌生，因為她對所有其他人來說都是陌生的。」她在《第二性》裡如此寫道，並藉此指出數百年，不，不只，是數千年來關於月經的各種禁忌。而這些禁忌，就算有了月亮杯或者各種良善的意願，還是很難從人們的腦袋中清除殆盡。就像直到今日，在我們這個西方社會裡，還是有女孩在告訴母親自己初經來時，被搧一耳光，彷彿在用這種方式歡迎女孩進入女人的世界！告訴她們一切都會很棒！

就因人們認為經血不淨且會引起恐懼，因此經期中的女人不可進入廚房和教堂，而這兩處幾乎是女人生活的全部空間。中世紀時，耶穌基督的血液受到狂熱的崇拜，而一張被經期中女人碰過的桌子，至少一整個星期都會被認為受到汙染；男人若和經期中的妻子行房，就得和妻子共享被隔離的命運。而在文藝復興初期威名遠播的獵巫行動時期，不只是女人的經血，就算不再流血，也就是停經，都可能代表與一身紅通通的魔鬼——撒旦——有關。即使人們數百年來都認為女人懷孕時，血液會轉變成母奶，所以也可算是一種食物，但絲毫不減對它的羞恥。十九世紀末甚至有人聲稱，經期中的女人容易犯下罪行，也更具攻擊性。講的跟真的一樣！

無論如何，月經並非到了二十一世紀才成為女性主義的議題。先前提過的澳洲女性主義者吉曼·

基爾在她一九七〇年代的《女太監》一書就曾說過：「假使妳覺得自己已經獲得解放，妳應該試著嘗嘗自己經血的味道。如果這個想法讓妳反胃，寶貝，妳還有很長的路要走。」如今已經沒什麼人採取這麼極端的方式，當前關注的焦點不是品嘗的問題，而是如何正常看待經血。例如，在衛生棉廣告的圖像裡，經血不再是藍色，而是紅色。還有像是月亮杯，使用者不可能不直視經血。就顏色的歷史來看，紅色並不代表羞恥，而是力量、愉悅與愛。簡而言之，紅色就是生命。

100

貓耳帽

西元二〇一七年

若從遙遠的未來回顧二十一世紀初年女性的處境，二〇一七年應是極具開創性的一年，至少是特別顯眼的一年。就在這一年，社群媒體及一些雜誌紛紛宣稱，「女性革命」已然發生，甚至在推翻了幾個父權主義代表人物，並且對強權提出挑戰後，宣告「終結父權制度」。象徵這一年的豐收及女性革命的政治符號，則是一頂被稱為「貓耳帽」(pussy hat)的編織帽。

時序一入二〇一七年，這頂帽子便被賦予象徵意義，並在同年二月躍上美國《時代週刊》雜誌封面：灰白的背景前一頂粉紅色的編織帽，看起來有些孤單，在它後面的牆上映照出如貓臉般的輪廓，看起來彷彿牆角躲著貓女，就要現身為所有遭受迫害的婦女復仇。封面圖片上方則以粉紅色大寫字母寫著：「反抗勢力的茁壯：如何從一場遊行變成社會運動」。這裡提到遊行，提到社會運動，但圖片上展示的卻只是一頂小巧的粉紅色毛帽，自己織的，稱不上漂亮，甚至還有一點醜。為何如此？因為貓耳帽已經成為顯眼的反抗象徵，在這一場日益茁壯的抗議運動中，它比任何一張示威活動照片都還能代表這場運動。它所具備的「時代證物」性格，也使它得以進入博物館，出現在美國史密森尼博物館，在大英博物館，以及在倫敦維多利亞和艾伯特博物館。我們甚至可以稍微誇張一點，將它與法國大革命時的弗里幾亞帽相提並論：戴這兩種帽子的人，都想要摧毀現存的權力結構，為正義奮鬥。只是女人不被允許戴上弗里幾亞帽，而貓耳帽則是由女人為女人設計，但其他人只要想戴也應該都可以。

這裡或許應該簡單回顧一下貓耳帽出現的歷史脈絡：那是在二〇一六年十月，在那一場已夠瘋狂可笑的選戰中，媒體爆出一段影片，共和黨總統候選人川普大言不慚地對旁人說，有名最棒的一點就是可以對女人為所欲為：「你可以做所有事，可以摸她陰戶……任何事都行。」當時人們早已知道這位全身發出橘光的房地產大亨既不優雅更不是紳士，而且即便在鏡頭前做出諸多丟臉之事而且企圖可疑，還是擁有一群支持者。只不過，人們非常天真地以為在「更衣室談話」事件後，不會再有人將美國總統這樣重要的職位交託給一位明顯厭女的大老粗。可惜這麼想的人都錯了，而且錯得離譜。在川普二〇一六年十二月最終成為美國第五十三任總統時，許多人都覺得是一記可怕的警鐘，而且被社會搧了一記熱辣辣的耳光：從此，這個社會將不再理會女人以及其他少數族群的權利，並且不覺得需要感到羞恥。

貓耳帽的故事，多少就是從這裡開始：克莉絲塔．蘇與傑娜．齊威曼是兩位來自加州的年輕女生，當她們聽到一月二十一日在華盛頓特區有婦女遊行，抗議前一天川普就職美國總統，她們便開始尋找一個能團結且標示出這個群體的顯眼標誌。早在十九世紀末二十世紀初，推動女性參政運動的成員便知道圖像標誌的重要，在Instagram等社群媒體當道的年代，重要性更是加倍。兩人知道大部分遊行的照片都是空拍照，因此就想到帽子。貓耳帽的編織很簡單，就算編織新手也能很快上手，所需費用又低廉到幾乎可以不計，它是粉紅色，據說這是女人的顏色，並且有著類似貓耳的形狀。而它的名字源自小貓咪「pussycat」，pussy有陰戶之意，「pussy hat」又直接指涉川普所說的「可以摸她的陰戶」：既然總統認為女人的陰戶是脆弱的象徵，是連笨蛋都可以隨意冒犯的東西，我們就來翻轉這個象徵，將它變成代表力量、群體以及反抗的符號。我們也可以這麼說，貓耳帽代表包玻女神之力的意外復甦，但同時也承繼了編織與革命息息相關的舊時傳統：早在法國大革命時期，就有所謂編織婦女（tricoteuses）組成女性革命組織，她們一邊編織，一邊參加國民議會，據說也坐在斷頭台前，在棒針飛快交錯下，看著人頭滾到她們前面。據說在一次大戰時，也有間諜將祕密訊息編織進圍巾裡。就連在美國獨立戰爭，編織婦女也發揮她們的作用，成為聲東擊西戰略的一部分。編織的女人看起來總像母親一樣溫柔無害，二〇一七年的貓耳帽卻提出正好相反的證明：在二〇一七年一月二十一日這場美國歷史上最盛大的示威遊行，從照片裡可以看到數百萬人，有男有女，多元性別人士，各色人種，不分老少，分別在全國六百多個地點一同站出來，但照片中不是一個一個人頭，而是一整片的粉紅色，一整片戴著貓耳帽的人海。

貓耳帽其中一位發明者提到這頂帽子的目的，就是以無須說話的方式告訴他人：「你不孤獨，我們有很多人，而且我們全都站出來。」因此我們也可以將這個物品以及它所象徵的意義，視為二〇一七年十月爆發的MeToo運動之前鋒。後者也在訴說同樣的事：暴力及濫用權力不僅發生在好萊塢，不僅發生在最高層或最底層的社會，到處都可能發生。你不孤獨，我們有很多人，而且我們決定說出來。該年年底，《時代週刊》雜誌封面不再只是孤伶伶一頂帽子及它背後巨大的陰影，而是顯現潮流的一張大合照：所有出面指控好萊塢製片人哈維・韋恩斯坦的女人。她們推動了全球MeToo運動風潮，新的革命於焉展開。

謝辭

誠摯感謝我的編輯約翰娜・馮・勞赫，謝謝她的意見和鼓勵，無數次的溝通、談話、散步及晚間時分，以及無窮盡的耐性。謝謝我的朋友卡洛琳・烏爾芙陪我走過這本女性歷史書寫中的每個世紀，並以對各種荒誕故事提出機智的評論。感謝我的朋友米麗安・史坦、雅莉珊德拉・林克、娜迪雅・潘特、喬納坦・德魯斯、尼克拉斯・馬克的寶貴意見及鼓勵；以及一同在但丁泳池游泳的塔倫・卡德。還有我父親烏維，謝謝他對女性歷史意想不到的愛好；以及我母親丹妮耶拉，沒有她，這本書就永遠沒有完成的一天。

還有我先生奧利維爾，謝謝你，為所有一切。

紅磨坊 Moulin rouge
美心餐廳 Maxim's
美國反奴隸制協會 American Anti-Slavery Society, AASS
美國社會黨 Socialist Party of America
美國獨立藝術家協會 American Society of Independent Artists
英雄裸 heroic nudity
計畫生育聯盟 Planned Parenthood
韋伊法案 Loi Veil
飛來波女郎 flapper
飛飛妮拉姐妹會 Order of Fifinella
倫敦皇家阿爾伯特音樂廳 Royal Albert Hall
倫敦淑女病患照護所 Institute for the Care of Sick Gentlewomen
倫敦博物館 Museum of London
夏里特 Charité
夏娃花園 Eve's Garden
恩諾維德（藥物）Enovid
浪漫生活博物館 Musée de la Vie romantique
特百惠（品牌）Tupperware
特拉維夫博物館 Tel Aviv Museum
真理山社群 Monte Verita
祖母理論 grandmother theory
神力女超人 Wonder Woman
納瓦拉王國 Reino de Navarra
索邦大學 Sorbonne Université
迷惘的一代 Lost Generation
高蒙電影製片廠 Gaumont Film Company
偶發藝術 Happenings
偷竊癖 Kleptomania
國民自衛軍 Garde nationale
國民聯盟 Rassemblement national
國會金質獎章 Congressional Gold Medal
國際社會主義婦女大會 International Socialist Women's Conferences
婦女社會政治聯盟 Women's Social and Political Union
康斯托克法 Comstock laws
第二國際社會主義婦女代表大會 The Second International Socialist Women's Conference
莎瑪麗丹（百貨）La Samaritaine
莫利托（泳池）Le Molitor
野蠻整肅 épuration sauvage
陰莖羨妒理論 penis envy
陳情書 Cahiers de Doléances
凱爾特族 keltischen
凱薩偉特（醫院）Kaiserswerth
凱薩琳大帝的花束 Bouquet de l'Imperatrice Catherine II
博世（品牌）Bosch
斯庫塔利軍醫院 Scutari-Lazarett
斯基泰人 Scythian
硝石庫醫院 la Salpêtrière
華爾道夫飯店 Waldorf Astoria
費曼 Femen
黑豹黨 Black Panther Party
黑斯廷斯戰役 Battle of Hastings
黑暗之塔（沙龍）Dark Tower
塞斯摩弗洛斯節／地母節／播種節 Thesmophoria
新聖母修道院 Santa Maria di Novella
聖羅蘭（品牌）Yves Saint Laurent
腰鏈 chatelaine
解剖劇場 anatomical theatre
道明會 Dominican Order
零容忍政策 zero tolerance policy
雷明頓（公司）Remington
雷萊特一號 Rallet NO 1
雷萊特（公司）Rallet & Co.
電子數值積分計算機 Electronic Numerical Integrator And Computer, ENIAC
維多利亞和艾伯特博物館 V&A
維京板棋 hnefatafl
蓋洛威車 Galloway Car
摩登女人低胸安全剃刀 Milady Décolletée Safety Razor
樂都特（百貨）La Redoute
樂蓬馬歇（百貨）Le Bon Marché
歐米茄工作坊 Omega Workshops
歐特家（公司）Dr. Oetker
歐蓬馬歇（百貨）Au Bon Marché
蕭邦鞋 chopine
霍洛威監獄 Holloway Prison
薩爾佩特里埃（瘋人院）Salpêtrière
羅姆人 Roma
羅馬格鬥士 Gladiator
羅曼咖啡館 Das Romanische Cafe
羅訴韋德案 Roe vs. Wade
贊安諾（藥物）Xanax
蘇丹女權時期 Sultanat der Frauen ; sultanate of women
贖罪日戰爭 Yom Kippur War
觀念藝術 Conceptual art

《環遊世界七十二天》*Around the World in Seventy-Two Days*
《環遊世界八十天》*Le tour du monde en quatre-vingts jours*
《蕾麗雅》*Lelia*
《簡愛》*Jane Eyre*
《寵兒》*Beloved*
《麵包與玫瑰》*Bread and Roses*
《魔沼》*La Mare au Diable*
《魔鬼二世》*Junior*
〈聽啊，戰士，關於溫柔的南丁格爾之傳說〉Listen Soldier to the Tale of the Tender Nightingale
《靈魂的激情》*Les Passions de l'âme*

其他

B-29 超級堡壘轟炸機 B-29 Super fortress
一月留毛運動 Januhairy
叉鈴 sistrum
大西洋唱片公司 Atlantic Records
大家庭 Familistère
女子航空勤務飛行隊 Women Airforce Service Pilots, WASP
女性反色情組織 Women Against Pornography
女性解放運動 Mouvement de libération des femmes, MLF
女性學院 L'Académie des Femmes
中央市場 Les Halles
友誼沙龍 Salon de l'Amitié
友誼神殿 Temple de l'Amitié
巴特薩克薩（育幼院）Bad Sachsa
巴黎主宮醫院 Hôtel-Dieu de Paris
巴黎美術學院 École des Beaux Arts
水門案 Watergate scandal
卡洛（品牌）Calor
史密斯及伊爾德（出版社）Smith, Elder & Co.
史密森尼博物館 Smithsonian
外科學院 Académie de Chirurgie
尼美斯頭巾 Nemes
布西科廣場 Square Boucicaut
布基尼 burkini
布爾什維克黨 Bolsheviks
布德斯號 La Boudeuse
布盧姆茨伯里團體 Bloomsbury Group
弗里吉亞帽 phrygische Mütze
母權體制 Matriarchy
皮萊烏斯帽 Pileus
立法會議 Parlamentarischer Rat
乩板 planchette
伍德斯托克莊園 Woodstock
全國女性參政運動社團聯盟 National Union of Women's Suffrage Societies
全國婦女組織 National Organization for Women
吉倫特黨人 Girondins
安諾輔拉（藥物）Anovlar
托普卡匹皇宮 Topkapı Sarayı
朱利安學院 Académie Julian
米勒（品牌）Miele
米德爾頓莊園 Middleton Place
老佛爺（百貨）Les Galeries Lafayette
自然史博物館 La Specola
西爾製藥公司 Searle & Company
伯明罕女性黑奴救助協會 Ladies Society for the Relief of Negro Slaves
伯明罕婦女協會 Female Society for Birmingham
佛里幾亞帽 Phrygian cap
克拉洛西學院 Académie Colarossi
克勞汀領 Col Claudine
克萊紹集團 Kreisauer Kreis
吸血鬼（吸塵器）Vampyr
貝克德爾測驗 Bechdel test
里拉琴 Lyra
乳房橋下 Ponte delle Tette
拉文斯布呂克（集中營）Ravensbrück
拉博埃西甜點店 La Boétie
放蕩主義 Libertinage
法倫斯泰爾 Phalanstère
法國三級會議 États généraux
法國新料理 nouvelle cuisine
法國榮譽軍團勳章 Légion d'honneur
法蘭西學院 Académie Française
芝加哥婦女解放運動 Chicago Women's Liberation Movement
芭札爾（時裝店）Bazaar
表現主義舞蹈 Ausdruckstanz／Expressionist dance
哈林文藝復興 Harlem Renaissance
帝國軍事法庭 Reichkriegsgericht
柏克布朗公司 Burkbraun
柏林普勒岑湖（刑場）Berlin-Plötzensee
柯比公司 Kirby & Co.
柯尼希博物館 Museum Koenig
洛克希德－伊萊克特拉機型 Lockheed Electra
派拉蒙（影業）Paramount
珍妮紡紗機 Spinning Jenny
紅色樂隊 Rote Kapelle

《哈潑時尚》*Harper's Bazaar*
《建設》*Aufbau*
《映畫》*Picture Play*
《柯夢波丹》*Cosmopolitan*
《洛杉磯前鋒報》*Los Angeles Herald*
《為了自由：一名女奴的奇蹟逃脫故事》*Incidents in the Life of a Slave Girl*
《皇冠法案》CROWN Act
《科學怪人》*Frankenstein*
《美國體質人類學雜誌》*American Journal of Physical Anthropology*
《美麗新世界》*Brave New World*
《飛機小精靈》*The Gremlins*
《埃及豔后》*Cleopatra*
《拳師父子》*The Champ*
《時代》*Time*
《格列佛遊記》*Gulliver's Travels*
《泰晤士報》*Times*
《泰晤士報文學增刊》*The Times Literary Supplement*
《浮華世界》*Vanity Fair*
《浮華世界》*Vanity Fair*
《神力女超人》*Wonder Woman*
《神聖家族》*Die Heilige Familie*
《紐約世界報》*New York World*
《紐約先驅報》*New York Herald*
《紐約時報》*New York Times*
《紐約論壇報》*New-York Tribune*
《純潔與不純潔》*Le Pur et l'impur*
《記憶無非徹底看透的一切》*L'Événement*
《健康欠佳臨時假釋》Temporary Discharge for Ill Health
《商業週刊》*Business Week*
《婦女和女性公民權利宣言》*Déclaration des droits de la femme et de la citoyenne*
《婦女家庭雜誌》*Ladies' Home Journal*
《婦女樂園》*Au Bonheur des Dames*
《崔斯坦與伊索德》*Tristan and Iseult*
《晚宴》Dinner Party
《棄婦怨》*The Divorcee*
《深喉嚨》*Deep Throat*
〈瓶架〉The Bottle Rack
《第二性》*Le Deuxième Sexe*
〈這不是一把刀〉Ceci n'est pas un couteau
〈這不是一根煙斗〉Ceci n'est pas une pipe
《陰道獨白》*Vagina Monologe*
《喜愛獨居。給獨特女人的指南》*Live Alone and Like It. A guide for the extra woman*
《富比士》*Forbes*
《尊重》*Respect*
〈植鬍〉Facial Hair Transplant
《湯姆歷險記》*Tom Sawyer*
《硝石庫醫院寫真集》*Iconographie. photographique de la Salpêtrière*
《給女人的衷心建議》*A Serious Proposal to the Ladies*
《費加洛報》*Le Figaro*
《費城故事》*The Philadelphia Story*
《開綠色布加迪的塔瑪拉》Tamara im grünen Bugatti
《雲端情人》*Her*
《奧瑞斯提亞》*Oresteia*
《奧蘭多》*Orlando*
《愛瑪》*Emma*
《愛彌兒》*Emile: ou De l'education*
《愛麗絲・托克拉斯烹飪書》*The Alice B. Toklas Cookbook*
《感傷宣言》*Declaration of Sentiments*
《新的愛情世界》*Le nouveau monde amoureux*
《新英格蘭醫學期刊》*The New England Journal of Medicine*
《新娘百分百》*Notting Hill*
《新時代》*Neue Zeit*
《新電影雜誌》*The New Movie Magazine*
《新觀察家》*Le Nouvel Observateur*
《當知之道》*Scivias*
《當哈利碰上莎莉》*When Harry Met Sally...*
《痴男怨女》*L'Homme qui aimait les femmes*
〈節奏0〉Rhythm 0
《腳踏車大作戰》*Wadjda*
《漫遊女子》*Flâneuse*
《瑪歌皇后》*La reine Margot*
《瘋人院十日》*Ten Days in a Mad-House*
《與卡戴珊一家同行》*Keeping Up with the Kardashians*
〈噴泉〉Fountain
《廣告狂人》*Mad Men*
《廣島之戀》*Hiroshima mon amour*
《慾望城市》*Sex and the City*
《摩登女孩》*Modern Girl*
《摩登時代》*Les Temps Modernes*
《璀璨世紀》*Muhteşem Yüzyıl*
《衛報》*The Guardian*
《論愛》*De Amor*
《燃燒女子的畫像》*Portrait de la jeune fille en feu*
《獨領風騷》*Clueless*
《駭人聽聞》*Outrage*
《戴洛維夫人》*Mrs. Dalloway*
《牆上的書寫》*Writing on the Wall*

《女人城之書》*Le Livre de la Cité des Dames*
《女太監》*The Female Eunuch*
《女巫之舞》Hexentanz
《女男孩》*La Garçonne*
《女性主義的後果》*Les Résultats du féminisme*
《女性的從屬地位》*The Subjection of Women*
《女性的奧祕》*The Feminine Mystique*
《女性參政權史》*History of Woman Suffrage*
《女孩我最大》*Girls*
《女學究》*Les Femmes savantes*
《小法黛特》*La Petite Fadette*
《小法黛特》*La Petite Fadette*
《小婦人》小說 *Little Women*
〈工人遊行〉Worker's Parade
〈內在卷軸〉Interior Scroll
〈分身〉Doppelgängerin
《反抗尤絲汀》*L'Anti-Justine*
《反挫》*Backlash*
《天文學概要授課講稿》*A Compendious System of Astronomy in a Course of Familiar Lectures*
《天殺的密西西比》Mississippi Goddam
《夫人的欲望》*Madame a des envies*
《手冊》*Liber Manualis*
《手藝精湛的女廚們》*Die wol unterwiesene Köchinn*
《日安憂鬱》*Bonjour Tristesse*
《日落大道》*Sunset Boulevard*
《甘藍仙子》*La Fée aux Choux*
《世界報》*Le Monde*
《仕女》*Die Dame*
《仙女》*La Sylphide*
《加百列》*Gabriel*
《史賓賽》*Spencer*
《史黛漢小姐的故事》*Die Geschichte des Fräuleins von Sternheim*
《尼貝龍指環》*Der Ring der Nibelungen*
《布萊克伍德年輕人雜誌》*Blackwood's Young Men's Magazine*
《平等》*Die Gleichheit*
《打字機使用指南》*Manual of the Typewriter*
《未來》L'Avenir
《末路狂花》*Thelma & Louise*
《母權論》*Mutterrecht*
《生活》*Life*
〈生殖器恐慌〉Genital Panic
《白手起家》*Self Made*
《吉賽爾》*Giselle*
《她們》(小說)*The Group*
《她們》(電影)*Little Women*
《她鄉》*Herland*
《安娜・克莉絲蒂》*Anna Christie*
《安蒂亞娜》*Indiana*
《年輕、有天分且是黑人》*Young Gifted and Black*
《朱迪斯斬殺赫羅弗尼斯》*Judith und Holoferne ; Judith Slaying Holofernes*
《此人》*Zur Person*
《百合》*The Lily*
《百科全書》*Encyclopédie*
《自己的房間》*A Room of One's Own*
《自願獨身》*Du célibat volontaire*
《艾格妮絲・格雷》*Agnes Grey*
〈你讓我覺得像個真女人〉You Make me Feel Like a Natura Woman
《克莉絲汀・約根森:個人自傳》*Christine Jorgensen: A Personal Autobiography*
《克勞汀在巴黎》*Claudine à Pari*
《克勞汀在學校》*Claudine à l'école*
《克勞汀走了》*Claudine s'en va*
《克勞汀結婚後》*Claudine en Ménage*
〈別碰我的頭髮!〉Don't Touch My Hair
《完美無瑕》*Flawless*
《我的一生》*Histoire de ma vie*
〈我們這群難民〉We Refugees
〈我從未愛過一個男人像我愛你那樣〉I never loved a man the way I love you
〈沙特爾剃光頭的女人〉Die Geschorene von Chartres
《每日新聞》*Daily News*
《牢獄籠》*The Big House*
《男女平等》*Égalité des hommes et des femmes*
《亞當・比德》*Adam Bede*
《使女的故事》*The Handmaid's Tale*
《初入社交舞會的女孩》*The Debutante*
《咆哮山莊》*Wuthering Heights*
《性與單身女郎》*Sex and the Single Girl*
《所多瑪與蛾摩拉》Sodome et Gomorrhe
《明星》*Stern*
《法國女人》*La Femme de France*
《法國民法典》Code Civil
《波士頓美國人》*The Boston American*
《物質的力量》*La Force des choses*
《玫瑰傳奇》*Le Roman de la Rose*
《芭比的盛宴》*Babettes Fest*
《阿特蜜希雅》*Artemisia*
《俄宮豔使》*Ninotchka*
《南方》*Sur*

蘿琳．漢司白瑞 lorraine hansberry
蘿絲瑪麗 Rosemarie

地名、街名、山溪名

內布拉斯加州 Nebraska
比約克島 Björkö
比爾卡 Birka
代爾埃爾巴哈里 Deir El-Bahari
加萊 Calais
加爾加斯 Gargas
卡可倫波 Colombo
卡里古拉 Caligula
卡納克 Karnak
台伯河 Tevere
布利克街 Bleecker Street
布林迪西 Brindisi
布朗克斯 Bronx
布盧姆茨伯里 Bloomsbury
伊斯梅利亞 Ismailia
全景廊街 Passage des Panoramas
多特蒙德 Dortmund
李堡 Fort Lee
沃普斯韋德 Worpswede
沙特爾 Chartres
狄士博山 Disibodenberg
貝爾格街 Berggasse
亞丁 Aden
佩許梅爾 Pech Merle
帕多瓦城 Padova
彼得格勒 Petrograd
拉彭 La Pampa
波昂 Bonn
波城 Pau
波隆那 Bologna
花街 Rue de Fleurus
阿克倫 Akron
勃根地 Bourgogne
哈特福 Hartford
契克斯 Chequers
柏林休閒公園 Lustgarten
查爾斯頓市 Charleston
洛蒙德街 Rue Lhomond
科特布斯 Cottbus
約克郡 Yorkshire
埃爾卡斯蒂洞穴 Cueva de El Castillo
夏洛登堡區 Charlottenburg
格拉斯 Grasse
海德村 Hydesville
烏蘭德大道 Uhlandstraße
納許維爾 Nashville
紐倫堡 Nürnberg
基爾肯尼 Kilkenny
康朋街 rue Cambon
斯圖加特 Stuttgart
普里耶內 Priene
雅各布街 Rue Jacob
塞內卡瀑布城 Seneca Falls
塞夫勒路 rue de Sèvres
塞得港 Port Said
奧林帕斯山 Mount Olympus
奧斯威辛 Auschwitz
聖日耳曼德佩區 Saint-Germain-des-Prés
聖伊西德羅區 San Isidro
聖路易島 Île Saint-Louis
維普路 Rue de Velpeau
維琴察 Vicenza
魯伯特山 Rupertsberg
穆拉諾 Murano
諾昂 Nohant
選帝侯大街 Kurfürstendamm
蕾絲波斯島 Lesbos
檳城 Penang
羅克布呂訥－馬丁角 Roquebrune-Cap-Martin
羅亞河 Loire
羅斯柴爾德大道 Rothschild Boulevard
蘭斯 Reims

書刊名、片名、作品名

〈S.O.S－被凝視的對象系列〉S.O.S. - Starification Object Series
《一九一三受刑人法案》Prisoners Act 1913
《一位性解放的共產主義女人自傳》*The Autobiography of a Sexually Emancipated Communist Woman*
《一夜風流》*It Happened One Night*
《七日談》*Heptaméron*
《人類生命》*Humanae Vitae*
《人權和公民權宣言》*Déclaration des Droits de l'Homme et du Citoyen*
《八時入席》*Dinner at Eight*
《十日談》*Decamerone*
《大師》*The Master*
《女人》*The Women*
《女人的叛逆》*The Woman Rebel*
《女人城》*La città delle donne*

碧昂絲 Beyonce
碧姬・芭杜 Brigitte Bardot
碧姬・方丹 Brigitte Fontaine
維吉尼亞・吳爾芙 Virginia Woolf
維吉妮・德斯彭特 Virginie Despentes
維吉妮亞・波斯崔爾 Virginia Postrel
維多利亞・歐坎波 Victoria Ocampo
維克多・馬吉托 Victor Magito
維克多・瑪格麗特 Victor Margueritte
維斯塔貞女／護火貞女 Vestal Virgin
蒙田 Michel de Montaigne
蒙龐西耶女公爵 duchesse de Montpensier
赫克托 Hector
赫爾穆特・毛奇伯爵 Helmuth Graf von Moltke
赫蓮娜・魯賓斯坦 Helena Rubinstein
德尼・狄德羅 Denis Diderot
德米特里・巴甫洛維奇 Dmitri Pavlovich
歐仁・德拉克洛瓦 Eugène Delacroix
歐內斯特・博 Ernest Beaux
歐西里斯 Osiris
歐珍妮・布哈吉耶 Eugénie Brazier
歐普拉・溫芙蕾 Oprah Winfrey
歐達・紹特穆勒 Oda Schottmüller
潔達・蘋姬・史密斯 Jada Pinkett Smith
潘朵拉 Pandora
潘妮洛普 Penelope
潘賽西莉亞 Penthesilea
鄧肯・葛蘭 Duncan Grant
黎安娜・貝克維茲 Liane Berkowitz
儒勒・凡爾納 Jules Verne
盧克雷蒂亞 Lucretia
諾拉・艾芙倫 Nora Ephron
諾瑪・希拉 Norma Shearer
諾瑪・德斯蒙 Norma Desmond
霍普博士 Dr. Hopper
戴高樂 de Gaulle
戴爾芬・奧維勒爾 Delphine Horvilleur
蕾妮・　安 Renée Vivien
薄伽丘 Giovanni Boccaccio
薇洛妮卡・佛朗哥 Veronica Franco
薇塔・薩克維爾－韋斯特 Vita Sackville-West
薇奧麗・賴朵絲 Violette Leduc
薇薇安・魏斯伍德 Vivienne Westwood
薇露希卡・馮・倫道夫 Veruschka von Lehndorff
謝米歐・維納瓦 Chemjo Vinaver
謝爾蓋・艾森斯坦 Sergei Eisenstein
賽特 Seth
賽爾妲 Zelda
黛兒・威廉斯 Dell Williams
黛芬・賽麗格 Delphine Seyrig
黛博拉・李維 Deborah Levy
薩拉・B・波默羅伊 Sarah B. Pomeroy
薩萊諾的特達歐菈 Trotula of Salerno
薩德侯爵 Marquis de Sade
薩默塞特・毛姆 Somerset Maugham
薩繆爾・高德溫 Samuel Goldwyn
藍斯頓・休斯 Langston Hughes
瓊・克勞馥 Joan Crawford
瓊・凱利 Joan Kelly
羅伯特・卡帕 Robert Capa
羅伯特・馬丁 Robert Martin
羅伯特・凱利 Robert Carey
羅伯特・隆吉 Roberto Longhi
羅伯特・愛德華茲 Robert Edwards
羅密・施奈德 Romy Schneider
羅莎・盧森堡 Rosa Luxemburg
羅傑・弗萊 Roger Fry
羅德・達爾 Roald Dahl
羅禮 Laurie
羅蘭夫人 Madame Roland
麗伯塔斯・舒爾茲－博伊森 Libertas Schulze-Boysen
麗雅 Leah
龐巴杜夫人 Madame de Pompadour
寶拉・莫德頌恩－貝克 Paula Modersohn-Becker
寶嘉康蒂 Pocahontas
蘇姍娜 Susanna
蘇珊 Suzanne
蘇珊・B・安東尼 Susan B. Anthony
蘇珊・佩羅特 Suzanne Perrottet
蘇珊・法露迪 Susan Faludi
蘇珊・桑塔格 Susan Sontag
蘇菲・修爾 Sophie Scholl
蘇菲・逢拉羅許 Sophie von La Roche
蘇菲亞・羅蘭 Sophia Loren
蘇萊曼大帝 Suleiman the Magnificent
蘭斯洛特 Lancelot
露易絲・布萊恩特 Louise Bryant
露易絲・布魯克斯 Louise Brooks
露絲・蘭德斯霍夫－約克 Ruth Landshoff-Yorck
露意莎・梅・奧爾柯特 Louisa May Alcott
露意絲・布爾喬亞 Louise Bourgeois
露薏絲・喬伊・布朗 Louise Joy Brown
蘿拉・巴斯 Laura Bassi
蘿倫・艾爾金 Lauren Elkin

奧蘿爾・杜班 Aurore Dupin
愛倫坡 Edgar Allan Poe
愛莉絲・史瓦澤 Alice Schwarzer
愛達・洛芙萊斯 Ada Lovelace
愛蜜莉亞・艾爾哈特 Amelia Earhart
愛德蒙・居伊 Edmonde Guy
愛蓮娜・羅斯福 Eleanor Roosevelt
愛麗絲・B・托克勒斯 Alice B. Toklas
愛麗絲・托克勒斯 Alice B. Toklas
愛麗絲・詹姆斯 Alice James
愛麗絲・居伊 Alice Guy
楚浮 François Truffaut
獅心理查 Richard the Lionheart
瑟琳・席安瑪 Céline Sciamma
聖女貞德 Jeanne d'Arc
聖芬莉 Felicity
聖蓓蓓 Perpetua
葛申・碩勒姆 Gershom Scholem
葛利果一世 St. Gregory the Great
葛洛利雅・史坦能 Gloria Steinem
葛莉塔・潔薇 Greta Gerwig
葛楚・史坦 Gertrude Stein
葛麗泰・嘉寶 Greta Garbo
葛蘭林 Gremlin
蒂娜・摩多堤 Tina Modotti
詹姆士一世 James I
詹姆士六世 James VI
賈桂琳・甘迺迪 Jackie Kennedy
賈桂琳・科克倫 Jackie Cochran
賈桂琳・蘭巴 Jacqueline Lamba
路易・B・梅耶 Louis B. Mayer
路易・安托萬・德・布干維爾 Louis Antoine de Bougainville
路易斯・雷德 Louis Réard
達・盧皮諾 Ida Lupino
雷內・馬格利特 René Magritte
雷昂諾・菲尼 Leonor Fini
雷納托・畢昂可 Renato Bianco
雷奧蒂・布萊克 Leoti Blaker
雷蒂夫・德・拉・布勒托納 Restif de La Bretonne
雷歐娜・查爾摩斯 Leona W. Chalmers
嘉柏麗・許隻 Gabrielle Suchon
圖利婭・達拉戈納 Tullia d'Aragona
圖特摩斯一世 Thutmose I
圖絲蕾特 Twosret
漢娜・威爾克 Hannah Wilke
漢娜・鄂蘭 Hannah Arendt
漢斯・貝爾默 Hans Bellmer
瑪利亞・阿涅西 Maria Gaetana Agnesi
瑪姬・福克斯 Maggie Fox
瑪格麗特 Marguerite
瑪格麗特・尤瑟娜 Marguerite Yourcenar
瑪格麗特・布萊恩 Margaret Bryan
瑪格麗特・米德 Margaret Mead
瑪格麗特・柴契爾 Margaret Thatcher
瑪格麗特・桑格 Margaret Sanger
瑪格麗特・莒哈絲 Marguerite Duras
瑪格麗特・德・納瓦拉 Marguerite de Navarre
瑪莉・官 Mary Quant
瑪莉・德・文塔杜瓦 Marie de Ventadour
瑪莎 Martha
瑪莎・卡列科 Mascha Kaléko
瑪喬麗・希麗絲 Marjorie Hillis
瑪塔・亞培爾 Marta Appel
瑪塔・哈里 Mata Hari
瑪蒂爾達 Matilda
瑪麗・德・古奈 Marie de Gournay
瑪麗・安東妮 Marie-Antoinette
瑪麗・沃斯通克拉夫特 Mary Woolstonecraft
瑪麗・居禮 Marie Curie
瑪麗・阿斯特爾 Mary Astell
瑪麗・畢克馥 Mary Pickford
瑪麗・雪萊 Mary Shelley
瑪麗・麥卡錫 Mary McCarthy
瑪麗・博林 Mary Boleyn
瑪麗・塔里奧妮 Marie Taglioni
瑪麗・魏格曼 Mary Wigman
瑪麗・羅蘭珊 Marie Laurencin
瑪麗・巴什基爾采夫 Marie Bashkirtseff
瑪麗・卡薩特 Mary Cassatt
瑪麗・波拿帕 Marie Bonaparte
瑪麗・金斯利 Mary Kingsley
瑪麗一世 Mary I
瑪麗安娜 Marianne
瑪麗亞・格拉齊亞・基烏里 Maria Grazia Chiuri
瑪麗亞・特維爾 Maria Terwiel
瑪麗亞・特蕾莎 Maria Theresia
瑪麗亞・薩洛梅亞・斯克沃多夫斯卡 Maria Salomea Skłodowska
瑪麗亞・蘇菲亞・謝爾哈默 Maria Sophia Schellhammer
瑪麗娜・阿布拉莫維奇 Marina Abramović
瑪麗恩・華萊士ー鄧洛普 Marion Wallace-Dunlop
瑪麗蓮・夢露 Marilyn Monroe

馬丁・路德・金恩 Martin Luther King
馬克・吐溫 Mark Twain
馬克斯・恩斯特 Max Ernst
馬庫斯・羅賓遜 Marcus Robinson
馬格努斯・赫希菲爾德 Magnus Hirschfeld
馬塞爾・杜象 Marcel Duchamp
馬塞爾・摩爾 Marcel Moore
高更 Paul Gauguin
高斯奈・鄧肯 Gosnell Duncan
高傲的塔奎尼烏斯 Tarquinius Superbus
勒內・格魯瓦 René Gruau
屠格涅夫 Turgenev
崔姬 Twiggy
曼・雷 Man Ray
畢卡索 Picasso
笛卡爾 René Descartes
荷莉・葛萊特利 Holly Golightly
荷魯斯 Horus
莉莉・艾爾伯 Lili Elbe
莉莉絲 Lilith
莉莎白一世 Elizabeth I
莉奧諾拉・卡林頓 Leonora Carrington
莎伊・馬汀 Shay Martin
莎孚 Sappho
莎拉・古德里奇 Sarah Goodridge
莎拉・伯恩哈特 Sarah Bernhardt
莎拉・龐桑比 Sarah Ponsonby
莎拉・布里德洛夫 Sarah Breedlove
莎夏・葛蕾 Sasha Grey
莎菲耶蘇丹 Safiye Sultan
莫里哀 Molière
莫妮克・維蒂希 Monique Wittig
陶樂絲・派克 Dorothy Parker
陶樂絲・奧斯本 Dorothy Osborne
雪兒 Cher
雪維兒・畢奇 Sylvia Beach
傑娜・齊威曼 Jayna Zweiman
凱托・邦切斯・范・貝克 Cato Bontjes van Beek
凱特・福克斯 Katee Fox
凱特・鄧克 Käte Duncker
凱特琳・詹納 Caitlyn Jenner
凱莉・布雷蕭 Carrie Bradshaw
凱莉・詹納 Kylie Jenner
凱瑟琳・麥金儂 Catharine MacKinnon
凱薩琳・丹妮芙 Catherine Deneuve
凱薩琳・麥柯密克 Katherine McCormick
凱薩琳・赫本 Katharine Hepburn
凱薩琳・德・麥地奇 Catherine de Médici
凱薩琳大帝 Catherine the Great
喬治 George
喬治・巴頌 Georges Brassens
喬治・艾略特 George Eliot
喬治・庫克 George Cukor
喬治・桑 George Sand
提香 Tiziano
提爾曼・里門施奈德 Tilman Riemenschneider
斯塔爾夫人 Madame de Staël
普里侯爵夫人 Marquise de Prie
普莉絲・哈茨霍恩 Priss Hartshorn
普魯斯特 Marcel Proust
琳達・B・米勒 Linda B. Miller
琳達・拉芙蕾絲 Linda Lovelace
琳達・諾克琳 Linda Nochlin
童妮・摩里森 Toni Morrison
華特・史考特 Walter Scott
華特・迪士尼 Walt Disney
菲萊斯・福格 Phileas Fogg
菲露 Fillioux
萊納・瑪利亞・里爾克 Rainer Maria Rilke
萊斯利・布朗 Lesley Brown
萊斯利・霍恩比 Lesley Hornby
費里尼 Fellini
費茲傑羅 Fitzgerald
賀德佳・馮・賓根／聖賀德佳 Hildegard von Bingen
雅各・古伊 Jacques Guay
雅克－路易・大衛 Jacques-Louis David
雅典娜 Athena
黑帝斯 Hades
塔倫提諾 Tarantino
塔瑪拉・德・藍碧嘉 Tamara De Lempicka
塞貝克涅弗魯 Sobekneferu
塞絲 Sethe
塞維涅侯爵夫人 Marquise de Sévigné
塞赫美特 Sekhmet
奧古斯丁 Aurelius Augustinus
奧古斯特・史特林堡 August Strindberg
奧古斯特・克里桑覺 Auguste Clésinger
奧古斯特・羅丹 Auguste Rodin
奧里亞娜・法拉奇 Oriana Fallaci
奧提斯・雷丁 Otis Redding
奧瑞斯提亞 Oresteia
奧德修斯／尤里西斯 Odysseus
奧諾雷・杜米埃 Honoré Daumier
奧蘭普・德古熱 Olympe de Gouges

哈洛德・哥德溫森 Harold Godwinson
哈姬蘇 Hatschepsut
哈莉・李伯曼 Hallie Lieberman
哈維・韋恩斯坦 Harvey Weinstein
哈麗葉特・雅各布斯 Harriet Jacobs
威利 Willy
威利・勃蘭特 Willy Brandt
威廉・莫爾頓・馬斯頓 William Moulton Marston
威廉・奧斯特瓦爾德 Wilhelm Ostwald
威廉・赫歇爾 William Herschel
威廉敏娜・弗萊明 Williamina Fleming
威爾・史密斯 Will Smith
宣信者愛德華 Edward the Confessor
拜倫爵士 The Lord Byron
柔拉・涅爾・荷絲頓 Zora Neale Hurston
查爾斯・巴貝奇 Charles Babbage
查爾斯・韋爾斯利勳爵 Lord Charles Wellesley
查爾斯・達爾文 Charles Darwin
柯比意 Le Corbusiers
柯蕾特 Colette
洛伊斯・韋伯 Lois Weber
派屈克・斯特布托 Patrick Steptoe
派翠克・勃朗特 Patrick Brontë
玻娜女神／豐饒女神 Bona Dea
珊塔・柏格 Senta Berger
珊德拉・柯倫泰 Alexandra Kollontai
珍・阿弗里爾 Jane Avril
珍・浪凡 Jeanne Lanvin
珍・奧斯汀 Jane Austen
珍－安托妮內特・普瓦松 Jeanne-Antoinette Poisson
珍妮・巴雷 Jeanne Barret
珍妮・摩露 Jeanne Moreau
珍娜・法蘭諾 Janet Flanner
科儂斯基 Curnonsky
紀堯姆・阿波利奈爾 Guillaume Apollinaire
約瑟夫・里歐・曼凱維奇 Joseph Leo Mankiewicz
約瑟夫・普立茲 Joseph Pulitzer
約瑟芬・貝克 Josephine Baker
約翰・史都華・彌爾 John Stuart Mill
約翰・甘迺迪 John F. Kennedy
約翰・伊夫林 John Evelyn
約翰・哈里斯 John Harris
約翰・洛克 John Rock
約翰・曼寧 John Manning
約翰・雅各布・巴霍芬 Johann Jakob Bachofen
約翰・雅各布・弗克曼 Johann Jacob Volkmann
美杜莎 Medusa
耶洗別 Jezebel
胡安娜三世 Jeanne d'Albret
英迪拉・甘地 Indira Gandhi
迪亞哥・李維拉 Diego Rivera
迪奧蒂瑪 Diotima
飛飛妮拉 Fifinella
哥特利布・呂克 Gottlieb Lück
唐尼索恩 Donnithorne
埃及的馬利亞 Mary of Egypt
埃米爾・左拉 Émile Zola
埃米爾・諾爾德 Emil Nolde
埃里希・戈茲 Erich Göz
埃莉諾・巴特勒 Eleanor Butler
夏洛特・柏金斯・吉爾曼 Charlotte Perkins Gilman
夏爾・傅立葉 Charles Fourier
夏綠蒂 Charlotte
娜芙蒂蒂 Nefertit
娜塔莉・克利福德・巴尼 Natalie Clifford Barney
娜麗・布萊 Nellie Bly
席莉・胡思薇 Siri Hustvedt
庫瑞爾・貝爾 Currer Bell
庫爾特・瓦內克洛斯 Kurt Warnekros
恩斯特・劉別謙 Ernst Lubitsch
拿破崙 Napoleon
朗布依埃夫人 Madame de Rambouillet
格雷戈里・平克斯 Gregory Pincus
桑多 Sandeau
泰倫斯・康藍 Terence Conran
泰德・懷特 Ted White
海因里希・克萊默 Heinrich Kramer
海因里希・希姆萊 Heinrich Himmler
海克力斯 Hercules
海倫・葛利・布朗 Helen Gurley Brown
海倫娜・謝芙貝克 Helene Schjerfbeck
海蒂 Hetty
海蓮娜 Hélène
海蓮娜・韋伯 Helene Weber
海蓮娜・韋瑟爾 Helene Wessel
烏妮卡・居恩 Unica Zürn
烏蘇拉・安德絲 Ursula Andress
特羅瓦涅・德・梅莉谷 Théroigne de Méricourt
真福安日納三世 Bl. Eugene III
納爾遜・艾格林 Nelson Algren
旅居者・真理 Sojourner Truth
索蘭芝・諾利斯 Solange Knowles
茱莉亞・羅勃茲 Julia Roberts
茹思・米德爾頓 Ruth Middleton

李・米勒 Lee Miller
李昂・高蒙 Léon Gaumont
李奧諾拉・卡林頓 Leonora Carrington
杜・庫德蕾夫人 Madame Du Coudray
杜歐妲 Dhuoda
狄恩・斯諾 Dean Snow
狄蜜特 Demeter
私生子威廉 William the Bastard
貝絲・莫莉索 Berthe Morisot
貝葉的奧都 Odo of Bayeux
貝蒂・傅瑞丹 Betty Friedan
貝蒂・碩勒姆 Betty Scholem
貝蒂・戴維斯 Bette Davis
里昂媽媽 Mères Lyonnaises
亞里斯多德 Aristoteles
亞拉岡的凱薩琳 Catherine of Aragon
亞莉安・莫虛金 Ariane Mnouchkine
亞爾瑪・史托佩 Hjalmar Stolpe
亞維塔 Avitar
亞歷山大・麥昆 Alexander McQueen
亞歷山達莉亞・奧卡西歐－寇提茲 Alexandria Ocasio-Cortez
亞歷克西・德・托克維爾 Alexis de Tocqueville
亞歷珊卓・大衛－尼爾 Alexandra David-Néel
佩加索斯 Pegasus
佩姬・古根漢 Peggy Guggenheim
佩蒂・史密斯 Patti Smith
奇瑪曼達・恩格茲・阿迪契 Chimamanda Ngozi Adichie
奈芙蒂斯 Nephthys
妮娜 Nina
妮娜・西蒙 Nina Simone
宙斯 Zeus
尚・保羅・高堤耶 Jean Paul Gaultier
尚－保羅・沙特 Jean-Paul Sartre
尚－馬丁・夏柯 Jean Martin Charcot
尚－雅克・盧梭 Jean-Jacques Rousseau
居伊・德・莫泊桑 Guy de Maupassant
居伊媽媽 Mère Guy
居禮夫人 Madame Curie
帕布羅・拉瑞恩 Pablo Larraín
帕拉迪奧 Palladio
底波拉 Deborah
彼得・瓦爾騰堡約克伯爵 Peter Graf Yorck von Wartenburg
征服者威廉 William the Conqueror
拉法葉將軍 La Fayett
拉博埃希 Étienne de La Boétie
東妮・莫里森 Toni Morrison
法蘭西絲・馬里恩 Frances Marion
法蘭絲瓦・莎岡 Françoise Sagan
波西・雪萊 Percy Shelley
波希米亞的伊麗莎白 Elisabeth von Böhmen
波瑟芬妮 Persephone
波赫士 Jorge Luis Borges
波賽頓 Poseidon
肯尼斯・克拉克 Kenneth Clark
肯伊・威斯特 Kanye West
芙烈達・卡蘿 Frida Kahlo
芙萊雅 Freya
芙蕾達・娜迪西 Frieda Nadig
芙蘿拉・崔斯坦 Flora Tristan
芭芭拉・克魯格 Barbara Kruger
芭黎絲・希爾頓 Paris Hilton
金・卡戴珊 Kim Kardashian
金賽 Kinsey
阿戈斯蒂諾・塔西 Agostino Tassi
阿伯拉 Abelard
阿佛瑞德・德雷福斯 Alfred Dreyfus
阿克頓・貝爾 Acton Bell
阿里斯蒂德・布西科 Aristide Boucicaut
阿奎丹的埃莉諾 Eleanor of Aquitaine
阿迦門農 Agamemnon
阿涅絲・寧 Anais Nin
阿特蜜希雅・真蒂萊希 Artemisia Gentileschi
阿基里斯 Achilles
阿蒂蜜絲 Artemis
阿道斯・赫胥黎 Aldous Huxley
阿圖爾・施尼茨勒 Arthur Schnitzler
阿爾弗雷德・德・繆塞 Alfred de Musset
阿爾貝托・賈科梅蒂 Alberto Giacometti
阿爾瑪－塔德瑪 Alma-Tademas
阿維德・哈納克 Arvin Harnack
阿諾・史瓦辛格 Arnold Schwarzenegger
阿蕾莉雅 A'Lelia
保祿六世 Paulus VI
保爾・艾呂雅 Paul Eluard
保羅・雷格納德 Paul Regnard
保羅・博古斯 Paul Bocuse
南希・洛夫 Nancy Love
南希・庫納德 Nancy Cunard
哀綠綺思 Heloise
哈利・班傑明 Harry Benjamin
哈洛・舒爾茲－博伊森 Harro Schulze-Boysen

安妮多樂 Annedore
安妮特・凱勒曼 Annette Kellermann
安妮塔・露絲 Anita Loos
安迪・沃荷 Andy Warhol
安娜・帕芙洛娃 Anna Pavlova
安娜・班蒂 Anna Banti
安娜・莫蘭迪・曼佐里尼 Anna Morandi Manzolini
安娜・麥奧利諾 Anna Maiolino
安娜・蒙迪埃塔 Ana Mendieta
安娜・維亞珊絲姬 Anne Wiazemsky
安娜貝爾 Annabelle
安娜瑪莉・舒瓦岑巴赫 Annemarie Schwarzenbach
安琪拉・戴維斯 Angela Davis
安蒂岡妮 Antigone
安德烈・布勒東 André Breton
安德烈・胡維荷 André Rouveyre
安德烈・庫雷勒 André Courrèges
安德烈亞斯・卡佩蘭努斯 Andreas Capellanus
托馬斯・阿奎那 Thomas Aquinas
托雷多的艾蕾諾拉 Eleonora von Toledo
朱迪思 Judith
朱娜・巴恩斯 Djuna Barnes
朱蒂・芝加哥 Judy Chicago
朱麗葉・雷卡米耶 Julie Récamier
朵拉・瑪爾 Dora Maar
朵莉 Dolly
米利琴特・費塞特 Millicent Fawcett
米希亞・塞特 Misia Sert
米娜・洛伊 Mina Loy
米雪兒・佩羅 Michelle Perrot
米蒂亞 Medea
米榭蓮・貝爾納迪尼 Micheline Bernardini
艾比嘉・梅・奧爾柯特 Abigail May Alcott
艾吉斯瑟斯 Aegisthus
艾米 Amy
艾米琳・潘克斯特 Emmeline Pankhurst
艾利斯・貝爾 Ellis Bell
艾美莉亞・布盧默 Amelia Bloomer
艾倫・杜卡斯 Alain Ducasse
艾莉 Ally McBeal
艾莉卡・盧斯特 Erika lust
艾莉西亞・席薇史東 Alicia Silverstone
艾莎・馮・弗萊塔格－洛琳霍芬 Elsa von Freytag-Loringhoven
艾斯奇勒斯 Aeschylus
艾琳・格雷 Eileen Gray
艾琳・鮑爾 Eileen Power
艾琳娜・斐蘭德 Elena Ferrante
艾瑞卡・鍾 Erica Jong
艾瑞莎・弗蘭克林 Aretha Franklin
艾爾段 Recep Tayyip Erdogan
艾爾瑪 Erma
艾蜜莉 Emily
艾薇塔 Evita
艾薩克・勝家 Isaac Singer
西尼・赫伯特 Sidney Herbert
西多妮－加布里葉・柯蕾特 Sidonie-Gabrielle Colette
西格蒙德・佛洛伊德 Sigmund Freud
西蒙・韋伊 Simone Veil
西蒙・圖索 Simone Touseau
西蒙・德・波娃 Simone de Beauvoir
西麗瑪沃・班德拉娜 Sirimavo Bandaranaike
亨利・貝克勒 Henri Becquerel
亨利・詹姆斯 Henry James
亨利・高堤－維拉 Henry Gauthier-Villars
佛羅倫斯・南丁格爾 Florence Nightingale
佛羅倫斯的勒內 René Le Florentin
克呂泰涅斯特拉 Klytaimnestra
克里斯・洛克 Chris Rock
克里斯蒂娜女王 Drottning Kristina
克拉拉・馬勒侯 Clara Malraux
克拉拉・澤特金 Clara Zetkin
克莉絲汀・約根森 Christine Jorgensen
克莉絲汀・德・皮桑 Christine de Pizan
克莉絲塔・蘇 Krista Suh
克莉絲塔貝兒 Christabel
克勞汀 Claudine
克勞斯・申克・施陶芬貝格伯爵 Claus Schenk Graf von Stauffenberg
克勞德・卡恩 Claude Cahun
克勞德・朗茲曼 Claude Lanzmann
克勞黛・考爾白 Claudette Colbert
克萊夫・貝爾 Clive Bell
克萊門特・蘇西尼 Clemente Susini
克萊麗塔 Clarita
克麗奧佩脫拉 Cleopatra
努爾巴努蘇丹 Nurbanu Sultan
君特・高斯 Günter Gaus
希帕提亞 Hypatia
希波克拉底 Hippocrates
希爾達・杜利特 Hilda Doolittle
希爾德・科皮 Hilde Coppi
希爾薇娜・歐坎波 Silvina Ocampo
希維亞 Sylvia

名詞對照

人名

C．J．沃克夫人 Madam C. J. Walker
丁托列托 Tintoretto
凡妮莎．貝爾 Vanessa Bell
土魯斯－羅特列克 Henri de Toulouse-Lautrec
大衛．本－古里昂 David Ben-Gurion
小托蒂 Totty
川普 Donald Trump
丹．布朗 Dan Brown
丹尼爾．布斯汀 Daniel J. Boorstin
丹尼爾．韋伯斯特 Daniel Webster
內克爾夫人 Madame Necker
厄爾．特伯 Earl Tupper
巴拉克．歐巴馬 Barack Obama
巴爾札克 Balzac
戈楚．貝爾 Gertrude Bell
戈爾達．梅爾 Golda Meir
扎扎 Zaza
以斯帖 Esther
包玻 Baubo
卡珊德拉 Cassandra
卡莉．克里 Callie Khouri
卡琳．比利森 Karen Blixen
卡爾．弗里德 Karl Friede
卡蜜兒．克勞岱 Camille Claudel
卡羅莉．史尼曼 Carolee Schneemann
卡羅琳 Carolyn
卡羅琳．赫歇爾 Caroline Herschel
古斯塔夫．福婁拜 Gustave Flaubert
可可．香奈兒 Coco Chanel
史蒂芬 Steven
史蒂芬．金 Stephen King
尼克森 Richard Nixon
布里古斯媽媽 Mère Brigousse
布朗妮．懷斯 Brownie Wise
布莉琪．瓊斯 Bridget Jones
布萊斯．桑德拉 Blaise Cendrars
布樂．歐吉爾 Bulle Ogier
布魯諾．克賴斯基 Bruno Kreisky
布蘭威爾 Branwell
布蘭達．弗雷澤 Brenda Frazier
弗里斯克 Frisk
弗里德里希．施勒格爾 Friedrich Schlegel
弗朗索瓦．莫里亞克 François Mauriac
瓦莉．艾克絲波特 Valie Export
瓦萊莉．斯蒂爾 Valerie Steele
皮克林 Pickering
皮耶 Pierre
皮耶羅．曼佐尼 Piero Manzoni
伊妃基尼亞 Iphigenia
伊西斯 Isis
伊娃．隆格莉亞 Eva Longoria
伊迪絲．華頓 Edith Wharton
伊莉莎白 Elisabeth
伊莉莎白．威廉斯 Elizabeth Williams
伊莉莎白．泰勒 Elizabeth Rosemond Taylor
伊莉莎白．莫奇曼 Elisabeth Motschmann
伊莉莎白．塞貝爾特 Elisabeth Selbert
伊莉莎白．維傑．勒．布倫 Élisabeth Vigée Le Brun
伊莎朵拉．鄧肯 Isadora Duncan
伊莎貝拉．艾伯哈特 Isabelle Eberhardt
伊莎貝拉．伯德 Isabella Bird
伊蓮娜 Erinna
伊麗莎白．雅頓 Elizabeth Arden
伊麗莎白．史坦頓 Elizabeth Stanton
伊麗莎白．弗利 Elizabeth Foley
伊麗莎白．凱迪．斯坦頓 Elizabeth Cady Stanton
伏爾泰 Voltaire
休．葛蘭 Hugh Grant
吉勒．妥瑞 Gilles de la Tourette
吉曼．基爾 Germaine Greer
吉賽兒．艾里米 Gisèle Halimi
多蘿希．普林格 Dorothee Pullinger
安．博林 Anne Boleyn
安布魯瓦茲．帕雷 Ambroise Paré
安吉拉 ·戴維斯 Angela Davis
安妮 Anne
安妮．艾諾 Annie Ernaux
安妮．李斯特 Anne Lister
安妮．倫敦德里 Annie Londonderry
安妮．馬龍 Annie Malone
安妮．華達 Agnes Varda

Charles Fourier, *Le nouveau monde amoureux*, 2013, Presses du réel
Betty Friedan, *The Feminine Mystique*, Penguin Classics, 2010
Virginie Girod, *Les femmes et le sexe dans la Rome antique*, Éditions Tallandier, 2013
Edmond & Jules Goncourt, *La femme au 18ème siècle*, Flammarion, 1993
Susan Griffin, *The Book of the Courtesans: A Catalogue of Their Virtues*, Broadway Books, 2002
Elke Hartmann, *Frauen in der Antike*, C. H. Beck Verlag, 2021
Marjorie Hillis, *Live Alone and Like it. The Art of Solitary Refinement*, Virago, 2017
Margaret R. Hunt, *Women in Eighteenth Century Europe*, Routledge, 2009
Asti Hustevedt, *Medical Muse. Hysteria in 19th Century Paris*, Bloomsbury Publishing, 2011
Margaret L. King, *Frauen in der Renaissance*, C. H. Beck, 1993
Francine Klagsbrun, *Lioness. Golda Meir and the Nation of Israel*, Schocken, 2021
Thomas Laqueur, *Auf den Leib geschrieben: Die Inszenierung der Geschlechter von der Antike bis Freud*, Campus, 1992
Madeleine Lazard, *Les Aventures de Fémynie. Les femmes et la Renaissance*, Fayard, 2001
Titou Lecoq, *Les grandes oubliées de l'histoire*, L'Iconoclaste, 2021
Hallie Lieberman, *Buzz. A stimulating History of Sex toys*, Pegasus Books, 2017
Uwe Lindemann, Das Warenhaus. Schauplatz der Moderne, Böhlau Verlag, 2015
Deborah Lutz, *The Bronte Cabinet. Three Lives in Nine Objects*, W. W. Norton & Company, 2015
Janet Malcolm, *Forty-One False Starts. Essays on Artists and Writers*, Farrar Strauss & Giroux, 2014
Adrienne Mayor, *Amazones. Quand les femmes étaient les égales des hommes*,
La Découverte, 2020
Victor Margueritte, *La Garçonne*, Payot, 2013
Mary McCarthy, *The Group*, Virago, 2009
Rebecca Messbarger, *Signora Anna, Anatomin der Aufklärung*, Die Andere Bibliothek, 2015
Tiya Miles, *All that she carried. The Journey of Ashley's Sack a Black Family Keepsake*, Random House, 2022
Nancy Mitford, *Madame de Pompadour*, Éditions Tallandier, 2010
Lothar Müller, *Freuds Dinge*, Die Andere Bibliothek, 2021
Victoria Ocampo, *Mein Leben ist mein Werk. Eine Biografie in Selbstzeugnissen*, Aufbau Verlag, 2010
Marylène Patou Mathis, *L'homme préhistorique est aussi une femme*, Allary Éditions, 2020
Leslie P. Peirce, *The Imperial Harem. Women and Sovereignty in the Ottoman Empire*, Oxford University Press, 1993
Charlotte Perkins Gilman, *The Yellow Wallpaper & Herland*, Macmillan Collector's Library, 2021
Régine Pernoud, *La femme au temps des cathédrales*, Le Livre de Poche, 1997
Michelle Perrot, *Mon histoire des femmes*, Seuil, 2006
Michelle Perrot, *Les femmes ou les silences de l'histoire*, Flammarion, 2020
Sarah Pomeroy, *Goddesses, Whores, Wives & Slaves. Women in Classical Antiquity*, The Bodley Head, 2015
Virginia Postrel, *The Fabric of Civilization*, Basic Books, 2021
Eileen Power, *Medieval Women*, Cambridge University Press, 2012
Janina Ramirez, *Femina. A New History of the Middle Ages Through the Women Written Out of It, WH Allen*, 2022
Maura Reilly, *Women Artists. The Linda Nochlin Reader*, Thames & Hudson, 2015
Jutta Rosenkranz, *Mascha Kaléko*, dtv, 2012
Evke Rulffes, *Die Erfindung der Hausfrau. Geschichte einer Entwertung*, HarperCollins, 2021
George Sand, *Histoire de ma vie*, Éditions Stock
George Sand, Gabriel, Reclam, 2022
Sappho, *Und ich schlafe allein*. Gedichte, C. H. Beck, 2013
Joanna Scutts, *The Extra Woman. How Marjorie Hillis led a Generation of Women to live alone and like it*, Liveright, 2017
Valerie Steele, *Corset. A Cultural History*, Yale University Press, 2003
Susie Steinbach, *Women in England 1760-1914. A social History*, Pheonix Paperback, 2004
Judith Thurman, *Secrets of the Flesh. A Life of Colette*, Ballantine Books, 2011
Alice B. Toklas, *The Alice B. Toklas Cookbook*, Harper Perennial, 2021
Joyce Tyldesley, *Daughters of Isis. Women of Ancient Egypt*, Penguin, 1995
Simone Veil, *Une vie*, Le Livre de Poche, 2009
Fabrice Virgili, *La France Virile*, Payot, 2019
Virginia Woolf, *Ein Zimmer für sich allein*, Kampa Verlag, 2020
Vera Zingsem, *Lilith. Adams erste Frau*, Reclam, 2009
Emile Zola, *Das Paradies der Damen*, dtv, 2014

書目選錄

Actes d'un procès pour viol en 1612. Suivi de lettre des Artemisia Gentileschi, Éditions Des Femmes, 1984
Lisa Appignanesi, *Mad Bad Sad. A History of Women and the Mind Doctors From 1800 to the Present*, Virago, 2008
Hannah Arendt, Mary McCarthy, *Im Vertrauen. Briefwechsel 1949-1975*, Piper, 2020
Séverine Auffret, *Une histoire du Féminisme de l'Antiquité grecque à nos jours*, L'Observatoire, 2018
Élisabeth Badinter, *Die Mutterliebe. Geschichte eines Gefühls vom 17. Jahrhundert bis heute*, Piper, 1999
Anna Banti, *Artemisia. Die Frau in der Gesellschaft*, Fischer, 1995
Marie Bashkirtseff, *Journal. 1873-1877*, Hard Press, 2019
Simone de Beauvoir, *Lettres à Nelson Algren*, Folio, 1999
Simone de Beauvoir, *Der Lauf der Dinge*, Rowohlt, 1976
Simone de Beauvoir, *Le Deuxième Sexe, I. Les faits et les mythes*, Folio Essais, 1986
Simone de Beauvoir, *Le Deuxième Sexe, II. L'expérience vécue*, Folio Essais, 1986
Quentin Bell, *Erinnerungen an Bloomsbury*, Fischer Taschenbuch, 2018
Rebecca Benamou, *Sur la bouche. Une histoire insolente du rouge à lèvres*, 1er Parallele, 2021
Shari Benstock, *Women of the Left Bank. Paris 1900-1940*, Virago, 1987
Cécile Berly, *Lettres de Madame de Pompadour. Portrait d'une favorite royale*, Perrin, 2014
Dorlis Blume, Monika Boll, Raphael Gross, *Hannah Arendt und das 20. Jahrhundert*, Piper, 2020
Nellie Bly, *Zehn Tage im Irrenhaus. Undercover in der Psychiatrie*, Aviva Verlag, 2014
Nellie Bly, *Around the World in Seventy-Two Days and Other Writings*, Penguin Classics, 2014
Gisela Bock, *Frauen in der europäischen Geschichte. Vom Mittelalter bis zur Gegenwart*, C. H. Beck, 2005
Jorge Luis Borges, *Victoria Ocampo, Dialogue*, Bartillat, 2014
Silvia Bovenschen, *Die imaginierte Weiblichkeit*, Suhrkamp, 2003
Ann Braude, *Radical Spirits. Spiritualism and Women's Rights in Nineteenth Century America*, Indiana University Press, 2001
Charlotte Brontë, *Jane Eyre*, Reclam, 2020
Emily Brontë, *Sturmhöhe*, Reclam, 2020
Barbara Burman, Ariane Fennetaux, *The Pocket: A Hidden History of Women's Lives 1660-1900*, Yale University Press, 2020
Hélène Carrère d'Encausse, Alexandra Kollontai, *La Walkyrie de la Révolution*, Fayard, 2021
Mona Chollet, *Hexen. Die unbesiegte Macht der Frauen*, Nautilus Flugschrift, 2020
Claudine Cohen, *Les femmes de la préhistoire*, Éditions Tallandier, 2021
Colette, *Les Claudine. Claudine à l'école, Claudine à Paris, Claudine en ménage, Claudine s'en va*, Albin Michel, 2019
Colette, *Le Pur et l'Impur*, Le Livre de Poche, 1991
Colette, *Chéri*, Le Livre de Poche, 2004
Kara Cooney, *When Women Ruled the World. Six Queens of Egypt*, National Geographic, 2020
Christine Desroches Noblecourt, *La reine mystérieuse. Hatshepsout*, Éditions Pygmalion, 2002
Georges Duby, *Dames du XIIe siècle*, Folio Histoire, 2020
George Duby, Michelle Perrot, *Histoire des Femmes en Occident 1. L'Antiquité*, Éditions Perrin, 2002
George Duby, Michelle Perrot, *Histoire des Femmes en Occident 2. Le Moyen Âge*, Éditions Perrin, 2002
George Duby, Michelle Perrot, *Histoire des Femmes en Occident 3. XIVe-XVIIIe siècle*, Éditions Perrin, 2002
George Duby, Michelle Perrot, *Histoire des Femmes en Occident 4. Le XIXe siècle*, Éditions Perrin, 2002
George Duby, Michelle Perrot, *Histoire des Femmes en Occident 5, Le XXe siècle*, Éditions Perrin, 2002
Marguerite Duras, *Hiroshima mon Amour*, Gallimard, 1960
Lauren Elkin, *Flaneuse*, Vintage, 2017
Annie Ernaux, *Das Ereignis*, Suhrkamp Verlag, 2021

她物誌

100件微妙日常物件裡 不為人知的女性史

她物誌：100件微妙日常物件裡不為人知的女性史／安納貝爾・赫希（Annabelle Hirsch）著；劉于怡譯.
－初版.－臺北市：麥田出版：英屬蓋曼群島商家庭傳媒股份有限公司城邦分公司發行，2024.09
面； 公分
譯自：Die Dinge.
Eine Geschichte der Frauen in 100 Objekten.
ISBN 978-626-310-713-7（平裝）
1.CST: 女性 2.CST: 性別研究
3.CST: 社會生活 4.CST: 生活史
544.5 113008322

封面設計 Bianco
內文排版 黃暐鵬
印　　刷 前進彩藝有限公司
初版一刷 2024年9月
初版二刷 2024年12月

定　　價 新台幣650元

I S B N 978-626-310-713-7
e I S B N 9786263107090（EPUB）
Printed in Taiwan
本書若有缺頁、破損、裝訂錯誤，請寄回更換。

作　　者 安納貝爾・赫希（Annabelle Hirsch）
譯　　者 劉于怡
責任編輯 翁仲琪
國際版權 吳玲緯 楊　靜
行　　銷 闕志勳 吳宇軒 余一霞
業　　務 李再星 陳美燕 李振東
副總經理 何維民
事業群總經理 謝至平
編輯總監 劉麗真
發 行 人 何飛鵬

出　　版
麥田出版
11563台北市南港區昆陽街16號4樓
電話：(02)2500-0888 傳真：(02)2500-1951
網站：http://www.ryefield.com.tw

發　　行
英屬蓋曼群島商家庭傳媒股份有限公司城邦分公司
11563台北市南港區昆陽街16號8樓
網址：http://www.cite.com.tw
客服專線：(02) 2500-7718; 2500-7719
24小時傳真專線：(02) 2500-1990; 2500-1991
服務時間：週一至週五09:30-12:00；13:30-17:00
劃撥帳號：19863813 戶名：書虫股份有限公司
讀者服務信箱：service@readingclub.com.tw

香港發行所
城邦（香港）出版集團有限公司
香港九龍土瓜灣土瓜灣道86號順聯工業大廈6樓A室
電話：+852-2508-6231 傳真：+852-2578-9337
電郵：hkcite@biznetvigator.com

馬新發行所
城邦（馬新）出版集團【Cite(M) Sdn. Bhd. (458372U)】
41, Jalan Radin Anum, Bandar Baru Sri Petaling,
57000 Kuala Lumpur, Malaysia.
電話：+603-9057-8822 傳真：+603-9057-6622
電郵：services@cite.my